本书是湖北省社科基金一般项目（后期资助项目）成果，并受湖北省重点学科"管理科学与工程"、武汉研究院开放性课题（IWHS20202076）和武汉城市圈制造业发展研究中心开放基金项目（WZ2018Y14）的资助

长江经济带城市群生产性服务业集聚的经济增长效应

The Yangtze River Economic Belt

程杰贤 著

中国社会科学出版社

图书在版编目(CIP)数据

长江经济带城市群生产性服务业集聚的经济增长效应/程杰贤著.
—北京：中国社会科学出版社，2021.9
ISBN 978-7-5203-9103-0

Ⅰ.①长… Ⅱ.①程… Ⅲ.①长江经济带—城市群—生产服务—服务业—影响—经济增长—研究 Ⅳ.①F127.5

中国版本图书馆 CIP 数据核字(2021)第 184174 号

出 版 人	赵剑英
责任编辑	车文娇
特约编辑	张　硕
责任校对	杨　林
责任印制	戴　宽

出　　版	中国社会科学出版社
社　　址	北京鼓楼西大街甲 158 号
邮　　编	100720
网　　址	http://www.csspw.cn
发 行 部	010-84083685
门 市 部	010-84029450
经　　销	新华书店及其他书店

印刷装订	北京君升印刷有限公司
版　　次	2021 年 9 月第 1 版
印　　次	2021 年 9 月第 1 次印刷

开　　本	710×1000　1/16
印　　张	16
插　　页	2
字　　数	238 千字
定　　价	88.00 元

凡购买中国社会科学出版社图书，如有质量问题请与本社营销中心联系调换
电话：010-84083683
版权所有　侵权必究

目　录

第一章　绪论 …………………………………………………（1）
　第一节　研究背景 ……………………………………………（1）
　第二节　研究意义 ……………………………………………（7）
　第三节　研究目标与内容 ……………………………………（8）
　第四节　研究方法与技术路线 ………………………………（11）
　第五节　可能的创新之处 ……………………………………（14）

第二章　理论基础与文献综述 ………………………………（16）
　第一节　概念及范围界定 ……………………………………（17）
　第二节　理论基础 ……………………………………………（21）
　第三节　文献综述 ……………………………………………（27）
　第四节　研究评述 ……………………………………………（34）

第三章　生产性服务业集聚经济增长效应的形成机理 ……（37）
　第一节　理论模型构建 ………………………………………（38）
　第二节　生产性服务业集聚影响区域经济增长的机理 ……（42）
　第三节　本章小结 ……………………………………………（48）

第四章　长江经济带城市群生产性服务业集聚与经济增长的
　　　　测算与分析 ………………………………………………（50）
　　第一节　长江经济带城市群生产性服务业集聚测算与分析 ………（51）
　　第二节　长江经济带城市群经济增长分析 …………………………（64）
　　第三节　长江经济带城市群生产性服务业集聚与经济
　　　　　　增长的关系 …………………………………………………（68）
　　第四节　本章小结 ……………………………………………………（76）

第五章　长江经济带城市群生产性服务业集聚影响经济
　　　　增长的 IV-GMM 面板回归 ………………………………（79）
　　第一节　研究假设 ……………………………………………………（80）
　　第二节　研究设计 ……………………………………………………（82）
　　第三节　控制变量平稳性检验 ………………………………………（91）
　　第四节　实证结果与分析 ……………………………………………（92）
　　第五节　稳健性检验 …………………………………………………（119）
　　第六节　本章小结 ……………………………………………………（121）

第六章　长江经济带城市群生产性服务业集聚影响经济增长的
　　　　门限效应分析 ………………………………………………（123）
　　第一节　研究假设 ……………………………………………………（124）
　　第二节　研究设计 ……………………………………………………（126）
　　第三节　实证结果与分析 ……………………………………………（130）
　　第四节　稳健性检验 …………………………………………………（183）
　　第五节　本章小结 ……………………………………………………（185）

第七章　长江经济带城市群生产性服务业集聚影响经济增长的
　　　　空间效应分析 ………………………………………………（188）
　　第一节　研究假设 ……………………………………………………（189）

第二节　研究设计 …………………………………………（191）
第三节　空间自相关检验 …………………………………（197）
第四节　实证结果与分析 …………………………………（202）
第五节　稳健性检验 ………………………………………（220）
第六节　本章小结 …………………………………………（222）

第八章　主要结论及政策建议 ………………………………（225）
　第一节　主要结论 …………………………………………（225）
　第二节　政策建议 …………………………………………（232）

参考文献 ………………………………………………………（239）

第一章 绪论

第一节 研究背景

生产性服务业是指为保持工业生产过程的连续性提供保障服务的服务行业，该行业通过深化专业化分工水平，提高知识和信息的流动速度，推动产业结构转型升级，改善资本和劳动等生产要素的配置效率。20世纪90年代以来，在技术革命推动下，全球产业结构发生了深刻变化，研发服务、金融服务、信息服务、商务服务、物流仓储服务、医疗健康服务等生产性服务业迅速崛起，"工业经济"向"服务经济"转型的趋势明显，生产性服务业已经取代制造业成为促进经济增长的主要动力（Bryson，1997）。

一 空间集聚是生产性服务业发展的显著特征

从全球产业布局来看，数量众多的生产性服务业集聚区散布在世界各地，最具代表性的有美国硅谷高科技服务业集聚区、加利福尼亚多媒体集聚区、曼哈顿金融服务业集聚区，日本东京生产性服务业集聚区，印度班加罗尔软件业集聚区和通信服务业集聚区。生产性服务业的空间集聚已经成为其发展的典型特征。张祖妞（2011）对英国生产性服务业集聚的调查显示，首都伦敦以及英国东南地区拥有全英国管理咨询和市场调研业超过93%的就业人员，是英国生产性服务业集聚水平最高的地区。张浩然（2015）对北欧国家生产性服务业集聚的研究发现，少数经济发达的大都市，特别是北欧各国的首都，集聚了超过全国七成的生产性服务业。

进入21世纪以来，我国生产性服务业空间集聚特征也越发显著，如北京中关村中介服务集聚区、苏州狮山金融服务业集聚区以及武汉光谷高新技术服务业集聚区，都是国内著名的生产性服务业集聚区。从全国来看，生产性服务业集聚呈现出由东到西依次递减的"阶梯状"分布特征，且生产性服务业集聚水平要高于生活性服务业集聚水平（陈国亮，2010；蔡翼飞等，2010；袁丹和雷宏振，2015）。从地区差异来看，我国东部地区已经形成信息传输业、计算机服务和软件业、金融业以及科学研究和技术服务业等高端生产性服务业集聚优势区，西部地区已经形成批发和零售业以及交通运输业等低端生产性服务业集聚优势区（吉亚辉等，2012；杨芳，2017）。随着中国步入工业化后期阶段，我国产业结构转型升级将持续深化。在此背景下，我国生产性服务业向少数城市集聚的趋势还将进一步增强。

二　生产性服务业集聚促进经济增长的相关研究有待深入

近年来生产性服务业集聚对经济增长的影响引起了学者们的关注，已有文献从不同视角进行了分析，但未得到一致的研究结论。

第一，不少学者对不同行业生产性服务业集聚的经济增长效应进行了讨论。程大中和陈福炯（2005）使用行业相对密度度量不同行业生产性服务业对经济增长的影响，研究发现，除房地产业外的其他生产性服务业集聚都显著提升了行业内劳动生产效率；谭凌君（2014）发现，金融业集聚对于促进经济增长具有积极作用，但其空间效应未得到验证；刘丽萍和刘家树（2019）发现，不同行业集聚影响经济增长的空间效应存在显著差异，金融业、交通运输、仓储和邮政业集聚以及租赁和商务服务业集聚具有显著正向溢出效应，而信息技术与软件业集聚具有显著负向空间溢出效应。

第二，部分学者关注不同层级生产性服务业集聚的经济增长效应。宣烨和余永泽（2014）的研究表明，生产性服务业层级分工通过专业化分工和空间外溢效应以及比较优势的发挥显著提升了制造业生产效率。张浩然（2015）的研究表明，高端生产性服务业集聚对城市经济效率具有显著的促进作用，且这种作用的大小取决于城市规模；而低端生产性服务业集聚对城市经济效率的影响在总体上并不显著，随经济体量的扩大呈现倒"U"形变化。于斌斌（2016）发现，我国城市生产性服务业集聚对经济增长的影响存在显著的空间效应，中小城市低端生产性服务业的专业化集聚有利于促进城市经济的增长，而大型及特大城市高端生产性服务业的多样化集聚更有利于推动城市经济的增长。雷振丹和陈子真（2019）的研究表明，生产性服务业层级分工的专业化和多样化集聚都对区域创新产生促进影响，且后者作用的效应更强。

第三，少数学者对不同地区生产性服务业集聚的经济增长效应进行了研究。张旺和申玉铭（2012）认为，京津冀生产性服务业集聚具有专业化分工明确、知识资本技术密集的特点，已经形成以北京为中心，天津及河北等极化集聚的态势，不同地区的生产性服务业集聚水平存在较大差异。于斌斌（2016）认为，我国城市生产性服务业集聚对经济增长的影响存在显著地区差异，其中生产性服务业的多样化集聚对全国总体、东部地区、中部地区以及西部地区的经济增长均具有正向影响，而生产性服务业的专业化集聚仅对中部地区经济增长具有促进作用。周明生和陈文翔（2018）对长株潭城市群生产性服务业集聚的研究发现，生产性服务业的集聚与经济增长存在非线性关系，其对于人口在150万—220万的城市其促进经济增长的作用最大。刘书瀚和于化龙（2020）基于城市群的比较研究结果表明，珠三角城市群生产性服务业集聚对本地区和相邻地区经济增长均具有显著的正影响，而长三角城市群和京津冀城市群生产性服务业集聚对本地区和相邻地区经济增长的影响均不显著。

综上所述，学者对我国生产性服务业集聚的经济增长效应已经进行了不少探讨，但其研究结论缺乏一致性，比较其研究结果可以发现，生产性服务业影响经济增长的效应可能在不同行业、不同层级或不同区域存在显著差异。这提示我们，对我国生产性服务业集聚的经济增长效应需要进行更为深入、细致和系统的研究。在剔除研究对象、研究视角和研究方法差异的情况下，很有必要对我国生产性服务业集聚的经济增长效应进行系统研究并对结果进行比较分析。

三 本书的研究对象和区域

基于上述分析，本书以长江经济带城市群生产性服务业集聚的经济增长效应为研究对象，按照"理论分析—归纳事实—实证检验—政策建议"的思路，从不同层级和不同行业的视角出发，分析长江经济带城市群生产性服务业集聚对经济增长的影响，并对其门限效应和空间效应进行实证检验，同时对长江经济带生产性服务业集聚经济效应的城市群间差异进行分析。结合《长江经济带发展规划纲要》等规划文件[①]，本书所指的长江经济带城市群主要城市如表1-1所示。

表1-1 长江经济带五大城市群77市一览

城市群	城市名
长三角城市群 （26市）	上海、南京、无锡、常州、苏州、南通、扬州、镇江、泰州、杭州、宁波、嘉兴、湖州、绍兴、舟山、台州、芜湖、马鞍山、安庆、铜陵、池州、合肥、滁州、宣城、盐城、金华
长江中游城市群 （28市）	武汉、黄石、鄂州、黄冈、孝感、咸宁、襄阳、宜昌、荆州、荆门、长沙、株洲、湘潭、岳阳、益阳、常德、衡阳、娄底、南昌、九江、景德镇、鹰潭、新余、宜春、萍乡、上饶、抚州、吉安
成渝城市群 （16市）	重庆、成都、自贡、泸州、德阳、绵阳、遂宁、内江、乐山、南充、眉山、宜宾、广安、雅安、资阳、达州
滇中城市群（3市）	昆明、曲靖、玉溪

---

① 这些文件包括：《国务院关于长江中游城市群发展规划的批复》（2015）、《国家发展改革委关于印发长江中游城市群发展规划的通知》（2017）、《国务院关于成渝城市群发展规划的批复》（2016）、《国家发展改革委关于印发成渝城市群发展规划的通知》（2017）、《国务院关于长江三角洲城市群发展规划的批复》（2016）、《国家发展改革委关于印发长江三角洲城市群发展规划的通知》（2017）、《中共中央 国务院关于长江三角洲区域一体化发展规划纲要》（2019）、《黔中城市群发展规划》（2017）、《滇中城市群规划（2016—2049年）》（2016）以及《国家发展改革委关于滇中城市群发展规划的复函》（2020）。

续表

城市群	城市名
黔中城市群（4市）	贵阳、六盘水、遵义、安顺

资料来源：《一图看懂中国城市群》，中央政府门户网，http：//www.gov.cn/xinwen/2016-05/12/content_ 5072822.htm。

本书之所以选择长江经济带城市群为研究样本，原因如下：

第一，区域协调发展成为我国经济发展的主旋律，长江经济带在区域协调发展方面具有典型意义。党的十八大以来，促进区域经济协调发展成为区域经济发展的核心内容，抑制地区差距扩大、解决地区发展不平衡、动态促进区域协调发展成为区域经济研究的重要课题。"一带一路"倡议、京津冀协同发展战略和长江经济带发展战略的提出，着眼于实现一体联动和重点突破相统一，促进区域经济协调发展。长江经济带横跨我国东中西部三大区域，其总面积、地区生产总值、人口占全国比例均超过40%（叶长华，2018）。2018年4月，习近平总书记在武汉主持召开深入推动长江经济带发展座谈会时指出：新形势下推动长江经济带发展，关键是要正确把握整体推进和重点突破、生态环境保护和经济发展、总体谋划和久久为功、破除旧动能和培育新动能、自身发展和协同发展的关系。[①] 2020年11月，在全面推动长江经济带发展座谈会上，习近平总书记强调要坚定不移贯彻新发展理念，推动长江经济带高质量发展，谱写生态优先绿色发展新篇章，打造区域协调发展新样板，构筑高水平对外开放新高地，塑造创新驱动发展新优势，绘就山水人城和谐相融新画卷，使长江经济带成为我国生态优先绿色发展主战场、畅通国内国际双循环主动脉、引领经济高质量发展主力军。[②] 这表明长江经济带在解决区域发展突出问题、推动落后地区发展、促进关键领域"填平补齐"、实现区域协同发展方面具有重要价值，因此很有必要对长江经济带深入研究。

[①] 慎海雄主编：《习近平改革开放思想研究》，人民出版社2018年版，第300页。
[②] 《习近平主持召开全面推动长江经济带发展座谈会并发表重要讲话》，中央政府门户网，www.gov.cn/xinwen/2020-11/15/content_ 5561711.htm。

第二，城市群已经成为区域经济发展最重要的增长极，长江经济带城市群是协调长江经济带经济发展的关键核心。城市群作为区域经济活动的空间组织形式，是一个国家或地区城镇化发展的高级阶段，城市群在当前及未来很长时间内都将扮演重要作用。2018 年发布的《中共中央 国务院关于建立更加有效的区域协调发展新机制的意见》明确指出，要以京津冀城市群、长三角城市群、粤港澳大湾区、成渝城市群、长江中游城市群、中原城市群、关中平原城市群等城市群推动国家重大区域战略融合发展，建立以中心城市引领城市群发展、城市群带动区域发展新模式，推动区域板块之间融合互动发展。其中，长三角城市群、成渝城市群和长江中游城市群是长江经济带最重要的三大城市群，从"龙头"到"龙尾"，各城市群发展水平不同，定位也有所差异：以上海为核心的长三角城市群，承担着当好长江经济带的"龙头"、带动全流域发展的重要使命；以武汉市、长沙市、南昌市为核心的长江中游城市群则应着力在资源优势互补、产业分工协作、城市互动合作上下功夫；以成都市、重庆市、贵阳市、昆明市为核心的成渝城市群、黔中城市群和滇中城市群要充分发挥多引擎带动和支撑作用，提高一体化发展水平。总之，长江经济带城市群是长江经济带乃至全国重要的经济增长极，承担着增强区域协调、优化资源配置、推动经济增长、创建世界级城市群的战略重任。因此，很有必要对长江经济带城市群持续深入研究，促进其经济协调与辐射作用的发挥。

第三，生产性服务业是长江经济带重要的产业支撑，而生产性服务业资源主要集中在长江经济带城市群。总体来看，长江经济带城市群的生产性服务业集聚表现为"斑点状"分布特征，基本形成"区域性中心—次区域中心—专业化城市"的分布格局，但高水平集聚更多是在长三角城市群等经济发达地区。根据《发现上海竞争力——长三角城市群外商资本报告 2008—2018》的研究结论，2008—2018 年，长三角城市群地区吸引了全国 1/3 以上的外商资本投资，外商资本对高端服务业和生产性服务业的投入比例呈持续上升趋势，上海市和杭州市的生产性服务业特别是高端服务业具有强烈的空间溢出效应以及投入关联效应。然而，当前对长江中游城市群、成渝城市群、黔中城市群和滇中城市群生产性服务业集聚的研究尚不深入，对各个城市群生产性服务业集聚的内部结构和发展趋势的掌握还不够充分，对长江经济带大城市群生产性服务业集聚与城市经济增长的关系仍缺乏足够了解。因此，很有必要就上述问题开展系统科学的研究，通过规范与实证研究对上述问题作出回答。

第二节 研究意义

一 理论意义

（一）拓展生产性服务业集聚经济增长效应的研究视角

本书对不同城市群生产性服务业集聚的经济增长效应进行考察，为深化生产性服务业集聚经济增长效应研究提供了较新的视角。当前，有关生产性服务业集聚对经济增长研究的文献在分析地区差异时往往采用传统的"东部、中部、西部"或"东部、中部、西部、东北"地区分类办法，对城市及城市群的关注不足。就长江经济带而言，其地理范围跨越东中西部，如果采用传统区域分析方法，其研究结论将缺乏针对性。为此，本书以城市群为区域差异的核心关切，同时综合考虑不同层级、不同行业生产性服务业集聚对经济增长的影响，拓展了相关研究的视角。

（二）丰富生产性服务业集聚经济增长效应的研究成果

本书分析了不同层级、不同行业生产性服务业集聚对经济增长的影响及其门限效应和空间效应，揭示了五大城市群生产性服务业集聚发展的关键问题。与以往分别对不同层级或不同行业生产性服务业对经济增长影响的研究不同，本书将不同层级、不同行业的生产性服务业纳入统一分析框架，采用面板 IV-GMM 模型、面板门限模型和面板空间计量模型逐步深入分析上述问题，并对不同模型实证结果进行比较分析，一定程度上提高了研究结果的可比性和可信度，对于丰富生产性服务业集聚经济增长效应的研究成果具有积极意义。

二 现实意义

（一）有助于地方政府把握生产性服务业集聚的本质，从而有利于长江经济带城市群生产性服务业的良性发展

本书结合长江经济带城市群2003—2018年的面板数据，对长江经济带城市群生产性服务业集聚经济增长效应的行业差异、层级差异和城市群差异进行分析，有助于更加细致全面地了解长江经济带城市群生产性服务业集聚对经济增长的影响，从而有利于帮助各个城市政府客观认识推进生产性服务业集聚可能带来的收益和面临的风险，有利于地方政府厘清生产性服务业集聚的发展思路，进而制定与本地相匹配的生产性服务业集聚发展对策。此外，在一定程度上能够减少地方政府"加快发展生产性服务业集聚"的非理性行为，降低长江经济带城市群生产性服务业资源错配程度，从而有助于长江经济带城市群生产性服务业的可持续发展。

（二）有助于地方政府明确生产性服务业主导产业，从而有利于长江经济带城市群形成错位分工以及区域协调联动的发展格局

本书以长江经济带城市群为研究对象，同时对不同城市群生产性服务业集聚影响经济增长的异质性进行深入讨论，有助于引导地方政府关注本地产业基础、地理区位以及产业分工等优势因素，明确本地生产性服务业主导行业，并有利于消除制约因素，释放生产性服务业集聚促进经济增长的动能。当长江经济带各个城市群均在关注自身特色生产性服务业时，则能够避免出现"张冠李戴"的错误定位，从而避免丧失城市发展机会，进而实现长江经济带城市群生产性服务业集聚的区域协调发展。

第三节 研究目标与内容

一 研究目标

本书以长江经济带五大城市群77个地级及以上城市生产性服务业集

聚的经济增长效应为研究对象，从统计年鉴获取原始数据，并构建面板数据计量模型，实证研究长江经济带城市群生产性服务业集聚对经济增长的影响，并对其门限效应和空间效应进行分析。具体研究目标如下。

(1) 分析长江经济带城市群生产性服务业集聚的基本特征及城市群经济增长情况。具体包括：第一，以区位熵为基本方法测度长江经济带城市群生产性服务业集聚水平，并对其集聚趋势和城市群差异进行分析；第二，对长江经济带城市群经济增长趋势及城市群差异进行分析；第三，基于Granger因果检验方法分析长江经济带城市群生产性服务业集聚与经济增长间是否存在显著因果关系。

(2) 分析长江经济带城市群产业集聚对经济增长的影响。具体包括两个方面：第一，利用IV-GMM方法分析长江经济带大城市群生产性服务业集聚对经济增长是否存在显著影响；第二，利用IV-GMM方法分析不同城市群生产性服务业集聚对经济增长的影响是否存在显著差异。

(3) 分析长江经济带城市群生产性服务业集聚对经济增长的影响是否存在门限效应。具体包括两个方面：第一，利用面板门限估计模型分析长江经济带城市群对经济增长的影响是否存在门限效应；第二，利用面板门限估计模型方法分析不同城市群生产性服务业集聚对经济增长的门限效应是否存在显著差异。

(4) 分析长江经济带城市群生产性服务业集聚对经济增长的影响是否存在空间效应。具体包括两个方面：第一，利用面板空间估计模型分析长江经济带城市群对经济增长的影响是否存在空间效应；第二，利用面板空间估计模型方法分析不同城市群生产性服务业集聚对经济增长的空间效应是否存在显著差异。

(5) 基于上述研究结论，提出"如何发展生产性服务业集聚以推动长江经济带城市群经济增长"的对策建议。

二 研究内容

为回答上述问题，本书构建了长江经济带城市群生产性服务业集聚对经济增长效应研究框架，遵循"理论分析—归纳事实—实证检验—政策建议"的思路展开研究。首先，在理论分析和文献综述基础上分析生产性服务业集聚影响经济增长的机理；其次，对长江经济带城市群生产性服务业集聚和经济增长水平进行测度并检验二者关系；再次，构建计量经济模型，实证检验不同层级、不同行业生产性服务业集聚对五大城市群经济增长的差异化影响，并检验其门限效应和空间效应；最后，总结全书并从生产性服务业集聚促进经济增长的视角提出对策建议。本书的章节安排如下：

第一章概括性介绍研究背景与意义、研究目标、研究内容、研究方法，展示技术路线图，提出本书研究的创新之处。

第二章具体包括以下四个方面的内容：首先，对不同层级、不同行业生产性服务业以及集聚的概念进行界定；其次，对经济增长理论进行系统梳理，并关注产业集聚的概念、机制和效应等相关理论；再次，关注产业集聚对经济增长影响的相关研究，回顾性综述生产性服务业集聚度对经济增长的影响；最后，对已有文献进行评述，提出本书研究的内容等。

第三章分析生产性服务业集聚经济增长效应的形成机理。首先，基于局部溢出模型分析均衡条件下的经济增长；其次，结合已有研究，分析生产性服务业集聚影响经济增长的机理，从生产性服务业集聚促进经济增长和生产性服务业集聚阻碍经济增长两个方面进行论述。

第四章主要对长江经济带城市群生产性服务业集聚与经济增长进行测算，并对二者关系进行分析。首先，选择合适的测算方法对长江经济带城市群生产性服务业集聚水平进行测算，进而通过描述性统计分析初步把握长江经济带城市群生产性服务业集聚的发展趋势及城市群差异；其次，以实际人均地区生产总值作为长江经济带城市群经济增长代理指标，通过描述性统计分析，初步把握长江经济带城市群经济增长的趋势及城市群差异；最后，以长江经济带城市群生产性服务业区位熵计算结果为基础，对长江经济带城市群生产性服务业集聚与区域经济增长的关系进行 Granger 因果检验，初步掌握长江经济带城市群生产性服务业集聚与区域经济增长之间的关系。

第五章对长江经济带城市群生产性服务业集聚是否影响经济增长进行实证检验。首先,阐述实证模型构建的方法和变量选择,并对数据进行处理和说明;其次,对相关变量进行平稳性检验,在此基础上构建 IV-GMM 模型,初步讨论长江经济带城市群生产性服务业集聚对经济增长的影响,明确生产性服务业集聚影响区域经济增长的方向和差异;最后,结合实证结果进行分析,并对章节内容进行总结。

第六章对长江经济带城市群生产性服务业集聚影响经济增长的门限效应进行实证检验。首先,继续使用长江经济带城市群各个城市的面板数据,估计生产性服务业集聚影响经济增长的门限值;其次,构建面板门限模型,对长江经济带城市群不同层级、不同行业、不同城市群的生产性服务业集聚的门限效应进行检验;最后,结合实证结果进行分析,并对章节内容进行总结。

第七章对长江经济带城市群生产性服务业集聚影响经济增长的空间效应进行实证检验。首先,使用长江经济带城市群各个城市的面板数据,利用全局和局部 Moran's I 指数对相关变量进行空间相关性检验;其次,构建空间计量分析模型,对长江经济带城市群不同层级、不同行业、不同城市群的生产性服务业集聚的空间效应进行检验;最后,结合实证结果进行分析,并对章节内容进行总结。

第八章为结论与政策。陈述研究的主要结论,提出政策建议。

第四节 研究方法与技术路线

一 研究方法

(一) 综合运用定性分析与定量分析方法

第一,定性分析方法包括归纳法与演示法,在本书中主要应用在:相关理论与已有文献回顾与评述,构建本书理论分析框架,提出本书研究的创新点与不足,并提出相关政策建议。

第二，定量分析方法主要是面板数据相关模型，具体包括：基于产业集中度和区位熵方法分析长江经济带城市群生产性服务业集聚发展趋势及差异；基于 Granger 因果检验方法分析长江经济带城市群生产性服务业集聚与城市经济增长的因果关系；基于 IV-GMM 模型分析长江经济带城市群生产性服务业集聚是否以及如何影响经济增长；基于面板门限模型估算长江经济带城市群生产性服务业集聚影响经济增长的门限值并估计门限效应；基于面板空间模型估算长江经济带城市群生产性服务业集聚影响经济增长的空间效应。

（二）综合运用规范分析与实证分析方法

本书以实证分析为主要方法，全书应用了多种面板数据计量模型对长江经济带城市群生产性服务业集聚的经济效应进行系统分析，诸如对长江经济带生产性服务业集聚与经济增长因果关系的检验、门限效应的检验以及空间效应的检验等。然而，实证分析仅仅解决"是什么"的问题，却不能回答"应该是什么"问题，这就需要引入规范分析方法，结合对问题的理论分析，对变量间的基本关系进行初步判断。在本书中，理论框架的构建、研究假设的提出以及对策建议的提出主要采用归纳分析方法。

（三）综合运用静态分析与动态分析方法

本书采用长江经济带城市群 77 个城市 2003—2018 年的面板数据进行分析，该数据既包括时间序列数据又包括横截面数据。在时间序列方面，可以观测研究对象在不同年份的发展变化，有利于把握研究对象演变趋势；在横截面方面，可以通过比较不同城市群之间的联系与区别，有利于把握不同城市群之间存在的差异。综合运用上述方法，能够更全面地把握不同层级、不同行业、不同城市群生产性服务业集聚对经济增长的影响及动态变化。

二 技术路线

本书研究的技术路线大致如图 1-1 所示。

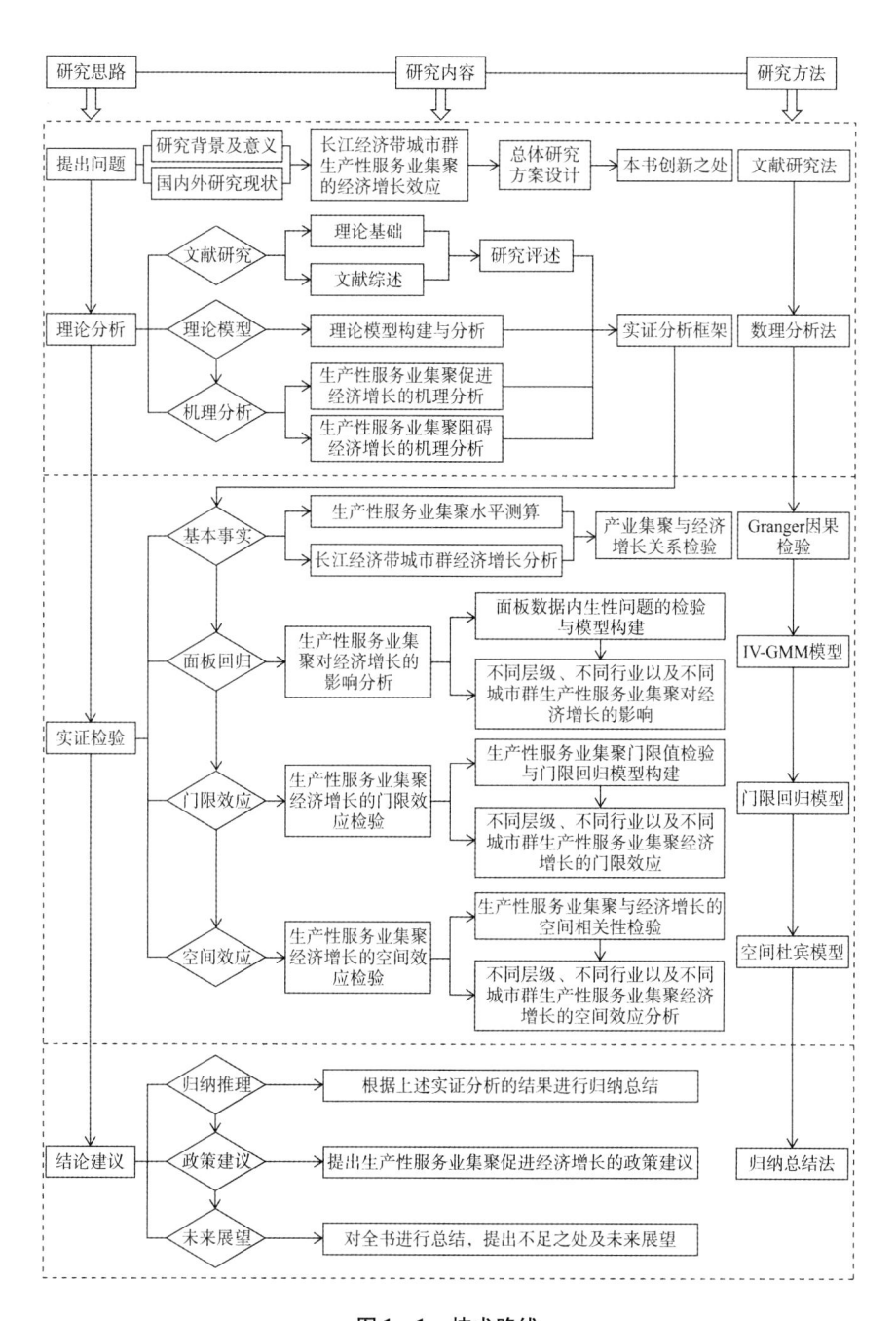

图 1-1 技术路线

第五节　可能的创新之处

本书从生产性服务业层级、行业和城市群维度出发，对长江经济带城市群生产性服务业集聚的经济增长效应展开系统研究。可能存在的创新体现在以下三个方面：

一　将不同层级、不同行业的生产性服务业集聚纳入统一的研究框架，增强了研究结果的可比性

现有研究往往针对生产性服务业层级、某个或某几个行业展开分析，再加上不同研究者对研究思路和方法各有偏好，可能导致研究结果不一致甚至出现相悖的现象。为弥补上述不足，本书在对生产性服务业层级划分的基础上，将不同层级、不同行业的生产性服务业纳入统一分析框架，采用统一计量模型进行分析，一定程度上提高了研究结果的可比性和可信度。

二　将城市群作为分析区域差异的地理单元，增强了研究的针对性

现有生产性服务业集聚经济增长效应地区差异的研究多采用传统的"东部、中部、西部"或"东部、中部、西部、东北"地区分类办法。即使当前以城市群为对象的相关研究，也仅仅关注某个城市群或个别几个城市群，尚没有见到将长江经济带城市群全部纳入的相关研究。考虑到长江经济带城市群横跨东部、中部、西部，且只包括相应地区的部分城市，不宜使用传统区域划分思路进行分地区研究。为此，本书将长江经济带五大城市群纳入统一分析框架进行总体分析后，又对城市群间差异进行了比较分析，一定程度上增强了本书研究的针对性，并有利于提出适合长江经济带城市群的发展的政策建议。

三 采用面板数据建模方法，对长江经济带城市群生产性服务业集聚的经济增长效应进行逐步深入研究

现有研究往往采用一种实证分析方法对生产性服务业集聚的经济增长效应进行考察，由于研究方法假设的不同，再加上缺乏对不同方法研究结果的比较，降低了研究的可信度，也不利于研究继续深入进行。为此，本书以长江经济带城市群生产性服务业集聚的经济增长效应为核心关切，采用面板 IV-GMM 模型、面板门限模型和面板空间计量模型逐步深入分析上述问题，并对不同模型实证结果进行比较分析，有利于增强研究的可信度，并促进研究深度的不断增强。

第二章　理论基础与文献综述

本章对生产性服务业集聚经济效应的相关理论进行系统梳理，并对已有研究文献进行评述，具体包括以下四个方面的内容（见图 2-1）。首先，对生产性服务业层级行业以及集聚的概念进行界定；其次，对经济增长理论进行系统梳理，并关注产业集聚的概念、机制和效应等相关理论；再次，重点关注产业集聚对经济增长影响的相关研究，对生产性

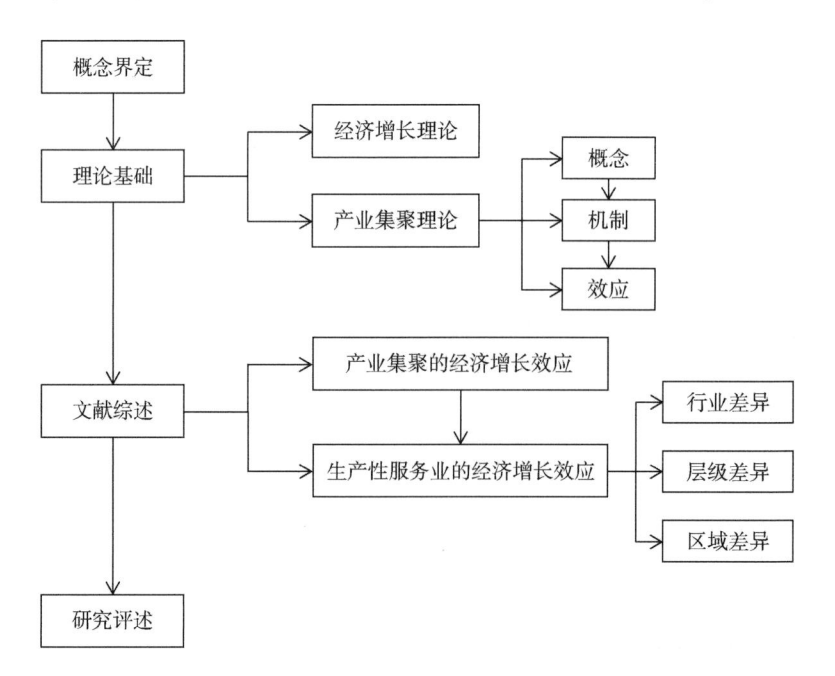

图 2-1　理论基础与文献评述脉络

服务业集聚对经济增长的影响进行回顾性综述；最后，结合本书研究目标，对相关理论及文献进行评述。

第一节 概念及范围界定

一 生产性服务业集聚

（一）生产性服务业的概念

Machilup（1962）最早提出生产性服务业（Producer Services）的概念，用于标识产品的知识产出属性。然而，生产性服务业能够不断提升本产业与相关产业的生产效率，并间接促进所在地区的经济增长，因此吸引了经济学家的关注。Greenfield（1966）认为，生产性服务业既不参与直接生产，也没有向消费者提供劳动或服务，但其仍有利于相关企业产量和质量的提升，从而促进整个社会经济效益的提高。Browning 和 Singelmann（1978）对生产性服务业的内涵进行了界定，他们认为生产性服务业具体包括银行保险业、商务服务业以及房地产业等，这种分类方法为后续生产性服务业相关研究奠定了基础。20 世纪 90 年代，陈彪如将 *Service Industry Growth: Cause and Effects*（Grubel & Walker，1989）翻译为中文，从此生产性服务业的概念进入我国。我国的"十一五"规划首次将第三产业划分成生产性服务业和消费者服务业，随后统计局公布了生产性服务业统计分类办法，该办法几经修订，最新的版本为《生产性服务业统计分类（2019）》。

当前，国内有关生产者服务业的研究多从产业性质视角或产业关联视角对其概念进行界定：第一种视角的研究认为，生产者服务业是第三产业的重要组成部分，但拥有诸如知识技术密集等显著不同于消费者服务业的特征（段杰和阎小培，2003；裴长洪和彭磊，2008；杨仁发，2013）；第二种视角的研究认为，生产性服务业是从制造业分化剥离出来的，专门向最终产品生产者提供产品或服务的新型产业（侯学钢和彭再德，1997；钟韵和闫小培，2005；韩德超和张建华，2008）。本书所指的生产性服务业属于第三产业服务业的范畴，与生活性服务业相对应，本质上具有知识技术密集性的特征，是向最终产品或服务生产者提供中间产品或服务业的行业总称，其在统计分类上符合国家统计局发布的《生产性服务业统计分类（2019）》的要求。

（二）生产性服务业的行业范围

尽管生产性服务业的概念已经明确，但由于不同国家、地区以及组织的统计口径存在差异，同时学者对生产性服务业行业范围的界定也各抒己见，一直以来都没有形成明确统一的产业边界来界定生产性服务业的行业范围（程大中和陈福炯，2005；江曼琦和席强敏，2014；于斌斌，2016；韩峰和阳立高，2020）。2014 年，《国务院关于加快发展生产性服务业促进产业结构调整升级的指导意见》发布后，有关生产性服务业行业范围的研究越来越趋于统一，通常包括交通运输、仓储和邮政业，信息传输、计算机服务和软件业，批发和零售业，金融业，租赁和商务服务业，科学研究、技术服务和地质勘查业六大行业，也有学者在此基础上未考虑"批发和零售业"成为五大行业，也有学者将"房地产业"纳入研究范围成为七大行业。结合本书研究目标，同时考虑数据可得性和统计口径的一致性，本书选取七个行业纳入生产性服务业的研究范围，具体包括：交通运输、仓储和邮政业，信息传输、计算机服务和软件业，批发和零售业，金融业，房地产业，租赁和商务服务业，科学研究、技术服务和地质勘查业。

（三）生产性服务业的层级分类

由于生产性服务业细分行业存在明显的异质性，近年来一些学者提出高端和低端生产性服务业的概念并界定了其范围。一般认为高端生产性服务业具有资本、知识和技术密集性的特征，行业辐射范围广泛，是不需要频繁与服务对象"面对面"接触的生产性服务业行业；在行业范围方面主要包括信息传输、计算机服务和软件业，金融业，房地产业，科学研究、技术服务和地质勘查业四个行业（樊文静，2013；余泳泽等，2016；于斌斌，2016；蔺栋花和侯效敏，2016）。作为对比，低端生产性服务业的知识、技术和资本密集度较低，辐射范围较小，是需要频繁与服务对象"面对面"接触的生产性服务业，行业范围主要包括批发和零售业，交通运输、仓储和邮政业，租赁和商务服务业（余泳泽等，2016；于斌斌，2016）。本书基于上述研究成果定义生产性服务业层级关系，如图2-2所示。

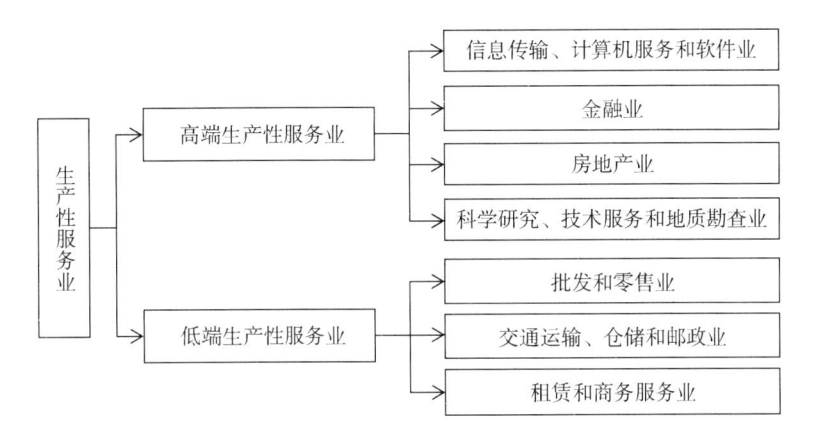

图2-2 生产性服务业层级分类关系

（四）生产性服务业集聚的概念

当前，学者大多借用产业集聚这一概念来理解生产性服务业集聚。本书采用相同思路对生产性服务业的集聚进行定义，认为其是指生产性服务业企业和其他要素向特定区域集中以寻求集聚经济利益的现象和过程。结合本书生产性服务业层级划分和涵盖行业，本书所指的生产性服务业集聚具体包括下述内容：

①生产性服务业（All Producer Services，APS[①]）

②高端生产性服务业（High Producer Services，HPS）

③低端生产性服务业（Low Producer Services，LPS）

---

① APS 为 All Producer Services 的首字母缩写，该缩写用于后续实证章节的变量符号，其他层级和行业与此相同。

④批发和零售业（Retail and Wholesale，Raw）

⑤交通运输、仓储和邮政业（Transportation，Warehousing and Postal Services，Twap）

⑥信息传输、计算机服务和软件业（Information Transmission，Computer Services and Software，Icas）

⑦金融业（Financial Industry，Finance）

⑧房地产业（Real Estate，Rae）

⑨租赁和商务服务业（Leasing and Business Services，Lab）

⑩科学研究、技术服务和地质勘查业（Scientific Research，Technical Service and Geological Exploration，Stag）。

为统一概念，本书将①至③的 APS、HPS 和 LPS 称为"不同层级生产性服务业"，将④至⑩的 Raw、Twap、Icas、Finance、Rae、Lab 和 Stag 称为"不同行业生产性服务业"。

二 经济增长效应

经济增长是人文社会科学经久不衰的热点研究问题，而经济增长效应一般是探讨特定因素是否影响以及如何影响经济增长的专门研究，诸如产业集聚的经济增长效应（刘瑞明和赵仁杰，2015）、最优金融结构的经济增长效应（张成思和刘贯春，2016）、资本账户开放的经济增长效应（陈忠飞和王曦，2019）、保险消费的经济增长效应（赵进文等，2010）、社会信任与经济增长（吕朝凤和陈汉鹏，2019）、治理能力与经济增长（文雁兵等，2020）等文献资料都从不同视角对经济增长进行了研究。

就本书而言，生产性服务业集聚的经济增长效应包含三个方面的内容：其一，生产性服务业集聚是否对经济增长产生影响；其二，生产性服务业集聚对经济增长的影响是否存在门限效应；其三，生产性服务业集聚对经济增长的影响是否存在空间效应。结合本书生产性服务业层级划分和涵盖行业，本书还对不同层级生产性服务业集聚对经济增长的影响以及不同行业生产性服务业集聚对经济增长的影响进行分析，并从城市群的视角进行差异比较分析。

第二节 理论基础

本部分将对经济增长理论和产业集聚理论进行系统梳理，为下文开展生产性服务业集聚的经济效应研究奠定基础。在经济增长理论方面，重点关注传统经济增长理论和新经济地理理论的基本观点和发展情况；在产业集聚理论方面重点把握产业集聚的概念、集聚形成机制以及产业集聚带来的经济效应。

一 经济增长理论

（一）传统经济增长理论

由 Solow（1956）等经济学家创建的新古典增长理论，强调技术进步在经济增长中的重要作用，在规模报酬不变与要素边际报酬递减的假定条件下，得出了新古典经济增长的一般均衡模型。但是，Solow 模型只是简单假定存在外生的技术进步，并且以固定比率增长，产出、资本存量及消费都存在劳均意义上的长期经济增长。经济学家 Romer（1989）和 Lucas（1988）等在修正了新古典增长模型中的规模报酬不变、要素边际收益递减以及技术进行外生等假设前提的基础上，将技术进步内生化，提出了新经济增长理论。新经济增长理论致力于分析经济系统中内生因素对经济增长的作用结果，因此也被称为内生经济增长理论。内生经济增长理论也为研究与开发和政府干预经济提供了理论依据，代表学者 Romer（1990）分析了内生增长模型中政府财政支出产生的正外部性对经济增长产生的重要影响，同时也得出了内生增长的最优财政支出。

发展经济学的结构主义者则认为产业结构也是促进经济增长的一大因素。Lewis（1954）的"工业化带动论"指出，发展中国家经济增长源于现代工业部门的扩张，其为传统农业部门剩余劳动力的转移及就业提供重要的途径，只有农业剩余劳动力实现充分就业，经济才能实现增长。非均衡增长理论的提出则更为有效地解释了现实中地区经济发展的差异性，以及在二元经济条件下经济增长依赖于地区间的非均衡性。Perroux（1970）在《经济空间：理论的应用》中首次提出了增长极概念，其包含两个层次的含义，即具有较强拉动作用的产业和中心城镇。增长极由于其自身经济活动范围的增大而获得规模经济和外部经济，除此之外还对周边产生支配效应、乘数效应和极化与扩散效应。极化与扩散效应作为增长极理论存在的一个重要前提假设，隐含着空间溢出效应，且这种溢出存在门槛特征，发展初期主要表现为要素的极化效应，后期则主要以扩散效应为主。Mckee（1957）出版的《经济理论和不发达地区》在增长极理论的基础上提出了"扩散效应"和"回波效应"的概念。在市场机制的作用下，回波效应大于扩散效应，即扩大了区域间差距，使经济在空间上出现了"地理二元经济结构"。赫希曼等（1991）在《经济发展战略》中提出了"核心区—边缘区"理论。在市场机制的作用下，"极化效应"大于"涓流效应"，从而扩大了地区间的差距。

（二）新经济地理理论

新经济地理学的产生与发展使得产业集聚问题成为主流经济学研究的范畴。新经济地理学将报酬递增、运输费用及要素流动性纳入分析框架，以迪克西特-斯蒂格利茨垄断竞争模型（简称D-S模型）和新贸易、新增长理论研究为基础，建立了具有规模报酬递增的垄断竞争一般均衡分析框架。Krugman（1991）借鉴D-S模型，建立了中心—外围模型（C-P模型），该模型将规模报酬递增和不完全竞争市场引入一般均衡分析框架中，以规模经济、垄断竞争和运输成本为基础阐释了产业集聚的微观原理，分析得出产业集聚是在收益递增和运输成本节约形成的"向心力"和集聚拥挤效应等形成的"离心力"的相互作用下形成和发展。Venables（1996）认为，上下游产业之间由于不完全竞争和运输成本产生"前向关联"和"后向关联"，而运输成本的变化会引起产业集聚到产业扩散的变化。Krugman 和 Venables（1995）构建了垂直关联模型（CPVL 模型），该模型从产业纵向关联的角度解释了相关联产业之间的协同集聚。Amiti（2005）、Forslid 和 UIItveit-Moe（2002）等基于垂直关联产业的视角，分析了贸易成本、政府产业政策对产业链上下游企业协同集聚的影响机制。

新经济地理学主要阐述并讨论了产业活动的空间集聚，同时也涉及空间外部性与溢出效应。产业空间集聚依赖于三种效应：

其一，本地市场效应。基于规模经济及节约运输成本的考虑，企业倾向于布局在市场规模大的地区，便于就近销售。

其二，生活成本效应，也称价格效应。在集聚区内，企业生产的产品数量和种类越多，需要输入的产品就越少，那么产品价格会因为运输成本和贸易成本降低而相对较低，因而产生生活成本效应。生活成本效应吸引人口向集聚区迁移，市场规模再次扩大。本地市场效应和生活成本效应构成了集聚的向心力，产生集聚效应，这种集聚效应具有循环累积自我强化的特征。

其三，拥挤效应。集聚区内企业集中程度的提高加剧了对资源和消费者的竞争，加之区域间存在的地方保护等，企业选址时优先考虑竞争对手数量少的区域，由此形成分散力。Krugman（1999）指出市场规模效应、劳动力池以及纯外部经济构成了产业集聚的向心力，而要素的不可流动性、地租和纯外部经济构成了主要的离心力。

二 产业集聚理论

（一）产业集聚的概念

产业集聚概念来源于"工业区位"理论，是指同一产业高度集中在特定地理区域，产业资本要素在空间范围内汇集的过程。产业集聚问题的研究产生于19世纪末,马歇尔在1890年就开始关注产业集聚这一经济现象,并提出了两个重要的概念,即"内部经济"和"外部经济"(马歇尔,2013)。马歇尔之后,产业集聚理论有了较大的发展,出现了许多流派,诸如产业区位理论、创新产业集聚理论、产业集聚最优规模理论以及企业竞争钻石模型都是比较有影响力的产业集聚理论。Krugman(1991)认为产业集聚可以从"产业空间集聚"和"产业企业集聚"两个视角进行理解,前者强调产业发展所需要素在地理空间上的非均衡分布,而后者则更关心产业相关企业纵向或横向集中的现象。为清晰界定上述两种含义,Port(1998)提出产业集群的概念,它与"产业企业集聚"概念更为一致,两者均强调同一产业领域中相关企业间的相互联系,而"产业空间集聚"仍强调经济活动的空间范围在地理位置上高度集中的现象。

(二)产业集聚的机制

自从产业集聚概念被提出来以后,越来越多的学者开始探索"产业集聚为什么会发生"这一问题的答案。一般认为,"规模经济"和"规模不经济"是推动产业集聚发生发展的重要力量,正是这两种力量的动态平衡维持了产业集聚的出现、继续及消亡。在产业集聚形成初期,企业等行为主体为追求"规模经济",一方面,通过扩大产量实现成本降低;另一方面,通过产业内外相关企业的联系降低外部交易成本,随着成本的降低,越来越多的企业集聚于此从事生产经营活动,产业集聚开始形成。但是,企业内、外部成本不会无止境地持续下去,随着企业自身规模的扩大和企业数量的增加,"规模不经济"逐步显现,成为阻碍产业继续集聚的力量,如果"规模不经济"长期存在,则产业集聚有可能消亡。可见,产业集聚是"规模经济"和"规模不经济"相互作用下的动态平衡,因此,可以将"规模经济"产生的力量称为产业集聚的向心力,而将"规模不经济"产生的力量称为产业集聚的离心力。

(1)产业集聚的向心力。一般认为,产业集聚的外部效应、产业关联效应和知识溢出效应是促进产业集聚形成发展的向心力。

第一,马歇尔最早从产业集聚的外部效应方面对产业集聚的形成进行经济学解释,他指出产业集聚形成的市场共享有助于降低企业对所需商品的搜索匹配成本,产业集聚催生的中间投入品市场有利于提高产业专业化水平,以及技术工人频繁交流有利于新技术的产生,而这三个方面促进产业集聚形成发展的关键向心力(陈国亮,2010)。胡佛将上述外部效应细化为 MAR 外部效应和 Jacobs 外部效应,波特(2002)提出外部经济主要来源于大量相同或相关产业的竞争与合作关系,从而使得对产业集聚向心力的研究更为精细。

第二,新经济地理学认为规模经济和产业关联效应是产业集聚关键向心力(Krugman,1991)。Hirschman 指出,后向关联和前向关联是产业关联的主要形式,其中后向关联指最终产品增减将促进上游企业加大对中间产品的技术创新,进而实现全产业链成本的降低,而前向关联指上游企业加大中间产品的生产将促进最终产品的技术创新(陈国亮,2010)。无论是何种产业关联形式,规模经济都是相关企业生产布局的关键,因此,企业倾向于在邻近地区进行建厂生产,以同时满足规模报酬递增和节约运输贸易成本的目的。如此循环积累,企业和劳动力向集聚区迁移的趋势呈现自我强化特征。

第三,Romer(1986)提出知识溢出效应是促进产业集聚形成发展的关键向心力,他指出"由于地理上的邻近性,具有各种不同技能的劳动力在频繁的接触和交流中产生了知识外溢,而这一效应正是促进经济增长的重要力量"。但周扬明(2006)指出,与思想发源地距离越远,人们进行交流沟通的成本就会越大,然而产业集聚改变了这一情况,拉近了地理距离,促进了人们"面对面"的交流。随后,Pacione(2013)指出,如果知识溢出的空间效应得到充分有效的发挥,那么知识溢出的信息本地化不仅能够促进城市的经济增长,也有利于城市经济集聚的形成。

(2)产业集聚的离心力。一般认为,运输成本、非流动要素和集聚经济的空间边界是阻碍产业集聚发展的离心力。

第一，从理论视角来看，运输成本毫无疑问是影响产业集聚的关键因素。较短的运输距离往往带来较低的运输成本，此时有利于企业生产成本的降低，从而能够促使产业集聚的形成。随着运输距离的增长，运输成本倾向于增加，产业集聚形成力逐渐降低，分散力迅速增加，当运输距离超过某临界水平时，产业集聚带来的成本降低已经无法弥补生产成本的降低，此时产业集聚难以形成。

第二，非流动要素（非熟练劳动力、外来能源以及原材料供给）的存在降低了产业集聚的预期收益和实际收益，故当产业集聚需求更多非流动要素时，产业集聚的稳定性和持续发展能力将受到显著影响。

第三，产业集聚的经济性随空间距离的增加而降低，同时产业间的关联效应也同步衰减，因此集聚经济的空间越大，产业集聚的稳定性越差。随着地理距离增加，企业运输成本不断上升，最终超越产业集聚经济性的临界点，导致产业集聚难以形成。当超过这一临界点时，产业集聚对任何企业和生产要素都将失去吸引力，如果该临界点过小，则产业集聚的发展空间将受到明显制约。

（三）产业集聚的经济效应

产业集聚的经济效应常常用来表示产业集聚对经济的影响，"增长极"理论、"回波效应"理论以及"极化—涓滴"理论都是经济学家用来解释经济效应的著名理论（韦森，2015）。"增长极"理论认为，首先出现的增长点（领头产业）是带动其他产业发展和经济增长的重要动力。"回波效应"理论认为，区域一旦拥有某种优势，则产业集聚会在回波效应的作用下得到不断强化，并最终导致地区间经济发展的差异。"极化—涓滴"理论认为，产业集聚对经济增长的影响与发展阶段相关，在初始阶段以"极化效应"为主，造成区域不均衡发展，但当经济发展到更高阶段，则转变为以"涓滴效应"为主，将促进欠发展地区的经济增长。在上述理论基础上，产业集聚的经济效应还常常被解释为经济增长效应、经济波动效应和产业关联效应，分述如下：第一，经济增长效应是指产业集聚对经济增长的影响，这是因为产业集聚必然带来产业融合效应、技术创新效应、市场扩张效应和贸易增长效应等多种效应，由此可形成促进经济增长的综合效应；第二，经济波动效应，当前我国经济正处在由高速发展向中高速发展换挡的关键时期，而产业结构升级是促进经济增长的关键一招，产业集聚对产业结构升级具有积极作用，同时还具备可调节性和就业弹性，因此能够在一定程度上弱化经济换挡过程中带来的冲击；第三，产业关联效应，国民经济各产业间存在密切的联系，即使微小的变动也可能对整个经济造成巨大的冲击，而产业集聚不仅能够起到提高资源配置效率、提高人均收入的效力，还能够缓解经济发展压力。

第三节　文献综述

一　产业集聚与经济增长关系的研究进展

（一）产业集聚对经济增长存在显著影响

1. 产业集聚对经济增长具有促进作用

国外研究方面，Hall（1996）以就业密度、地区劳动生产率分别作为产业集聚度和经济增长的代理变量，利用美国各州数据进行计量分析，发现产业集中度对经济增长具有显著正向影响，各州就业密度每提高1倍，各州劳动生产率将平均提高6%。Ciccone 和 Peri（2002）采用上述代理变量利用欧洲国家数据进行实证分析，得到相似结论，即产业集聚可以促进当地劳动生产率的不断提升。Giovanni 等（2009）和 Braunerhjelm 等（2006）分别针对芬兰和瑞典的相关研究都发现，采用人口密度为产业集聚代理变量对地区收入和劳动生产率具有显著正向影响。Brülhart 和 Mathys（2007）使用欧洲20国1980—2003年的面板数据，采用广义矩估计法处理变量内生性问题，实证分析发现，产业集聚每增长1倍，地区劳动生产率将上升13%，并随时间推移，具有增强的趋势。

国内研究方面，罗勇和曹丽莉（2005）发现，制造业集聚和工业经济增长存在显著正向关系。范剑勇（2006）发现，就业密度与地区劳动生产率之间存在显著正向关系。张公嵬（2010）发现，制造业集聚对行业 TFP 具有显著促进作用。刘立云（2011）发现，中西部地区文化产业集聚对经济增长有显著促进作用。潘文卿（2012）发现，制造业集聚对省级行政单位的经济增长具有显著正向影响。舒辉（2014）运用空间面板计量方法研究发现，物流业集聚有利于促进本地 TFP 的增长，还具有空间溢出效应，能够促进周边地区的 TFP 增长。惠宁和周晓唯（2016）引用区位熵指数测度产业集中度的研究发现生产性服务业对中国产业结构升级具有明显的促进作用。方远平等（2018）发现，中国城市群知识密集型服务业的集聚水平在不同城市群之间存在较大差异，其对城市经济增长的影响表现为波动上升趋势。陈路等（2019）发现，产业集聚对经济增长溢出的影响存在显著的非线性关系，一方面，产业集聚对本地经济增长溢出产生影响；另一方面，产业集聚的扩散效应有助于毗邻地区经济增长溢出效应的提升。黄庆华等（2020）的研究结果表明，产业集聚对经济增长具有积极作用，同时能对生态环境保护起到促进作用，对长江经济带周边地区经济高质量发展具有显著正向影响。

2. 产业集聚对经济增长具有抑制作用

虽然已有经验研究较多得出集聚对经济增长具有显著正向促进作用的结论，但也不乏经验研究得出集聚对经济增长具有显著负向影响的结论，特别是在研究中使用市场规模或城市规模作为经济集聚的表征变量时。Zardo（1979）采用人口规模来表征地区经济集聚，其实证结果发现，经济集聚对地区劳动生产率具有显著的负向影响，存在聚集不经济现象。Shilong 和 Jingyun（2003）构建了 70 个国家的跨国面板数据，采用动态面板估计方法，研究发现以城市化表征的经济集聚对经济增长影响并不显著，甚至不利于高收入水平国家经济增长，只有在样本中收入水平较低的国家，以首位城市人口份额表征的集聚才有利于经济增长。Xueqin 和 Chuanglin（2008）通过研究发现，随着城市规模的扩张，经济集聚带来的收益反而在逐渐消失，这就意味着地区经济增长在某种程度上受到了经济集聚的制约。陈立泰（2010）采用 1995—2007 年我国省级面板数据对服务业集聚与区域经济增长关系的考察发现，二者具有显著的负相关关系。丁宏（2017）对 OECD 国家的研究发现，劳动力数量对这些国家的经济增长率具有不变或递减的影响。

3. 产业集聚促进经济增长的条件

近年来，不少学者发现，当某些外部条件得到满足时，产业集聚才能够促进经济增长。Brülhart 和 Sbergami（2008）对产业集聚与经济增长的非线性关系进行讨论，发现产业集聚对经济增长的影响存在显著的门限效应，只有当经济发展水平低于门限值时，产业集聚才能促进经济增长。国内学者的研究与该结论相似。徐盈之等（2011）、杨扬等（2010）以及刘修岩（2012）等学者基于省级面板数据或地级市城市面板数据的研究均发现，当经济发展水平较低时，产业集聚对经济增长具有积极作用。孙晓华和郭玉娇（2013）以及孙祥栋等（2016）的研究考虑了产业集聚对不同规模城市经济增长的影响，结果发现，中小规模城市的专业化集聚显著促进了经济增长，而多样化集聚有利于大中型城市的经济增长。田超和王磊（2015）发现了产业集聚与经济增长之间的倒"U"形关系，他们以山东省制造业集聚为例的研究表明，当产业集聚的水平没有达到倒"U"形的顶点时，产业集聚对经济增长具有促进作用，但边际效应递减；而当制造业产业集聚的水平跨越倒"U"形顶点时，制造业集聚水平对经济增长具有负向影响，且随着制造业集聚水平的提高，负向边际效应呈增加趋势。万丽娟等（2016）的研究结论与上述结论相似，她针对服务业集聚水平与经济增长的实证表明，知识密集型服务业集聚水平与经济增长之间也存在显著的倒"U"形关系。项文彪和陈雁云（2017）对城市集聚、产业集聚与经济增长之间的互动关系进行讨论，结果发现，产业集聚对城市经济增长具有积极作用。郝永敬和程思宁（2019）研究了产业协同对经济增长的影响，结果发现，只有当技术创新能力较强时，制造业与生产性服务业协同集聚才能促进经济增长，否则产业协同集聚将负向影响经济增长。

4. 关于内生性问题的解决

上述研究多采用人口数量、劳动力比重、城市化份额表征经济集聚，可能存在较为严重的内生性问题，从而对估计结果造成不同程度的影响。鉴于此，Bautista 等（2006）和 Brulhart 等（2008）都建议使用工具变量（IV）解决变量内生性的问题，并建议采用 GMM 方法进行参数估计，在工具变量选择方面，地理距离、地区城市文化水平和产业集中度都被证明是有效的工具变量。张艳和刘亮（2007）采用滞后变量作为工具变量。陈得文（2010）构建联立方程解决变量内生性问题，并采用 GMM-3SLS 方法进行估计。周慧（2016）使用虚拟变量作为工具变量处理变量内生性问题。

（二）产业集聚对经济增长的影响具有门限效应

国内外不少学者都对产业集聚和经济增长的非线性关系特别是门限效应进行了研究。Futagami 和 Ohkusa（2003）构建混合 CES 生产函数模型，通过数值模拟发现市场规模对经济增长率具有"U"形影响，市场规模过大或者过小均不利于地区经济增长。Au 和 Henderson（2006）研究发现，城市规模与人均实际工资呈现出显著的倒"U"形关系，经济集聚规模过大或者过小对经济增长均有负面影响。谢品（2013）通过考察发现，产业集聚、地区专业化对地区经济增长均具有显著的倒"U"形影响，产业集聚和地区专业化程度过高或者过低都不利于地区经济增长。张云飞（2014）研究发现，城市群内产业集聚和经济增长之间存在着显著的倒"U"形关系，伴随集聚水平的提高，地区经济增长呈现出"先升后降"的特征。韩峰等（2014）研究发现，在 100 千米范围内，生产性服务业集聚的专业化外部性对经济增长具有显著的倒"U"形影响，而多样化外部性对经济增长始终具有正向影响。于斌斌（2015）对产业集聚经济增长门限效应进行了详细的阐述，就专业化集聚而言，产业集聚对经济效率的影响具有显著的门限效应，当产业集聚低于门限值时，将显著抑制城市经济效率的提高；但当产业集聚跨越门限值后，则能够显著促进经济效率的提高。惠炜和韩先锋（2016）进一步研究发现，劳动率随着生产性服务业集聚水平的提高呈现正向边际效率递减的趋势。马昱等（2020）研究发现，高技术产业集聚对经济发展数量和经济发展质量的影响均具有门限效应，且在门限值前后，高技术产业集聚对经济发展数量和经济发展质量的影响由负向抑制改为正向促进。

（三）产业集聚对经济增长的影响具有空间效应

近年来，学者开始关注对产业集聚与经济增长关系的空间效应的检验，从既有文献来看，经济增长溢出的确影响了产业集聚。Krugman（1991）提出，资本和劳动等生产要素倾向于向规模较大的市场集聚，当运输成本处于合理范围内，会有越来越多的企业向大规模市场集聚。Hanson（2005）认为，地理集聚是经济活动空间分布的稳定特征，其影响随距离的增加而逐渐降低，当超过 800 公里后，集聚中心对其影响降为零。赵增耀和夏斌（2012）认为，工业集聚和经济增长存在非线性关系，当市场潜能跨越门限值后，经济增长溢出效应对工业集聚的推动才能显现出来。席强敏等（2016）的研究进一步证明，生产性服务业集聚与经济增长溢出效应之间同样存在显著的正向关系。

关于产业集聚对经济增长溢出的影响，有学者认为，产业集聚有利于知识技术创新，从而有利于提升区域创新能力，并最终促进经济增长（Pacione，2013）。与特定产业相关的企业在地理位置上的集聚，能够促进企业之间形成非市场关联效应，增强企业间活动的密度，不仅有利于降低企业间交易成本，还能借助知识溢出效应推动知识技术在企业间的传递，一定程度上提升企业间信任感，形成知识技术生产、传递、转移以及共享的良性循环，并最终形成持续推动经济增长的动力（Sequeira & Marques，2011；周孝和冯中越，2016；张晓宁和金桢栋，2018）。

在生产性服务业集聚相关研究方面，余泳泽等（2016）认为，高端和低端生产性服务业对经济增长的影响有所差异，高端生产性服务业集聚对制造业全要素生产率的提升具有显著促进作用，低端生产性服务业集聚对经济增长的空间效应更显著，但生产性服务业促进制造业生产效率空间外溢效应具有一定的边界，跨越边界后空间外溢效应将发生逆转。随着区域市场一体化程度的不断提升，产业集聚效应及扩散效应不断增强（孙博文和雷明，2018），但曾艺等（2019）的进一步研究发现，生产性服务业集聚的空间溢出效应存在显著的行业和城市规模异质性。

二 生产性服务业集聚与经济增长关系的研究进展

（一）不同行业生产性服务业集聚对经济增长的影响存在显著差异

考虑生产性服务业行业间的异质性，不少学者讨论了不同行业生产性服务业集聚对经济增长的影响。程大中和陈福炯（2005）使用行业相对密度度量不同行业生产性服务业对经济增长的影响，研究发现，除房地产业外的其他生产性服务业集聚都显著地提升了行业内劳动生产效率。侯淑霞和王雪瑞（2014）研究发现，生产性服务业集聚对经济增长的影响尚未产生拥挤效应，能够显著促进经济增长。谭凌君（2014）研究发现，金融业集聚对于促进经济增长具有积极作用，但其空间效应未得到验证。韩峰等（2014）研究发现，生产性服务业集聚对经济增长的技术溢出效应仅在100公里范围内显著为正。程中华和张立柱（2015）的研究发现，生产性服务业集聚有利于提升城市的全要素生产率。袁丹和雷宏振（2016）的研究表明，生产性服务业集聚对经济增长是否具有正向空间溢出效应，取决于相邻区域产业结构、知识技术和开放程度是否相似。刘丽萍和刘家树（2019）研究发现，不同行业集聚影响经济增长的空间效应存在显著差异，金融业集聚，交通运输、仓储和邮政业集聚，以及租赁和商务服务业集聚具有显著正向溢出效应，而信息技术与软件业集聚具有显著负向空间溢出效应。

（二）不同层级生产性服务业集聚对经济增长的影响具有明显不同

近年来，少数学者开始对生产性服务业进行层级划分，并探讨高端和低端生产性服务业集聚对经济增长的影响。宣烨和余永泽（2014）以技术密集度和人均产值为标准，将生产性服务业分成高端生产性服务业、中端生产性服务业以及低端生产性服务业，并利用加权平均法构建长三角城市群的生产性服务业层级分工指数，最后通过空间计量分析方法对生产性服务业层级分工对制造业生产效率的影响进行实证检验，结果表明，生产性服务业层级分工对制造业生产效率提升具有积极作用。张浩然（2015）检验了不同层级生产性服务业对城市经济效率的门限效应，结果表明，高端生产性服务业对城市经济效率的影响受到城市经济规模（门限变量）的显著影响，当城市经济规模跨越门限值后，能够显著促进城市经济效率；但低端生产性服务业对城市经济效率影响的门限效应没有通过显著性检验。于斌斌（2016）基于研发和产值指标将生产性服务业分成高端生产性服务业和低端生产性服务业，并对不同层级的生产性服务业集聚对经济增长影响的空间效应进行检验，结果表明，低端生产性服务业专业化集聚对城市经济增长的影响存在显著正向空间效应，高端生产性服务业多样化集聚对城市经济增长存在显著正向空间效应。雷振丹和陈子真（2019）基于产业区位熵的变异系数对生产性服务业层级分工进行识别，并构建空间杜宾模型检验了不同层级生产性服务业集聚对城市创新的影响，结果表明，高端和低端生产性服务业集聚均通过 MAR 外部性和 Jacobs 外部性对城市创新产生正向影响，但该影响在不同地区和不同规模城市存在显著差异。

（三）不同地区生产性服务业集聚对经济增长的影响存在明显差异

随着生产性服务业集聚研究的深入，有不少学者开始讨论局部地区的生产性服务业集聚特征。程大中和陈福炯（2005）对珠三角地区的研究发现，该地区生产性服务业集聚以广州和深圳为中心，并表现出空间扩散的分布形态，但在行业层面出现均衡发展的趋势。张旺和申玉铭（2012）提出，京津冀生产性服务业集聚具有专业化分工明确、知识资本技术密集的特点，已经形成以北京为中心、天津及河北等极化集聚态势，不同地区的生产性服务业集聚水平存在较大差异。陈晓峰和陈昭锋（2014）对东北地区生产性服务业集聚的研究发现，东北地区呈现"哈尔滨—长春"交通物流业集聚中心（北部中心）和"沈阳—大连"金融商务服务业集聚（南部中心）两中心并存的空间分布态势，但这两个中心的集聚水平较发达地区的集聚水平都较低。于斌斌（2016）研究发现，长三角城市群已经形成交通运输、仓储和邮政业，金融业，以及租赁和商务服务业的优势集聚区，同时在集聚的空间分布上拥有以上海市为主中心、杭州市和南京市为副中心的两中心分布特征。周明生和陈文翔（2018）对长株潭城市群生产性服务业集聚的研究发现，除长沙生产性服务业专业化优势相对突出外，其他城市生产性服务业集聚水平总体不高。张志彬（2019）以京津冀、长三角和珠三角城市群为研究对象，通过面板数据的计量模型分析发现，城市群逐步形成了生产性服务业集聚在中心城市、制造业集聚在中心城市外围的"中心—外围"空间格局，城市群首位度的降低和中心城市功能的转变有助于提高城市群经济增长速度。刘书瀚和于化龙（2020）基于中国三大城市群的比较分析，考察了生产性服务业集聚及其对区域经济增长的影响。研究结果表明，珠三角城市群生产性服务业集聚对本地区和相邻地区的经济增长均具有显著的正影响，而长三角城市群和京津冀城市群生产性服务业集聚对本地区和相邻地区经济增长的影响均不显著。

第四节　研究评述

一　生产性服务业集聚对经济增长的影响还需要深入研究

产业集聚的经济效应发展脉络总体符合"经济活动集聚的经济增长效应—制造业集聚的经济增长效应—生产性服务业集聚的经济增长效应"研究脉络。随着后工业时代的到来，生产性服务业替代制造业成为推动经济增长的核心产业，与制造业相似，生产性服务业同样具有集聚发展的经济特征，其与经济增长的关系引起了经济学家的关注和思考。当前专门针对生产性服务业集聚对经济增长影响的研究成果还不多，大部分研究者仍然沿袭制造业集聚经济增长效应的研究思路和方法，未来的研究不能仅仅借鉴制造业集聚相关研究成果，还应充分考虑生产性服务业集聚的自身特征，才能获得针对生产性服务业的研究成果。

二 生产性服务业集聚对经济增长影响的层级行业异质性还需要系统化研究

针对生产性服务业专业化和多样化集聚经济增长效应的研究成果相对丰富，但对不同层级、不同行业生产性服务业集聚的经济增长效应研究还处于探索阶段。虽然已有学者开始关注生产性服务业的层级分工现象，但较少有研究探讨不同层级生产性服务业集聚的经济增长效应，而关注不同行业生产性服务业集聚经济效应并比较分析的研究内容就更少了。未来的研究应充分考虑生产性服务业内部行业间的异质性，更多关注不同层级、不同行业生产性服务业集聚的经济增长效应。

三 生产性服务业集聚对经济增长影响的空间效应还需要适当拓展研究

有关产业集聚对经济增长影响的相关研究均已表明，产业集聚的门限效应和空间效应不应被忽视。一方面，考虑到生产性服务业集聚对经济增长的影响可能是非线性关系，对其门限效应的检验以及不同层级、不同行业生产性服务业之间的比较分析很有必要；另一方面，任何城市经济发展所需的生产性服务业既可能来自城市自身，也可能来自其相邻城市，不应忽视城市间空间地理位置的影响，如果假设各个城市是相互独立的，则不符合城市发展的实际情况，也不能反映生产性服务业集聚对城市经济增长的影响。因此，后续研究中不仅要充分考虑生产性服务业集聚与经济增长之间的非线性关系，也要将空间地理因素纳入研究中来，从而全面认识生产性服务业集聚与经济增长的关系。

第三章 生产性服务业集聚经济增长效应的形成机理

前文在界定经济增长和生产性服务业集聚概念的基础上，回顾了经济增长理论和生产性服务业集聚理论的发展脉络，同时对生产性服务业集聚与经济增长的关系的研究文献进行述评，提出了本书的研究思路及内容。本章将构建基于"局部溢出模型"生产性服务业集聚对经济增长影响的理论框架，阐述生产性服务业集聚影响经济增长的路径。本章的理论分析形成全书的理论支撑，其思路如图 3-1 所示。

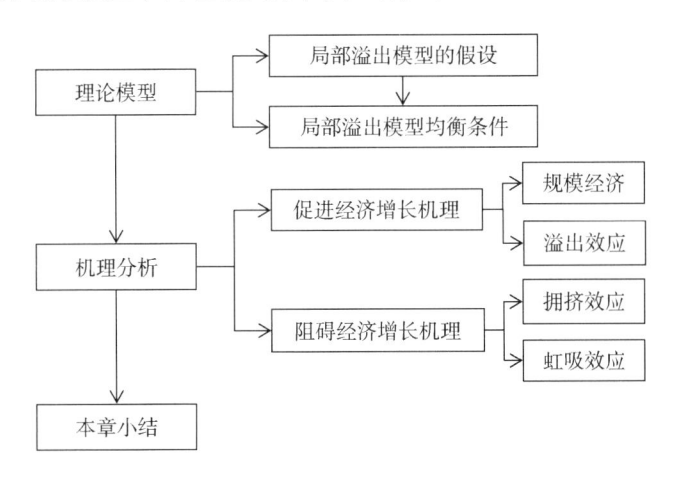

图 3-1 生产性服务业集聚经济增长效应的
理论机制分析逻辑

第一节 理论模型构建

一 局部溢出模型的假设

（一）局部溢出模型的由来

局部溢出模型也被称为本地溢出模型，是在全域溢出模型基础上发展起来的。在全域溢出模型中，未考虑知识资本溢出与地理空间的关系，而假设知识资本在所有地理空间中具有"同等"溢出能力。在局部溢出模型中，通过假设"知识资本溢出能力随空间地理距离增加而逐渐衰减"，将地理空间因素纳入局部溢出模型，从而使得局部溢出模型具备了考察知识资本空间效应的特性，而该模型也与现实情况更加相符，可以认为局部溢出模型是全局溢出模型向现实的延伸。从上述假设可知，地理空间距离越远，知识资本溢出越低；而地理空间距离越近，知识资本溢出越高，即地理空间距离与知识资本溢出之间存在负向影响关系，知识资本的创造更有利于本地知识资本的积累。知识资本溢出的这种本地化特点使得局部溢出模型具有本地"聚集力"的特征，这也是该模型适用于产业集聚研究的重要依据。

（二）局部溢出模型假设的数理模型

在局部溢出模型中，通常假设私人知识资本仅对本地产生影响，而公共知识资本则同时考虑本地溢出和外地溢出：本地公共知识资本溢出全部影响本地，而外地公共知识资本溢出对本地的影响随地理空间距离的增加而减小，即仅部分影响本地。局部溢出模型中存在南部和北部两个经济系统，以北部为例，其资本形成成本的数理模型为：

$$F = \alpha_I w_L, \quad \alpha_I \equiv \frac{1}{K^w A}, \quad A \equiv s_K + \lambda (1 - s_K) \quad (3-1)$$

南部资本形成的数理模型与式（3-1）相同。

其中，λ 反映公共知识资本在空间溢出的难易程度，在 0 到 1 区间取值，$\lambda=0$ 表示公共知识资本不能溢出；$\lambda=1$ 表示公共知识资本完全自由溢出；在 $0<\lambda<1$ 范围内，可以认为 $1-\lambda$ 是公共知识在溢出到其他区域时损耗的部分。其他变量含义为：K^w 表示整个经济系统的知识资本存量，A 表示本地知识资本存量，s_K 表示北部地区知识资本份额。

二 局部溢出模型的均衡条件

（一）局部溢出模型的短期均衡

1. 局部溢出模型的短期均衡条件

短期均衡中，市场商品完全出清，消费者实现效用最大化，企业实现利润最大化，每个企业的营业收入来自本区域和外区域，资本的利润表达形式和资本创造模型如式（3-2）所示：

$$\pi = bB\frac{E^w}{K^w}, \quad \pi^* = bB^*\frac{E^w}{K^w}; \quad b = \frac{\mu}{\sigma}$$

$$B = \frac{S_E}{\Delta} + \varphi\frac{1-S_E}{\Delta^*}, \quad B^* = \frac{S_E}{\Delta} + \varphi\frac{1-S_E}{\Delta^*}$$

$$\Delta = S_n + \varphi(1-S_n), \quad \Delta^* = \varphi S_n + (1-S_n), \quad \varphi = \tau^{1-\sigma} \quad (3-2)$$

其中，E^w 表示北部和南部地区的总支出，S_E 为北部地区市场份额，由于区域资本存量在短期是固定不变的，所以除了资本生产成本，所有均衡表达式都与全域溢出模型相同。短期均衡下，资本空间分布 S_n 和相对支出规模 S_E 保持不变。此时，尽管两个区的资本增长率相等，但是资本价值并不一定等于资本生产成本，即不一定满足经济系统的长期均衡条件。以此为基础，可以获得具有普遍意义的短期相对支出规模 S_E，支出用资本和劳动两要素之和与资本生产成本之差表示，相对支出规模 S_E 仍然用北部的支出 E 与全域总支出 E^w 之比表示。

2. 局部溢出模型短期均衡的数理模型

根据上述分析，推导出局部溢出模型短期均衡条件。设经济系统的劳动收入、资本收入分别满足下式：

$$L^w = w_L L + w_L^* L \qquad (3-3)$$

$$\pi s_n K^w + \pi^* (1-s_n) K^w = bE^w \qquad (3-4)$$

当经济均衡增长率为 g 时，有：

$$K_I^w = \delta K^w + gK^w \qquad (3-5)$$

总支出等于总收入，则经济系统的总支出、北部总支出与南部总支出满足：

$$E^w = L^w + bE^w - (g+\delta) K^w \overline{\alpha}_I \qquad (3-6)$$

$$E = s_L L^w + s_K bBE^w - (g+\delta) K\alpha_I \qquad (3-7)$$

$$E^* = (1-s_L) L^w + s_K bB^* E^w - (g+\delta) K^* \alpha_I^* \qquad (3-8)$$

式中，$\overline{\alpha}_I$、s_L 分别表示经济总体的资本成本和北部地区的劳动份额。

将北部和南部的支出相加，得局部溢出模型均衡时北部和南部地区的总支出为：

$$E^w = \frac{L^w - (g+\delta) \left[\dfrac{s_K}{s_K + \lambda (1-s_K)} + \dfrac{1-s_K}{s_K + \lambda (1-s_K)} \right]}{1-b} \qquad (3-9)$$

此时，北部地区的市场规模为：

$$s_E = \frac{\dfrac{s_K b\varphi}{\Delta^*} + (1-b) \dfrac{s_L L^w - \dfrac{(g+\delta) s_K}{A}}{L^w - (g+\delta) \left(\dfrac{s_K}{A} + \dfrac{1-s_K}{A^*}\right)}}{1 - s_K b\left(\dfrac{1}{\Delta} - \varphi \dfrac{1}{\Delta^*}\right)} \qquad (3-10)$$

（二）局部溢出模型的长期均衡

1. 局部溢出模型长期均衡条件

同全域溢出模型一样，局部溢出模型的长期均衡条件是资本生产成本等于资本的价值，此时新增资本的边际成本和边际收益恰好相等。局部溢出模型的长期均衡可以分成两种情况，一是 $0 < s_K < 1$ 时，南部的资本增长率 g 等于北部的资本增长率 g^*，南北区域都占有部分经济系统资本，并同时生产新资本，这种均衡结构被称为"内点均衡"；二是 $s_K = 1$ 或 $s_K = 0$ 时，形成"核心—边缘"结构，此时南部（或北部）占

有经济系统全部资本并成为唯一的新资本生产者,该区域的经济增长率受到南部和北部的共同影响,这种均衡结构被称为"角点均衡"。需要特别说明的是,这里局部溢出模型的内点均衡包括对称均衡和非对称均衡两种,对称均衡是指两个区域的资本份额都等于1/2且增长率相等,而非对称内点均衡是指两个区域的资本份额不等但是增长率相同。

2. 局部溢出模型长期均衡的数理模型

第一,对称均衡下经济增长的数理模型。在对称的内部均衡条件下,将 $s_K = 1/2$ 代入式(3-10),得到:

$$E^w = \frac{1}{1-b}\left[L^w - \frac{2(g+\delta)}{1+\lambda}\right] \quad (3-11)$$

此时,托宾 q 值为:

$$q = \frac{v}{F} = \frac{\pi}{(\rho+\delta+g)w_L\alpha_I} = \frac{\pi K^w A}{\rho+\delta+g} = \frac{\pi B E^w A}{\rho+\delta+g} = \frac{b(1+\lambda)}{2}\frac{E^w}{(\rho+\delta+g)}$$

把 E^w 代入 q 后,可推导出对称均衡下的经济增长率为:

$$g_{sym} = \frac{b(1+\lambda)}{2}L^w - (1-b)\rho - \delta \quad (3-12)$$

其中,ρ 为资本所有者的折现率。

第二,非对称均衡条件下的数理模型。假设所有资本都分布在北部,由于:

$$E^w = \frac{L^w - (g+\delta)}{1-b} \quad (3-13)$$

$$q = \frac{v}{F} = \frac{bBE^w A}{\rho+\delta+g} = \frac{b(L^w-g-\delta)}{(1-b)(\rho+\delta+g)} = 1 \quad (3-14)$$

此时,北部地区的经济增长率为:

$$g_{nsym} = bL^w - (1-b)\rho - \delta \quad (3-15)$$

由式(3-6)与式(3-9)可知,$\lambda = 1$ 时,$g_{sym} = g_{nsym}$,即对称均衡下的经济增长率与非对称均衡下的经济增长率相等;而 $0 < \lambda < 1$ 时,$g_{sym} < g_{nsym}$,即对称均衡下的经济增长率小于非对称均衡下的经济增长率。而生产性服务业集聚本质而言就是产业的非对称分布,由此可知生产性服务业集聚将促进地区经济增长。

3. 对称均衡与非对称均衡的转化

考虑到非对称均衡时地区经济增长率高于对称条件时的增长率，分析对称均衡向非对称均衡转化的条件则很有必要。参考杨芳（2007）的方法，通过对式（3-14）求 s_K 的偏微分进行分析。

在对称均衡点，有：

$$s_L = s_K = \frac{1}{2}$$

$$B\big|_{sym} = 1$$

$$A\big|_{sym} = \frac{(1+\lambda)}{2}$$

$$q\big|_{sym} = \frac{bE^w}{2}\frac{(1+\lambda)}{(\rho+\delta+g)}$$

$$dq\big|_{sym} = \frac{bE^w}{\rho+\delta+g}(AdB + BdA)$$

求 $dA\big|_{sym}$ 和 $dB\big|_{sym}$ 后代入 $dq\big|_{sym}$ 中，可得：

$$dq\big|_{sym} = \frac{2(1-\varphi)}{1+\varphi}ds_E - \frac{2(1-\varphi^2)}{(1+\varphi)^2}ds_K + \frac{2(1-\lambda)}{1+\lambda}ds_K \quad (3-16)$$

式（3-16）中，第一项为需求关联效应，第二项为市场拥挤效应，第三项为资本溢出效应。当 s_K 增大时，第一项和第三项将对 q 产生正向影响，第二项将对 q 产生负向影响。由此可推知，需求关联效应和资本溢出效应是生产性服务业向北部集聚的向心力，市场拥挤效应是生产性服务业集聚的离心力。而地区对称均衡是否转为非对称均衡，从而实现经济增长率的提高，将取决于向心力和离心力的共同作用。

第二节 生产性服务业集聚影响区域经济增长的机理

基于局部溢出模型短期均衡和长期均衡条件的梳理分析，我们认识到非对称均衡比对称均衡的产业分布更有利于提高经济增长率，而产业集聚的向心力和离心力是促使地区对称均衡向非对称均衡转化的条件。

第三章 生产性服务业集聚经济增长效应的形成机理 43

然而，上述理论分析仍未能揭示生产性服务业集聚促进经济增长的关键因素，也未能清晰展示生产性服务业集聚促进经济增长的现实路径。因此，本节内容将结合文献资料，分别从生产性服务业集聚促进和阻碍经济增长的视角，详细阐述生产性服务业集聚促进经济增长的关键因素和现实路径。

一 生产性服务业集聚促进经济增长的机理

图 3-2 展示了生产性服务业集聚促进经济增长的机理。由该图可知，生产性服务业集聚将产生"规模经济"和"溢出效应"两个积极效应，前者通过促进技术创新和降低交易成本的方式促进城市自身经济增长，后者通过技术扩散和产业转移促进周边城市经济增长。下文将详述上述机理。

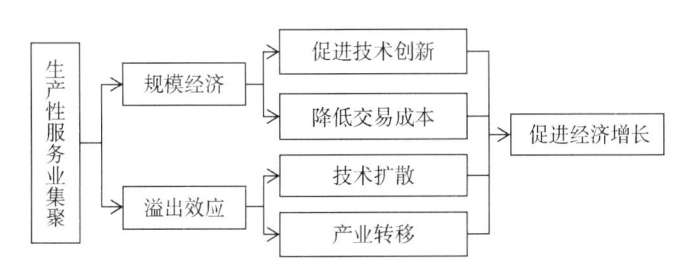

图 3-2 生产性服务业集聚促进经济增长的机理

（一）生产性服务业集聚促进产业技术创新从而推动城市自身经济增长

技术创新是促进经济增长的"加速器"，生产性服务业集聚的发展有利于技术创新的形成。首先，生产性服务业集聚可以深化社会分工从而促进新技术的产生。生产性服务业集聚可以加速中间品市场的形成，促进生产和服务环节的分离，促使企业集中精力在具有比较优势的环节，为实现技术创新奠定基础。其次，生产性服务业集聚有利于机制创新从而促进新技术产生。生产性服务业多是知识技术密集型产业，大量提供同类服务的企业在空间形成集聚，将对个体企业形成"挤压"，迫使企业不断进行技术研发和创新，同时通过与供应链企业相互沟通，有利于形成上下游产业协同创新网络，从而促进新型技术的产生。最后，生产性服务业集聚有利于创新技术的本地溢出从而有利于技术创新。生产性服务业集聚拉近了同类企业的地理距离，降低了企业间学习交流的成本，能够促进新知识技术的扩散传播，可以提高整个行业的技术水平，同时生产性服务业集聚扩大了对特定专业技术人员的需求，大量专门人才集聚在一起，能够在相互交流中产生创新的火花，从而促进新技术的产生。综上所述，生产性服务业集聚正是通过深化分工、机制创新和技术扩散的方式促进创新的产生，从而促进了城市自身经济增长。

（二）生产性服务业集聚能够降低交易成本从而推动城市自身经济增长

随着生产性服务业集聚的发展，城市基础设施建设水平、交通物流的可达性、信息技术服务业创新能力以及金融法律服务的完善性将得到大幅提升，这就为企业交易成本降低提供了条件。其一，生产性服务业集聚可以显著降低企业的运输成本，由于企业间空间距离的缩短，原料及产品的运输转变为短途运输，产业集聚形成的共生市场能够有效降低企业运输费用，有利于企业效益的提高。其二，生产性服务业集聚形成的企业共生关系可以降低原材料采购成本，上游企业生产的副产品往往经过简单回收处理就可以成为下游企业的原料，这种原料获取方式对降低企业材料采购成本具有极大意义。其三，生产性服务业集聚有利于帮助企业获得优惠政策，产业集聚既能带来规模效应又能发挥分工优势，随着生产性服务业集聚企业数量的增加，会形成准规模优势，有利于企业获取土地、资本、税收和财政等方面的优惠政策，间接降低企业生产经营成本。此外，生产性服务业集聚还有利于企业废弃物处置成本以及非合作成本的降低。总之，生产性服务业集聚能够帮助企业成本显著下降，从而有利于企业经济效益的提升，进而有助于促进城市经济增长。

(三) 生产性服务业集聚通过技术扩散带动周边城市经济增长

技术扩散在生产性服务业集聚前期主要表现为对城市自身经济增长产生促进作用,而后期遵循"近邻效应"逐渐对周边城市经济增长产生正向影响。徐雪琪和程开明(2008)认为,在空间技术扩散近邻效应下,技术创新往往由创新城市扩散到周边城市,且距离越近获得新知识技术的可能性越大。张庆滨(2008)认为,创新城市知识技术积累越丰富,则通过近邻效应将创新成果扩散出去的可能性越大,越有利于周边城市的科技进步。罗文章(2014)提出,创新城市人才流动也可以促进创新技术的扩散,伴随人才流动的还有先进的思想理念以及丰富的管理经验,当人员从创新城市向周边城市流动的时候,能够增强周边城市的人力资本储备,同时还有利于打破周边城市的思想禁锢,从而释放经济活力,并最终推动周边城市的经济增长。

(四) 生产性服务业集聚通过产业转移带动周边城市经济增长

伴随生产性服务业集聚的不断发展,产业转型升级将不可避免,同时原产业的转移就不可避免,这正是周边城市承接转移产业、促进经济增长的重要机会。当城市群中心城市由于生产性服务业集聚推高资本、劳动力、土地等生产要素成本时,产业转移就会发生,此时部分企业或要素将脱离原集聚的地理空间而转移到新地区,为控制转移成本和风险,这部分企业往往倾向于在邻近的周边城市进行选择。这恰好为周边城市的经济增长提供了机遇:首先,生产性服务业的转移有利于增加周边城市的资本积累,能够提高周边城市的经济实力;其次,正如生产性服务业集聚形成过程一样,周边城市对转移产业的承接,也将促进物质环境和人文环境的提升,实现投资经营环境的改善;最后,生产性服务业的转移能够促进周边城市产业结构的优化升级,通过承接专业产业,周边城市第三产业比重将得到提升,如果能够与自身产业相融合,还将有利于对传统产业的改造升级。综上所述,周边城市因为承接转移产业,使得自身经济实力、投资经营环境和产业结构得到提升,从而有利于自身经济增长。

二 生产性服务业集聚阻碍经济增长的机理

图 3-3 展示了生产性服务业集聚阻碍经济增长的机理。由该图可知，生产性服务业集聚有可能形成"拥挤效应"和"虹吸效应"两个负面效应。前者可能导致生产性服务业供给相对过剩，也可能导致生产要素拥挤，从而阻碍城市自身经济增长；后者可能导致周边城市生产缺乏要素或市场份额较小，从而阻碍周边城市的经济增长。下文将详述上述机理。

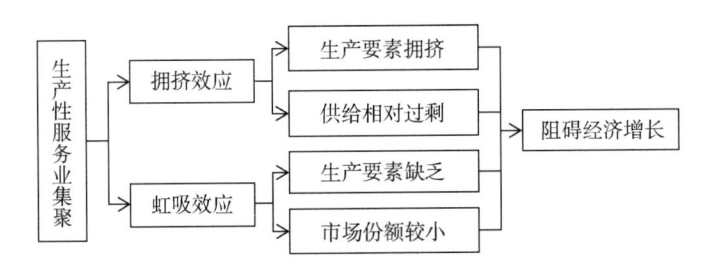

图 3-3 生产性服务业集聚阻碍经济增长的机理

（一）生产性服务业集聚导致生产要素拥挤从而阻碍城市自身经济增长

诺贝尔经济学奖得主 McFadden（1978）最早提出生产要素拥挤的概念，他认为所谓生产要素拥挤就是对要素投入到达规模报酬递减现象的一种描述。在特定技术条件下，生产性服务业集聚持续扩张，或将导致一种或多种生产要素投入连续增长，那么生产主体资金成本、劳动力薪酬以及租金价格等交易成本将出现明显上涨，从而导致生产性服务业集聚从"规模经济"转变为"规模不经济"。Pandit 和 Cook（2003）从动态变化视角对产业集群造成的生产要素拥挤进行分析，指出生产性服务业集聚对经济增长的影响或存在一个临界点，在临界点以内，各类企业关系以合作创新为主，能够推动经济增长；而一旦超越临界点，则各类企业关系转为过度竞争，重复建设的基础设施等造成生产要素拥挤的发生。可以说，在生产性服务业集聚的成长阶段，各类企业主体规模增加、利润上升、创新动力强劲，此时有利于促进经济增长；但当生产性服务业集聚进入成熟衰退阶段，随着各类企业规模的持续增加，企业利润反而下降，创新动力不足，竞争力下降，如此标志着生产要素拥挤的出现。因此，一旦生产性服务业的集中程度超过社会经济发展阶段，必将成为城市本身发展的障碍。

（二）生产性服务业集聚导致生产性服务业供给相对过剩从而阻碍城市自身经济增长

生产性服务业集聚导致的生产性服务业供给过剩是第二个阻碍城市自身经济增长的因素。这是因为生产性服务业必须和经济发展的阶段相适应，如果单纯推动生产性服务业的集聚，则容易导致生产性服务业供给过剩的现象发生。一般认为前工业化阶段、工业化初期、工业化中期、工业化后期、后工业化阶段和现代化社会是经济发展的六个必须阶段（钱纳里，1989），不同发展阶段对生产性服务业的需求势必有所差异（周师迅，2013）。工业化中后期以后，批发零售业、运输业、仓储业、邮政业发展迅速；后工业化阶段，经济社会对高端生产性服务业的需求大幅增长，信息技术服务业、金融业、科研开发产业成为推动经济发展的引擎。因此，考虑到特定城市或地区，只有与社会经济发展阶段相匹配的生产性服务业才能更好地促进经济发展。

（三）生产性服务业集聚导致生产要素缺乏从而阻碍周边城市经济增长

在生产性服务业集聚初期，集聚城市和周边城市表现为生产要素的竞争关系，且通常周边城市处于竞争弱势。生产性服务业集聚所在城市对周边城市的生产要素具有更强的吸引力（韩纪江和郭熙保，2014），容易导致生产要素向该集聚城市的流动，从而造成周边城市生产要素缺乏现象，进而阻碍了周边城市的经济增长。生产性服务业集聚城市可以依托规模效应和品牌效应不断吸收周边城市的生产要素，实施各种优惠政策吸引优质生产性服务业劳动力以及其他相关产业劳动力（罗文章，2004）。

理论研究表明，企业人力资本是中国经济快速增长的重要影响因素，城市之间人力资本的显著差距是导致城市经济差距不断扩大的重要原因。随着生产性服务业生产要素向特定城市集聚，周边城市的经济增长陷入了"生产要素不足—经济增长乏力—生产要素更加缺乏—经济增长更加乏力"的恶性循环，从而阻碍了周边城市的经济增长。

（四）生产性服务业集聚导致市场份额较小从而阻碍周边城市经济增长

对扩大生产性服务业市场的共同需求导致生产性服务业集聚城市与周边城市呈现竞争关系，而周边城市在竞争中的弱势地位，将造成其拥有的市场份额严重不足的后果，不利于周边城市经济增长的实现。尽管在开放经济格局中，生产性服务业集聚城市和周边城市可以围绕生产性服务业需求市场展开竞争，但二者的市场辐射力存在明显的不平衡关系，将最终导致周边城市的市场份额被侵占。目前，我国一线城市及部分省会城市已经成为生产性服务业的集聚中心，提供了市场需求的大部分新理念、新技术以及新服务（冯路，2004），这在一定程度上剥夺了周边城市的市场份额，削减了周边城市发展生产性服务业的机会，形成集聚阴影效应。

第三节　本章小结

本章对生产性服务业集聚经济效应形成机理进行分析，遵循从数理分析到规范分析的思路进程，主要内容包括：第一，基于局部溢出模型对生产性服务业集聚影响经济增长的机理进行数理推导，得出非对称均衡比对称均衡的产业分布更有利于提高经济增长率的结论。第二，讨论生产性服务业集聚促进经济增长的机理，提出生产性服务业集聚的规模经济通过技术进步和降低交易成本的方式促进了城市自身经济增长，而溢出效应通过技术创新和产业转移促进了周边城市经济增长的观点。第三，讨论了生产性服务业集聚阻碍经济增长的机理，发现生产性服务业集聚的拥挤效应可能导致生产要素拥挤，从而阻碍城市自身经济增长；而虹吸效应可能导致生产性服务业供给相对不足从而阻碍周边城市经济增长。本章内容奠定了本书的理论基础，结合本章结论，后续研究应关注溢出效应和拥挤效应对经济增长的影响。

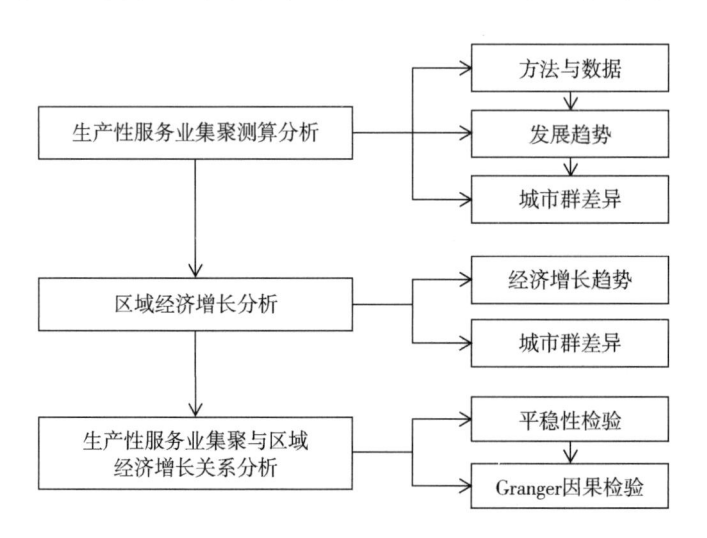

第四章 长江经济带城市群生产性服务业集聚与经济增长的测算与分析

本章主要对长江经济带城市群生产性服务业集聚与经济增长进行测算，并对二者关系进行分析，基本思路如图 4-1 所示。首先，选择合适的测算方法对长江经济带城市群生产性服务业集聚水平进行测算，进而通过描述性统计分析初步把握长江经济带城市群生产性服务业集聚的发展趋势及城市群差异；其次，以实际人均地区生产总值作为长江经济

图 4-1 长江经济带城市群生产性服务业集聚与
经济增长的测算与分析逻辑

带城市群经济增长代理指标，通过描述性统计分析，初步把握长江经济带城市群经济增长的趋势及城市群差异；最后，以长江经济带城市群生产性服务业区位熵计算结果为基础，对长江经济带城市群生产性服务业集聚与区域经济增长的关系进行 Granger 因果检验，初步掌握长江经济带城市群生产性服务业集聚与区域经济增长之间的关系。

第一节　长江经济带城市群生产性服务业集聚测算与分析

一　产业集聚测算方法

当前，产业集聚水平的测算一般以从业人数为基础，少数研究以工业增加值为基础。但是，工业增加值容易受中间投入品、工业总产值等变量的影响；而就业人数不包括货币价格因素，无须做出调整，各年之间具有可比性，以从业人数为基础测算产业集聚水平更具有稳健性（伍先福，2017）。同时，考虑到经济活动主要由人完成，就业人员的集聚在一定程度上能够反映经济活动的集聚（张海峰和姚先国，2010）。从既有文献研究来看，Ellison 和 Glaeser（1997）、Duranton 和 Overman（2014）、文东伟和冼国明（2014）、张国峰等（2016）、袁冬梅等（2019）均以从业人数为基础测算产业集聚水平。为与已有文献保持一致，本章以从业人数为基础对产业集聚水平的测算方法进行说明。

在测算方法选取方面，产业集中度指数、赫希曼－赫芬达尔指数、区位熵、哈莱－克依指数、空间基尼系数以及 EG 集聚指数等都是常见的产业集聚测算方法。其中，区位熵含义直观，计算简便，数据获取难度较小，是衡量区域产业集中度和判断区域优势产业的有效方法，在研究中得到了广泛应用。因此，本章选择区位熵作为生产性服务业集聚测算方法。同时，为了反映生产性服务业向少数城市集聚的趋势，本章另外选择产业集中指数对长江经济带城市群生产性服务业集聚进行测算。

（一）区位熵

区位熵（Location Quotient, LQ），又称专门化率。通过分别计算特定产业在样本城市和长江经济带城市群中就业比例来测度该产业在长江经济带城市群的专业化程度，并以此判断该城市在长江经济带城市群的优势产业和分工状况。区位熵的计算公式为：

$$LQ_i = \frac{e_{is}/e_s}{e_{in}/e_n} \quad (4-1)$$

式中，e_{is} 表示城市 s 中行业 i 的就业人数，$e_{in} = \sum_s e_{is}$ 表示行业 i 在长江经济带城市群的总就业人数，$e_s = \sum_i e_{is}$ 表示城市 s 内所有行业的就业人数，$e_n = \sum_s \sum_i e_{is}$ 为长江经济带城市群中所有行业的总就业人数。LQ_i 表示区位熵指数，即城市 s 中行业 i 的就业的人数占本市所有就业人数的比重与行业 i 在长江经济带城市群的就业人数占长江经济带城市群的所有行业就业人数比重之比。

区位熵指数主要用于衡量行业 i 在城市 s 的专业化程度，该指数的值越大，说明该产业在该市的集聚水平越高、专业化程度越高、比较优势越显著。若 $LQ_i > 1$，表明行业 i 在城市 s 的专业化程度高于长江经济带城市群的平均水平，将 i 行业称为 s 城市比较优势的产业（李蕾，2016）；若 $LQ_i < 1$，表明行业 i 在城市 s 的专业化程度低于长江经济带城市群平均水平，i 行业不是城市 s 的优势产业。

（二）产业集中度指数

参考李蕾（2016）的产业集中度计算方法测度长江经济带城市群产业集中度，首先，根据长江经济带城市群各个城市特定行业的就业人数进行排序；然后，计算规模最大的前几个城市的就业人数之和与长江经济带城市群该行业总就业人数之比。该比值即为长江经济带城市群特定行业的产业集中度指数，具体计算公式为：

$$CR_n = \frac{\sum_{s=1}^{n} e_s}{\sum_{s=1}^{N} e_s} \quad (4-2)$$

式中，e_s 为城市 s 内在选定行业就业的人数；n 是该行业规模最大的前几个城市的数目，一般取 $n=1$，$n=4$，$n=10$ 或根据研究对象选择更多；N 为长江经济带城市群城市总数，CR_n 即为长江经济带城市群的产业集中度指数，表示选定行业地理集中状况。CR_n 的取值范围在 0—1，值越大，产业集中程度越高，值越小，产业集中程度就越低。

二 研究样本与数据说明

（一）研究样本

本章以获取统计口径一致的连续数据为样本选取基本原则，统筹考虑区域和时间两个维度作为确定样本的依据。在区域维度方面，以长江经济带五大城市群 77 个地级及以上城市为研究对象，其中 2011 年安徽省撤销巢湖市，将原巢湖市所辖的一区四县行政区划进行相应调整，分别划归合肥、芜湖、马鞍山三市管辖，[①] 故本章中未将巢湖市包含在内，同时由于数据获取的制约，未对合肥、芜湖和马鞍山市 2011 年前的相关数据进行追溯调整。在时间维度方面，2002 年国家统计局发布的《国民经济行业分类与代码》增加了服务业部门的活动类别，使服务业从 11 个行业增加至 14 个行业，次年起相关统计年鉴按照新的行业分类方法发布数据，故本章研究的时间跨度为 2003—2018 年，对应的统计年鉴数据为 2004—2019 年。综上所述，本章的研究样本为 2003—2018 年的长江经济带五大城市群 77 个地级及以上城市。

（二）数据说明

在社会经济统计数据中，服务业是遗漏较多的部门。我国服务业细分行业的就业数据相对于产值数据更加连续，因此本章使用行业就业人数测算长江经济带城市群各个城市的生产性服务业区位熵和产业集中度指

[①]《国务院关于同意安徽省撤销地级巢湖市及部分行政区划调整的批复》（国函〔2011〕84 号），2011 年 7 月 14 日。

数。本章所用数据主要来源于相关年度的《中国统计年鉴》和《中国城市统计年鉴》。年鉴中无法获取的个别数据利用差值法补齐。《中国城市统计年鉴》城市层面的数据有"全市"和"市辖区"两种统计口径，"全市"包括市区、下辖县及县级市，本章研究使用了"全市"的数据。

三 长江经济带城市群生产性服务业集聚的发展趋势

（一）基于区位熵的分析

图4-2展示了长江经济带城市群不同层级生产性服务业区位熵的核密度变化趋势。由图4-2（a）可以看出生产性服务业总体集聚呈现"左峰右尾"的分布特征，表明区位熵高值所占比重较小，即仅有少数城市具备生产性服务业优势，大部分城市生产性服务业总体优势不明显；从动态趋势来看，峰值经历了先左移再右移的变化，但2018年峰值仍较2003年峰值左移且上升，这说明少数城市具备的生产性服务业优势得到强化。由图4-2（b）可以看出高端生产性服务业集聚呈现类似"正态分布"的特征，与生产性服务业总体比较可知，高端生产性服务业峰值更加偏右，而且"右拖尾"现象不明显，说明有较多城市已经形成高端生产性服务业的比较优势；从动态趋势来看，峰值经历先上升再下降的趋势，且2018年峰值显著低于2003年峰值，说明高端生产性服务业没有出现向少数城市强化的发展趋势，而是在更多城市间均衡发展。由图4-2（c）可以看出低端生产性服务业集聚特征与高端生产性服务业集聚特征呈现反向发展趋势，低端生产性服务业峰值更加偏左，且"右拖尾"现象更加明显，说明具备低端生产性服务业优势的城市数更少；从动态趋势来看，峰值明显左移且升高，且2018年峰值较2003年更加偏左偏高，说明极少数城市具备的低端生产性服务业优势得到强化，呈现出"强者恒强"的发展态势。

图4-3展示了长江经济带城市群不同行业的生产性服务业区位熵的核密度变化趋势。考虑到篇幅的限制，本部分内容不再逐一行业展开分

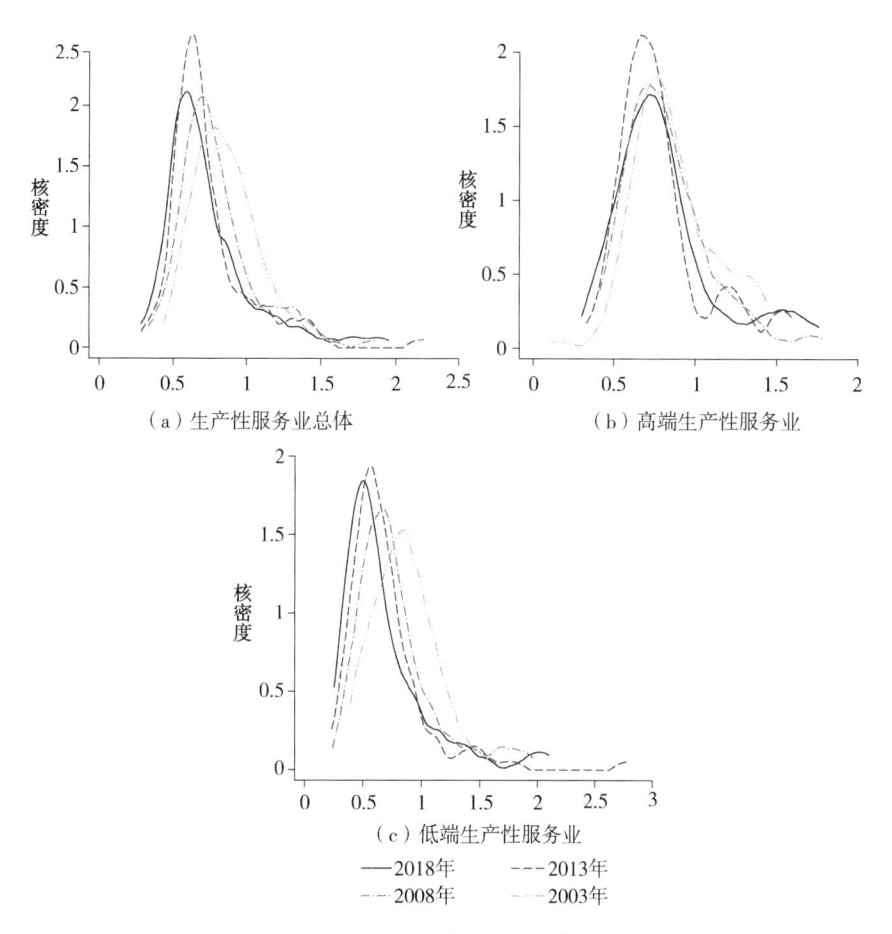

图 4-2　不同层级的生产性服务业区位熵核密度变化趋势

析，而是采取与图 4-2 一样的比较方法寻找相似核密度分布图进行解释。由图 4-3 可知，批发和零售业以及房地产业的核密度分布图与图 4-2 (a) 相似，表明这两个行业有向少数城市集中并不断强化的发展趋势；金融业的核密度分布图与图 4-2 (b) 相似，说明金融业并未呈现出向少数城市集中的趋势，而是在不同城市间发展比较均衡；而交通运输、仓储和邮政业，信息传输、计算机服务和软件业，租赁和商务服务业以及科学研究、技术服务和地质勘查业则与图 4-2 (c) 相似，说明极少数城市具备的这些行业优势不断得到强化，呈现出"强者恒强"的发展态势。

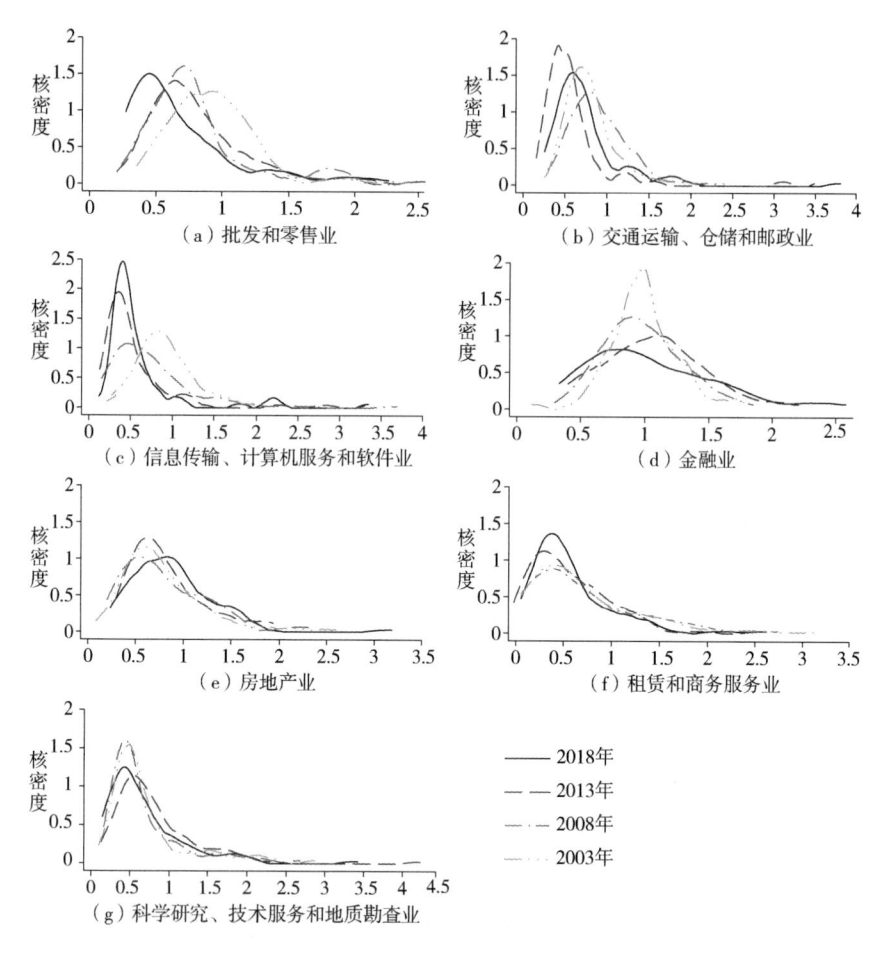

图 4-3 不同行业的生产性服务业区位熵核密度变化趋势

（二）基于产业集中度指数的分析

通过产业集中度指数可以观察不同层级或不同行业的生产性服务业是否存在向少数城市集中的趋势。本章对长江经济带城市群样本城市进行排名，总体来看：不同层级和不同行业的 CR1 主要包括上海市（91.25%[①]）、重庆市（8.13%）和成都市（0.63%）；CR4 主要包括上海市（25.00%）、

[①] 计算方法为：首先，统计三个层级七大行业 2003—2018 年排名第一的城市总数，有 160 个；其次，统计上海市出现的次数，有 146 次；最后，用上海市出现次数除以城市总数，即 146/160 = 91.25%。本段落其余百分比计算方法相似，不再赘述。

重庆市（19.06%）、杭州市（14.22%）、成都市（10.47%）、武汉市（8.44%）、长沙市（1.88%）和贵阳市（0.78%）；CR10 主要包括上海市（10.00%）、重庆市（10.00%）、成都市（10.00%）、杭州市（10.00%）、武汉市（9.87%）、长沙市（8.62%）、南昌市（8.23%）、合肥市（6.56%）、苏州市（6.32%）和贵阳市（5.38%）。下面对长江经济带城市群产业集中度指数的变化趋势进行分析。

图 4-4 到图 4-9 展示了长江经济带城市群生产性服务业产业集中度指数的变化趋势，其中图 4-4 到图 4-6 描述了不同层级的生产性服务业 CR1、CR4 和 CR10 的发展趋势，图 4-7 到图 4-9 描述了不同行业生产性服务业 CR1、CR4 和 CR10 的发展趋势。

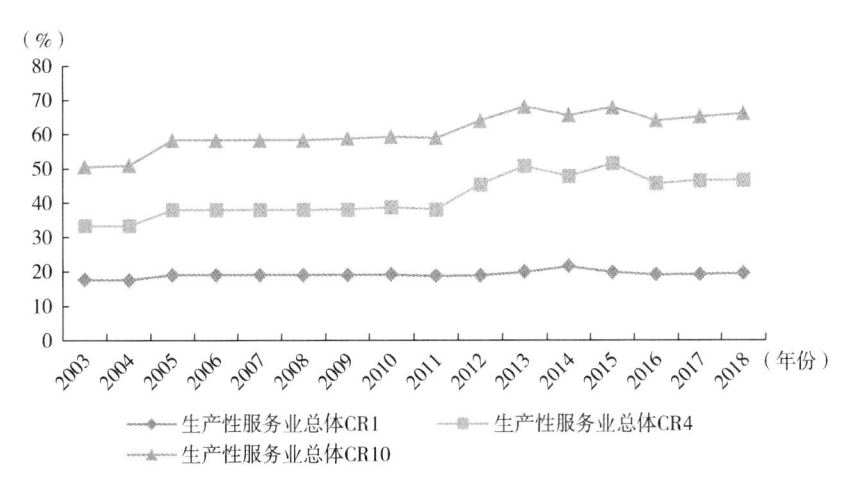

图 4-4　生产性服务业总体产业集中度指数变化趋势

从图 4-4 到图 4-6 可以看出，生产性服务业总体、高端生产性服务业和低端生产性服务业的 CR1 发展趋势呈现小幅上升，但仍保持在 20% 以内的份额；而生产性服务业总体、高端生产性服务业和低端生产性服务业的 CR4 和 CR10 增长趋势显著，特别是 2012 年以来，CR4 从略高于 30% 大幅上升到 40% 以上，CR10 从 50% 左右大幅上升到 60% 以上。这说明，长江经济带城市群不同层级生产性服务业呈现出向少数城市集中的特征，而这一特征在前四或前十城市中更加明显。

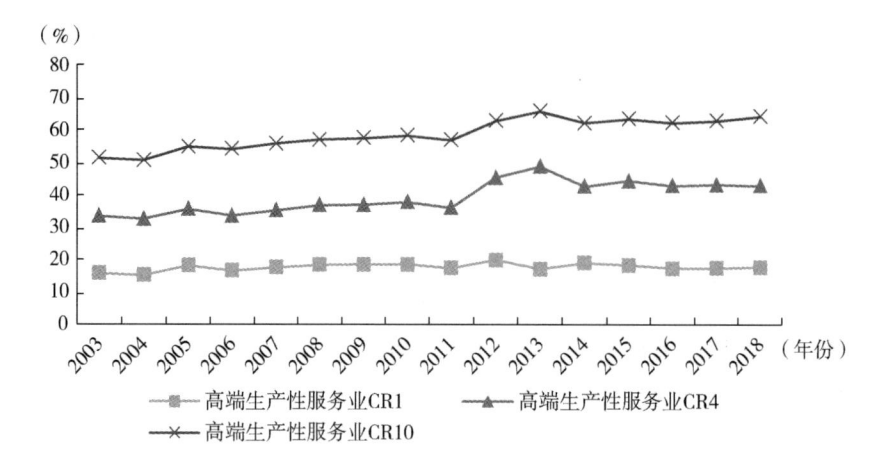

图 4-5 高端生产性服务业产业集中度指数变化趋势

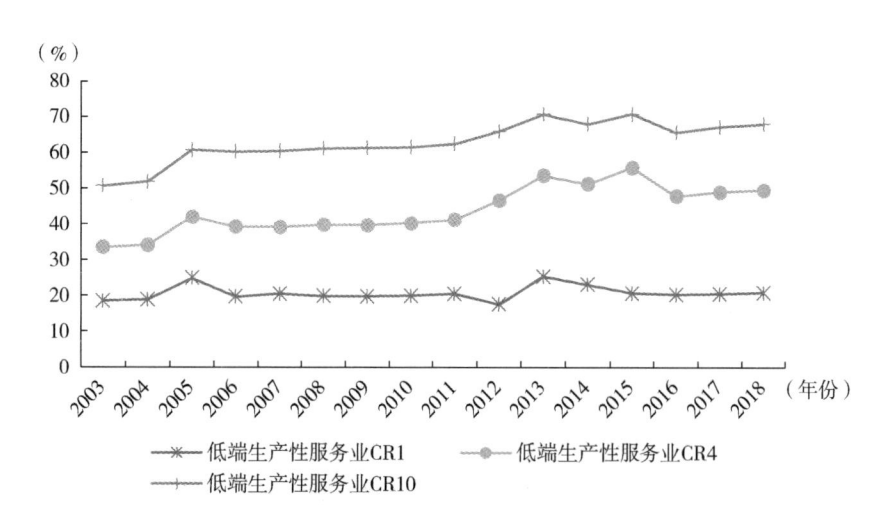

图 4-6 低端生产性服务业产业集中度指数变化趋势

从图 4-7 到图 4-9 可以看出，相对于不同层级产业集中度指数而言，不同行业产业集中度的波动幅度和行业差异更大。

从 CR1 来看，除金融业呈现出逐年上升趋势外，其他行业均表现为 2003—2005 年上升，2006—2011 年保持稳定，2012—2014 年大幅下降，而 2014—2018 年逐年上升的趋势；截至 2018 年年底，七大行业的产业集中度指数在 5%—20%，交通运输、仓储和邮政业集中度指数最

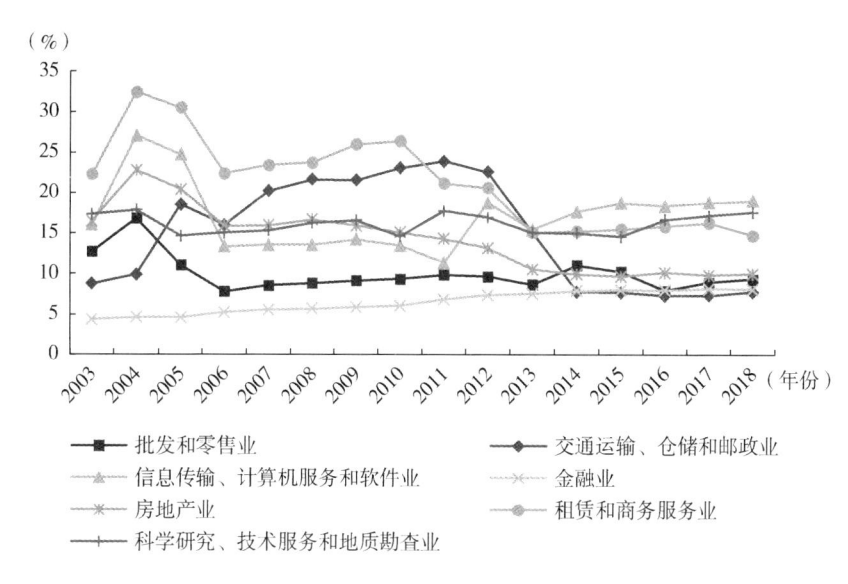

图4-7　不同行业生产性服务业产业集中指数（CR1）变化趋势

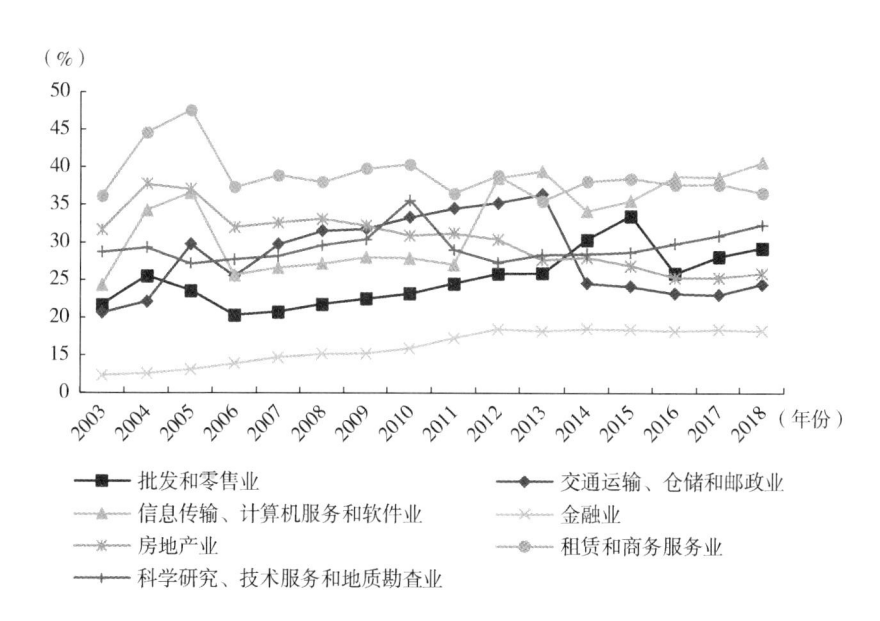

图4-8　不同行业生产性服务业产业集中指数（CR4）变化趋势

低，信息传输、计算机服务和软件业集中度指数最高。从CR4来看，除房地产业表现为较为明显的下降趋势外，其他行业均表现为波动上升

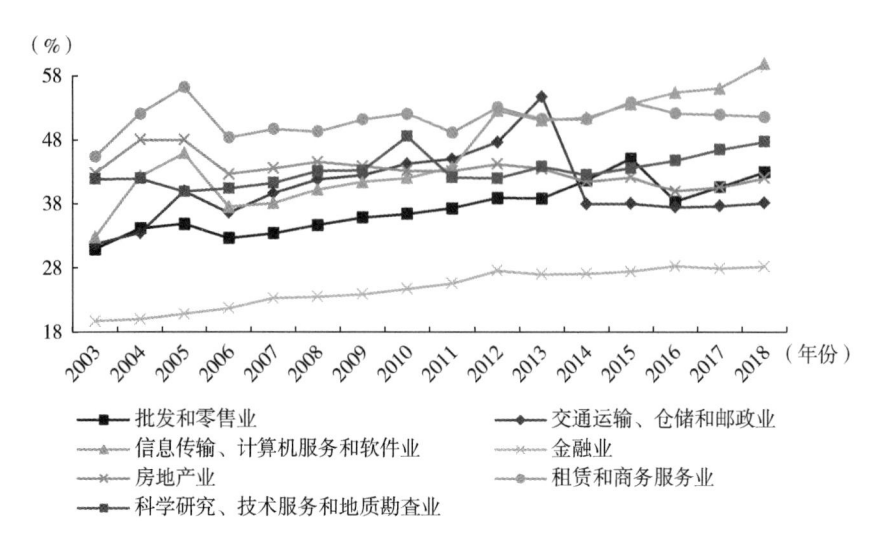

图 4-9 不同行业生产性服务业产业集中指数（CR10）变化趋势

趋势，截至 2018 年年底，七大行业的产业集中度指数在 15%—35% 区间，金融业集中度最低，信息传输、计算机服务和软件业集中度指数最高。从 CR10 来看，七大行业均表现为波动上升趋势，截至 2018 年年底，七大行业的产业集中度指数在 28%—58% 区间，金融业集中度最低，信息传输、计算机服务和软件业集中度指数最高。

由上述分析可知：长江经济带不同行业呈现出向前四或前十个城市集中的趋势，但就第一名（上海市）而言，仅金融业呈现出集中度强化的趋势，其他行业集中度均有不同程度的下降；在行业集中度方面，信息传输、计算机服务和软件业集中度均为 CR1、CR4 和 CR10 中最高的行业，而金融业是 CR1 和 CR10 中最高的行业，房地产业是 CR4 中最高的行业。

四 长江经济带城市群生产性服务业集聚的城市群差异

本节利用公式（4-1）计算长江经济带城市群各个城市的区位熵，并以区位熵值 0.5、1、1.5、2 为节点将其划分为五个等级，以此为基础对长江经济带城市群不同层级及不同行业的生产性服务业变化趋势进行分析。

（一）不同层级生产性服务业集聚的城市群差异

从生产性服务业总体区位熵变动趋势来看，生产性服务业总体的集聚程度在长江经济带城市群之间存在显著差异，随着时间的推移，各城市群集聚程度的变化趋势也不尽相同。长三角城市群生产性服务业集聚程度有所下降，但上海市生产性服务业集聚的优势得到进一步强化；长江中游城市群生产性服务业集聚程度变化不大，但集聚中心在城市间发生转移，从2003年的武汉市、荆州市、长沙市和南昌市转移到2018年的武汉市、荆州市、鄂州市、襄阳市、宜昌市和长沙市；成渝城市群生产性服务业集聚程度较为稳定，成都市的生产性服务业区位熵指数上升到1.5—2区间，但重庆市的区位熵"先升后降"；黔中城市群和滇中城市群生产性服务业集聚水平保持不变，但昆明市的区位熵呈现"先升后降"的现象。

从高端生产性服务业区位熵变动趋势来看，长三角城市群的高端生产性服务业集聚变化较大，各个城市间区位熵指数差异显著，2018年上海市、杭州市和南京市的区位熵指数均进入1—1.5区间，呈现出"强者更强"的趋势；长江中游城市群的高端生产性服务业集聚程度趋于向少数城市集中，2018年咸宁市和长沙市的区位熵均上升到1—1.5区间，武汉市、常德市和益阳市区位熵均在0.5—1区间；成渝城市群高端生产性服务业呈现出向成都市、资阳市和绵阳市集中的趋势，特别是绵阳市区位熵上升到1—1.5区间；黔中城市群和滇中城市群高端生产性服务业集聚情况基本维持不变，仅昆明市的区位熵指数下降到0.5—1区间。

从低端生产性服务业区位熵变动趋势来看，长三角城市群低端生产性服务业集聚程度下降显著，但上海市和舟山市的区位熵上升到2以上的区间，说明长三角城市群低端生产性服务业更集中在少数城市；长江中游城市群低端生产性服务业呈现出向宜昌市、襄阳市、荆门市、孝感市和武汉市集中的趋势，特别是宜昌市的低端生产性服务业集聚指数是长江中游城市群最高的；成渝城市群形成了以成都市和重庆市为中心的低端生产性服务业集聚分布，特别是成都市的区位熵在1—1.5区间，而其周围城市的区位熵低于0.5，形成鲜明对比；黔中城市群和滇中城市群低端生产性服务业集聚程度变化不显著，仅安顺市下降到0.5以内。

（二）不同行业的生产性服务业集聚的城市群差异

从批发和零售业区位熵变动趋势来看，长三角城市群形成了以上海市为中心的批发和零售业集聚分布特征，且上海市区位熵指数超过2，而周边城市的区位熵指数均低于1，对比鲜明；长江中游城市群形成宜昌市、襄阳市、荆门市、孝感市和武汉市为主中心，湘潭市、长沙市、宜春市和南昌市为副中心的批发与零售业集聚分布特征；成渝城市群的成都市与其周边城市形成"中心—外围"的分布特征，而重庆市与周边城市的区位熵均在0.5—1区间；滇中城市群和黔中城市群的批发和零售业区位熵表现为下降趋势。

从交通运输、仓储与邮政业区位熵变动趋势来看，长三角城市群的两中心分布特征得到强化，上海市、舟山市和宁波市为主中心，南京市、合肥市和芜湖市为副中心；长江中游城市群从以武汉市和南昌市双中心集聚特征，转换为以武汉市和宜昌市为单一中心集聚；成渝城市群从以重庆市为中心的集聚分布特征，转换为以成都市和重庆市双中心集聚特征，且成都市交通运输、仓储与邮政业的集聚程度已经超过重庆市，后来者居上；黔中城市群形成以贵阳市为集聚中心的分布特征，滇中城市群的曲靖市保持了交通运输、仓储与邮政业的集聚优势。

从信息技术、计算机与软件业区位熵变动趋势来看，大部分城市的信息技术、计算机与软件业区位熵出现大幅下滑，但是上海市、南京市、杭州市、成都市和武汉市的区位熵指数却表现为上升。由此可知：长三角城市群的上海市、南京市和杭州市的信息技术、计算机与软件业的集聚程度得到提升，巩固强化了这些城市在该行业的竞争优势；长江中游城市群的武汉市的信息技术、计算机与软件业集聚程度提升明显，竞争优势得到加强，但长沙市该行业的集聚指数显著下降，由此导致长江中游城市群基本形成以武汉市和鄂州市为中心的集聚分布特征；成渝城市群的成都市的信息技术、计算机与软件业集聚程度得到提升，而重庆市集聚程度却大幅下降，由此成都市事实上成为成渝城市群信息技术、计算机与软件业集聚中心；黔中城市群与滇中城市群在信息技术、计算机与软件业的集聚程度下降明显，事实上已经失去具有引领作用的集聚中心城市了。

从金融业区位熵变动趋势来看，长三角城市群的上海市、宁波市、台州市以及池州市的金融业集聚程度得到提升，从而推动长三角城市群金融业集聚水平的整体上升；长江中游城市群的金融业集聚水平有所提高，特别是常德市、益阳市、娄底市、长沙市和湘潭市的金融业集聚水平较高，成为长江中游城市群金融集聚中心，但宜昌市和益阳市的金融业集聚程度有所下降；成渝城市群各个城市金融业集聚程度均表现出不同程度的上升，特别是德阳市、资阳市和宜宾市的金融业集聚程度较高，已经超过成都市和重庆市，成为成渝城市群的金融业集聚中心；黔中城市群和滇中城市群的金融业集聚程度均出现不同程度的下降，特别是昆明市和曲靖市下降程度显著。

从房地产业区位熵变动趋势来看，长三角城市群和长江中游城市群的房地产集聚程度表现为不同程度的下降，而成渝城市群、黔中城市群和滇中城市群的房地产业集聚指数表现为不同程度的上升。具体而言：长三角城市群的盐城市、泰州市、南通市、扬州市、台州市、金华市和绍兴市的房地产区位熵均下降到 0.5 以内，上海市、杭州市和宁波市也出现一定程度的下降；长江中游城市群的房地产业集聚总体表现为下降，但武汉市、鄂州市、长沙市、株洲市的房地产业集聚程度却出现较大幅度的提升；成渝城市群的成都市和重庆市的房地产业区位熵维持在 1—1.5 区间，德阳市的房地产业区位熵降至 0.5 以下，上述三个城市外的其他城市房地产业区位熵多表现为大幅上升；黔中城市群和滇中城市群的房地产业区位熵多表现为不同程度的上升，仅贵阳市房地产业区位熵回落至 1—1.5 区间。

从租赁和商务服务业区位熵变动趋势来看，长江经济带城市群租赁和商务服务业集聚分布从2003年的"东高西低"转换为2018年的"西高东低"。具体而言：长三角城市群仅上海市和舟山市的租赁和商务服务业集聚程度有所提高，其余各城市均表现为不同程度的下降；长江中游城市群除武汉市租赁和商务服务业区位熵指数维持在1—1.5区间外，其他城市均表现为下降趋势，特别是娄底市租赁和商务服务业的区位熵从大于2大幅降至0.5—1区间；成渝城市群的租赁和商务服务业区位熵呈现出上升的趋势，特别是成都市、重庆市和南充市租赁和商务服务业区位熵提高显著；黔中城市群和滇中城市群的遵义市、六盘水市、昆明市和玉溪市的租赁和商务服务业区位熵表现为不同程度的提高，但贵阳市从大于2降至1.5—2区间。

从科学研究、技术服务和地质勘查业区位熵变动趋势来看，长江经济带城市群科学研究、技术服务和地质勘查业区位熵总体表现为下降趋势，主要表现为区位熵小于0.5的城市数大幅增加。具体来看：长三角城市群的合肥市、南京市、上海市和杭州市均表现为科学研究、技术服务和地质勘查业区位熵的下降；长江中游城市群中，除武汉市、长沙市和南昌市的科学研究、技术服务和地质勘查业保持稳定外，其他城市也呈现不同程度的下降趋势；成渝城市群、黔中城市群和滇中城市群的主要城市包括成都市、重庆市、贵阳市和昆明市的科学研究、技术服务和地质勘查业区位熵均在一定程度上呈现出下降趋势，但绵阳市的科学研究、技术服务和地质勘查业区位熵持续保持在2以上，成为2018年长江经济带城市群唯一区位熵超过2的城市。

第二节　长江经济带城市群经济增长分析

一　长江经济带城市群经济增长的现状

图4-10展示了长江经济带城市群平均地区生产总值（为表述的简便，本章之后部分用GDP指代）及其增长率与全国285个地级市平均

GDP 的对比情况。由图可知，2003—2018 年长江经济带城市群和全国 285 个地级市的平均 GDP 均持续增长，但平均 GDP 的增长率表现为前期稳定后期下降的趋势。从城市平均 GDP 来看，2003—2018 年，长江经济带城市群平均 GDP 均高于全国 285 个地级市，且差距有逐渐增大的趋势。从城市平均 GDP 增长率来看，长江经济带城市群的平均 GDP 增长率和全国 285 个地级市平均 GDP 增长率均可以分成"稳定阶段"（2003—2010 年）和"下降阶段"（2010—2018 年）。在"稳定阶段"，长江经济带城市群的平均 GDP 增长率基本低于全国 285 个地级市平均 GDP 增长率，但差距在逐渐缩小；在"下降阶段"，长江经济带城市群的平均 GDP 增长率要高于全国 285 个地级市平均 GDP 增长率，且差距呈现持续扩大的趋势。

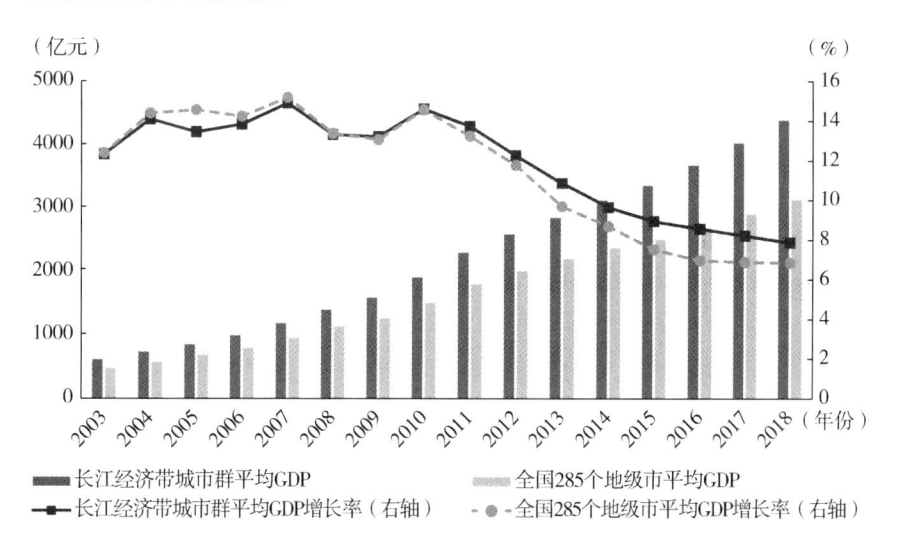

图 4 – 10　长江经济带城市群平均 GDP 和增长率及与全国平均对比

图 4 – 11 展示了长江经济带城市群人均 GDP 和增长率及与全国 285 个地级市的比较概况。由图可知，2003—2018 年长江经济带城市群和全国 285 个地级市人均 GDP 均增长趋势明显，但人均 GDP 增长率却出现较大波动。从人均 GDP 来看，长江经济带城市群人均 GDP 从略低于全国 285 个地级市（2003—2013 年），转变为高于全国 285 个地级市人

均 GDP（2014—2018 年），且差距还呈现增大的趋势。从人均 GDP 增长率来看，2003—2009 年长江经济带城市群人均 GDP 增长率与全国 285 个地级市人均 GDP 增长率基本持平，2010—2013 年长江经济带城市群人均 GDP 增长率与全国 285 个地级市人均 GDP 增长率互有高低，趋势变化不定，2014—2018 年长江经济带城市群人均 GDP 增长率开始高于全国 285 个地级市人均 GDP 增长率，但差距有逐渐缩小的趋势。

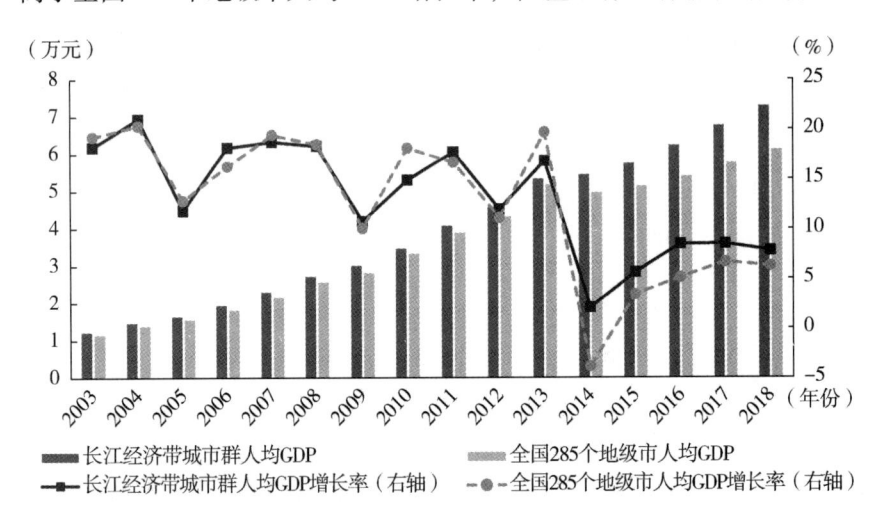

图 4-11 长江经济带城市群人均 GDP 增长率与全国平均对比

二 长江经济带城市群经济增长的城市群差异

图 4-12 展示了长江经济带五大城市群平均 GDP 及其增长率变化趋势。由图可知，长江经济带五大城市群平均 GDP 存在较大差异，但五大城市群平均 GDP 增长率差异较小。从城市群平均 GDP 来看，长三角城市群平均 GDP 显著高于其他城市群且差异幅度有增大的趋势，长江中游城市群平均 GDP 保持在第二位，但原本位于第四位的黔中城市群从 2014 年开始超过成渝城市群成为平均 GDP 第三高的城市群，滇中城市群是长江经济带城市群中平均 GDP 最低的城市群。从城市群平均 GDP

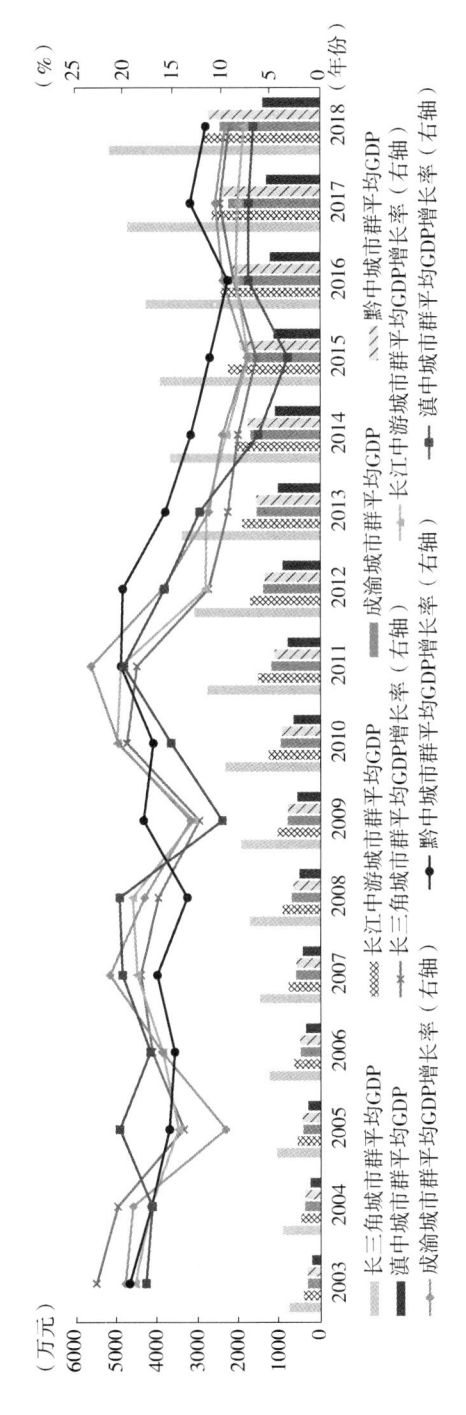

图 4-12　长江经济带五大城市群平均 GDP 及其增长率变化趋势

增长率来看，2003—2011年长江经济带五大城市群平均GDP增长率较为稳定且保持在较高水平，从2012年开始，五大城市群平均GDP增长率开始下降，但黔中城市群的平均GDP增长率在五大城市群中最高，而滇中城市群平均GDP增长率低，其他三个城市群平均GDP增长率相似且趋势相同。

图4-13展示了长江经济带五大城市群人均GDP及其增长率变化趋势。由图可知，五大城市群人均GDP保持不断增长，但人均GDP呈波动下降趋势。从人均GDP来看，长三角城市群人均GDP显著高于其他城市群且差异幅度有增大的趋势，滇中城市群人均GDP显著低于其他城市群，长江中游城市群平均GDP保持在第二位，黔中城市群从2014年超过成渝城市群成为人均GDP第三高的城市群。从城市群人均GDP增长率来看，2003—2008年五大城市群人均GDP增长率较为稳定且保持在较高水平，2009—2014年五大城市群人均GDP增长率波动幅度较大且呈下降趋势，2015—2018年五大城市群人均GDP增长率趋于稳定但水平较低。特别值得注意的是黔中城市群人均GDP增长率，从低于其他城市群（2003—2009年）转变为高于其他城市群（2010—2018年）。

第三节 长江经济带城市群生产性服务业集聚与经济增长的关系

从第一节分析可知，长江经济带城市群生产性服务业集聚程度逐年增强，同时第二节分析也发现长江经济带城市群人均GDP也表现为逐年增长趋势，我们不禁要问：长江经济带城市群生产性服务业集聚与区域经济增长这种同向发展的趋势究竟是某种巧合还是二者之间存在某种特殊关系？结合前文生产性服务业集聚影响区域经济增长的机理分析，可以推断长江经济带城市群生产性服务业集聚很可能与区域经济增长之间存在因果关系。为此，本节采用面板数据Granger因果检验方法，对长江经济带不同层级、不同行业的生产性服务业集聚与区域经济增长的因

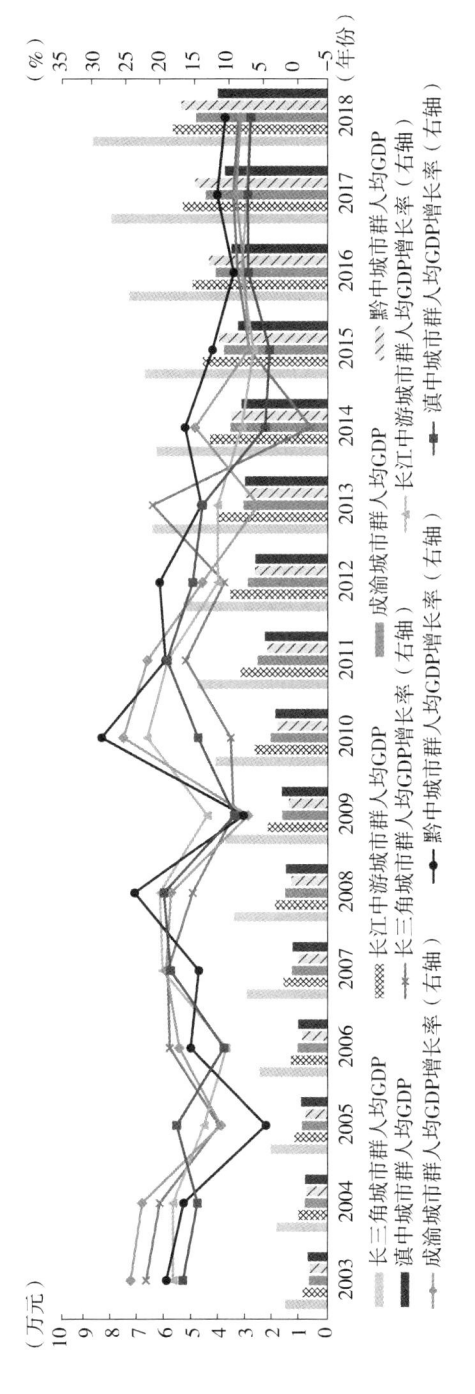

图 4-13 长江经济带五大城市群人均 GDP 及其增长率变化趋势

果关系进行检验,为后续研究长江经济带城市群生产性服务业集聚的经济效应奠定基础。

一 变量选取与数据处理

本节使用 2003—2018 年长江经济带五大城市群 77 个地级市的面板数据,对长江经济带城市群经济增长以及不同层级和不同行业的生产性服务业集聚之间的 Granger 因果关系进行检验,使用的变量及处理方法如下。

长江经济带城市群经济增长以实际人均 GDP 作为代理变量,计算过程如下:首先,通过国家统计局网站获取相关数据,计算 2000 年为基数的 GDP 平减指数;其次,将长江经济带城市群各个城市 GDP 利用 GDP 平减指数折算成城市实际 GDP;最后,用城市实际 GDP 除以相应年份城市年末总人口数得到实际人均 GDP。为消除由于实际人均 GDP 数值较大而带来的数据波动,对实际人均 GDP 取对数处理。

不同层级和不同行业生产性服务业区位熵仍然使用第四章第一节计算结果,具体检验变量包括生产性服务业总体区位熵（APS）、高端生产性服务业区位熵（HPS）、低端生产性服务业区位熵（LPS）、批发和零售业区位熵（Raw）、交通运输、仓储和邮政业区位熵（Twap）、信息传输、计算机服务和软件业区位熵（Icas）、金融业区位熵（Finance）、房地产业区位熵（Rae）、租赁和商务服务业区位熵（Lab）,以及科学研究、技术服务和地质勘查业区位熵（Stag）,共 10 个变量。

二 面板数据的平稳性检验

（一）面板数据平稳性检验方法

面板数据单位根检验是面板数据平稳性检验的主要方法。考虑面板自回归模型:

$$y_{it} = \rho_i y_{i,t-1} + z'_{it}\gamma_i + \varepsilon_{it} \qquad (4-3)$$

面板单位根检验原假设与备择假设分别为"$H_0: \rho_i = 1$"和"$H_1: \rho_i < 1$"。式（4-3）还可以表示为：

$$\Delta y_{it} = \delta_i y_{i,t-1} + z'_{it}\gamma_i + \varepsilon_{it} \qquad (4-4)$$

此时，原假设与备择假设变成"$H_0: \delta_i = 0$"和"$H_1: \delta_i < 0$"。

当前，计量经济学已经发展出多种可用于检验式（4-3）和式（4-4）假设的方法，根据对数据结构的要求不同，可以将主流的检验方法分成两类：一类方法要求面板单位的自回归系数相同，包括 LLC 检验、HT 检验和 Breitung 检验；另一类方法则没有此要求，包括 ADF 检验、PP 检验和 HLM 检验。此外，考虑到本章数据是具有 77 个城市 16 年的典型的"大 N 小 T"短面板结构，适用于"N 无穷，T 固定"渐进理论，因此，本章选择 HT 和 IPS 检验方法，其中 HT 方法未考虑数据的时间趋势，而 IPS 方法考虑了数据的时间趋势。

（二）面板数据平稳性检验结果

表 4-1 展示了长江经济带城市群经济增长以及不同层级和不同行业的生产性服务业区位熵平稳性检验的结果。由表可知，所有待检验变量均通过了 HT 检验和 IPS 检验。因此，可以认为长江经济带城市群经济增长以及不同层级和不同行业的生产性服务业区位熵满足数据平稳性的要求，这为本节的 Granger 因果检验奠定了基础。

表 4-1　　长江经济带城市群城市的面板单位根检验结果

检验变量	检验形式 (t, k)	HT 检验 统计量	HT 检验 P 值	HT 检验 结论	IPS 检验 滞后阶数	IPS 检验 统计量	IPS 检验 P 值	IPS 检验 结论
人均 GDP 对数	(0, 0)	-3.2094	<0.001	平稳		-2.4970	0.0063	平稳
	(1, 0)	-7.0703	<0.001	平稳		-8.9555	<0.001	平稳
	(1, 1)				1.31	-4.8236	<0.001	平稳
生产性服务业总体区位熵	(0, 0)	-8.5766	<0.001	平稳		-3.7144	<0.001	平稳
	(1, 0)	-5.3645	<0.001	平稳		-8.5800	<0.001	平稳
	(1, 1)				1.77	-5.8311	<0.001	平稳

续表

检验变量	检验形式 (t, k)	HT 检验 统计量	P 值	结论	IPS 检验 滞后阶数	统计量	P 值	结论
高端生产性服务业区位熵	(0, 0)	-8.8374	<0.001	平稳		-3.2248	<0.001	平稳
	(1, 0)	-3.5137	<0.001	平稳		-6.9794	<0.001	平稳
	(1, 1)				1.56	-9.6419	<0.001	平稳
低端生产性服务业区位熵	(0, 0)	-9.3305	<0.001	平稳		-4.3114	<0.001	平稳
	(1, 0)	-5.5345	<0.001	平稳		-8.4511	<0.001	平稳
	(1, 1)				1.52	-7.1372	<0.001	平稳
批发和零售业区位熵	(0, 0)	-10.3389	<0.001	平稳		-5.3431	<0.001	平稳
	(1, 0)	-4.2875	<0.001	平稳		-9.0427	<0.001	平稳
	(1, 1)				1.48	-6.7149	<0.001	平稳
交通运输、仓储和邮政业区位熵	(0, 0)	-14.6349	<0.001	平稳		-4.9585	<0.001	平稳
	(1, 0)	-7.0805	<0.001	平稳		-8.7086	<0.001	平稳
	(1, 1)				1.56	-8.0860	<0.001	平稳
信息传输、计算机服务和软件业区位熵	(0, 0)	-13.6823	<0.001	平稳		-6.1469	<0.001	平稳
	(1, 0)	-4.6580	<0.001	平稳		-9.7111	<0.001	平稳
	(1, 1)				1.35	-7.2507	<0.001	平稳
金融业区位熵	(0, 0)	0.6877	<0.001	平稳		-1.3243	0.0927	平稳
	(1, 0)	-3.3530	<0.001	平稳		-6.9966	<0.001	平稳
	(1, 1)				1.95	-6.5890	<0.001	平稳
房地产业区位熵	(0, 0)	-10.3571	<0.001	平稳		-2.0116	0.0221	平稳
	(1, 0)	-5.1495	<0.001	平稳		-7.3590	<0.001	平稳
	(1, 1)				1.75	-6.3076	<0.001	平稳
租赁和商务服务业区位熵	(0, 0)	-14.9625	<0.001	平稳		-3.2833	<0.001	平稳
	(1, 0)	-6.8012	<0.001	平稳		-7.0794	<0.001	平稳
	(1, 1)				1.56	-5.9644	<0.001	平稳
科学研究、技术服务和地质勘查业区位熵	(0, 0)	-9.3818	<0.001	平稳		-3.2891	<0.001	平稳
	(1, 0)	-5.5650	<0.001	平稳		-4.68888	<0.001	平稳
	(1, 1)				1.45	-3.8318	<0.001	平稳

注：t=1 表示检验过程包含时间趋势项，t=0 表示检验过程中不包含时间趋势项；k=1 和 k=0 分别表示检验过程中考虑滞后期和不考虑滞后期。

三 Granger 因果关系

由于长江经济带城市群经济增长以及不同层级和不同行业的生产性服务业区位熵符合数据平稳性条件,下面采用面板数据 Granger 因果检验对二者的关系进行分析。

(一) 面板 Granger 因果检验方法

假设 x_{it} 和 y_{it} 是两个平稳的序列,我们可以用如下模型来检验假设 x_{it} 是不是 y_{it} 变动的原因:

$$y_{it} = \alpha + \sum_{k=1}^{k} \gamma_k y_{i,t-k} + \sum_{k=1}^{k} \beta_k x_{i,t-k} + \varepsilon_{it} \quad (4-5)$$

其基本思想在于,在控制 y 的滞后项的情况下,如果 x 的滞后项仍然有助于解释 y 的当期值的变动,则认为 x 对 y 产生因果影响,其原假设与备择假设分别为:$H_0: \beta_{i1} = \beta_{i2} = \cdots = \beta_{ik} = 0$,$H_1: \beta_{i1}, \beta_{i2}, \cdots, \beta_{ik}$ 不全为 0。

此时,可以通过构造 F 统计量进行检验。如果 F 检验拒绝 H_0,则认为存在因果关系,即 x 是 y 的 Granger 原因。我们可以互换 x 和 y 的位置,以便检验 y 是否为 x 的 Granger 原因。在很多情况下模型中所有变量之间都存在双向因果关系。

基于上述分析,构造的 Granger 因果检验模型如下:

$$\ln PGDP_{it} = \alpha + \sum_{k=1}^{k} \gamma_k \ln PGDP_{i,t-k} + \sum_{k=1}^{k} \beta_k agg_{i,t-k} + \varepsilon_{it} \quad (4-6)$$

$$agg_{it} = \alpha + \sum_{k=1}^{k} \varphi_k agg_{i,t-k} + \sum_{k=1}^{k} \delta_k \ln PGDP_{i,t-k} + \varepsilon_{it} \quad (4-7)$$

式中,$\ln PGDP$ 为实际人均 GDP 的对数,是区域经济增长代理标量;agg 表示不同层级、不同行业的生产性服务业区位熵;其他变量含义与式(4-5)相同。β_k 整体显著不为零,表示该层级或行业生产性服务业是区域经济增长的 Granger 原因;δ_k 整体显著不为零,表示区域经济增长是该层级或行业生产性服务业的 Granger 原因。由于式(4-6)为动态面板模型,宜采用 GMM 方法估计。

(二) 检验结果分析

表4-2和表4-3中各模型含义如下：模型（1）展示了生产性服务业总体（APS）与经济增长（lnPGDP）之间的Granger因果检验结果，模型（2）展示了高端生产性服务业（HPS）、低端生产性服务业（LPS）与经济增长（lnPGDP）之间的Granger因果检验结果。模型（3）—模型（9）分别展示了批发和零售业（Raw），交通运输、仓储和邮政业（Twap），信息传输、计算机服务和软件业（Icas），金融业（Finance），房地产业（Rae）、租赁和商务服务业（Lab）以及科学研究、技术服务和地质勘查业（Stag）与经济增长之间的Granger因果检验结果。具体结果分析如下：从模型（1）可知，生产性服务业总体（APS）至少在1%的显著性水平上拒绝"生产性服务业总体不是经济增长Granger原因"的假设，而经济增长则没有拒绝"经济增长不是生产性服务业总体Granger原因"的假设。从模型（2）可知，高端生产性服务业（HPS）和低端生产性服务业（LPS）至少在1%显著性水平上拒绝"高端生产性服务业或低端生产性服务业不是经济增长Granger原因"，而经济增长则没有拒绝"经济增长不是高端生产性服务业或低端生产性服务业Granger原因"的假设。

表4-2 不同层级生产性服务业区位熵与经济增长Granger因果检验结果

原假设	χ^2	df	P	检验结果
模型（1）				
APS≠>lnPGDP	14.829***	1	<0.001	APS⇒lnPGDP
lnPGDP≠>APS	1.5172	1	0.218	lnPGDP≠>APS
模型（2）				
HPS≠>lnPGDP	11.159***	1	0.001	HPS⇒lnPGDP
LPS≠>lnPGDP	12.325***	1	<0.001	LPS⇒lnPGDP
lnPGDP≠>HPS	0.3171	1	0.573	lnPGDP≠>HPS
lnPGDP≠>LPS	0.6705	1	0.413	lnPGDP≠>LPS

注：***是指通过1%的显著性水平检验。

表 4-3 不同行业生产性服务业区位熵与经济增长 Granger 因果检验结果

原假设	χ^2	df	P	检验结果
模型（3）				
$Raw \not\Rightarrow \ln PGDP$	14.184***	1	<0.001	$Raw \Rightarrow \ln PGDP$
$\ln PGDP \not\Rightarrow Raw$	2.3355	1	0.126	$\ln PGDP \not\Rightarrow Raw$
模型（4）				
$Twap \not\Rightarrow \ln PGDP$	10.786***	1	<0.001	$Twap \Rightarrow \ln PGDP$
$\ln PGDP \not\Rightarrow Twap$	4.4285**	1	0.035	$\ln PGDP \Rightarrow Twap$
模型（5）				
$Icas \not\Rightarrow \ln PGDP$	4.5466**	1	0.033	$Icas \Rightarrow \ln PGDP$
$\ln PGDP \not\Rightarrow Icas$	2.1622	1	0.141	$\ln PGDP \not\Rightarrow Icas$
模型（6）				
$Finance \not\Rightarrow \ln PGDP$	2.8114*	1	0.094	$Finance \Rightarrow \ln PGDP$
$\ln PGDP \not\Rightarrow Finance$	1.7991	1	0.180	$\ln PGDP \not\Rightarrow Finance$
模型（7）				
$Rae \not\Rightarrow \ln PGDP$	5.3239**	1	0.021	$Rae \Rightarrow \ln PGDP$
$\ln PGDP \not\Rightarrow Rae$	0.3575	1	0.550	$\ln PGDP \not\Rightarrow Rae$
模型（8）				
$Lab \not\Rightarrow \ln PGDP$	2.0144	1	0.156	$Lab \not\Rightarrow \ln PGDP$
$\ln PGDP \not\Rightarrow Lab$	1.0216	1	0.312	$\ln PGDP \not\Rightarrow lab$
模型（9）				
$Stag \not\Rightarrow \ln PGDP$	1.4609	1	0.227	$Stag \not\Rightarrow \ln PGDP$
$\ln PGDP \not\Rightarrow Stag$	0.1771	1	0.674	$\ln PGDP \not\Rightarrow Stag$

注：*、**、***是指分别通过10%、5%、1%的显著性水平检验。

从模型（3）至模型（7）的结果可以看到，批发和零售业（Raw）、交通运输、仓储和邮政业（Twap），信息传输、计算机服务和软件业（Icas），金融业（Finance）以及房地产业（Rae）至少在10%的显著性水平上拒绝"该行业不是经济增长 Granger 原因"的假设，而经济增长在5%的显著性水平上拒绝"经济增长不是交通运输、仓储和邮政业 Granger 原因"的假设。从模型（8）和模型（9）结果可以看出，租赁和商务服务业（Lab）以及科学研究、技术服务和地质勘查业（Stag）

没有拒绝"该行业不是经济增长 Granger 原因"的假设，经济增长也没有拒绝"经济增长不是该行业 Granger 原因"的假设。

综上所述，在长江经济带城市群样本中，批发和零售业，交通运输、仓储和邮政业，信息传输、计算机服务和软件业，金融业以及房地产业均对长江经济带城市群经济增长有显著影响，租赁和商务服务业以及科学研究、技术服务和地质勘查业没有显著影响长江经济带城市群经济增长，但长江经济带城市群经济增长仅仅对交通运输、仓储和邮政业有显著影响。这表明长江经济带城市群部分行业生产性服务业集聚有助于预测该地区的经济增长，而长江经济带城市群的经济增长有助于预测交通运输、仓储和邮政业的集聚情况。

第四节　本章小结

本章以长江经济带城市群生产性服务业集聚水平和经济增长测度为重点内容。首先，采用区位熵和产业集中度指数对长江经济带城市群不同层级和不同行业的生产性服务业集聚水平进行测度，利用核密度分析法和 GEODA 地图绘制工具，分别对不同层级和不同行业的生产性服务业集聚发展趋势和城市群差异进行分析；其次，通过与全国 285 个地级市比较，分析了长江经济带城市群平均 GDP、人均 GDP 及其增长率的发展趋势和城市群差异；最后，在面板数据平稳性检验基础上，利用 Granger 因果检验分析了长江经济带城市群生产性服务业集聚水平和经济增长的因果关系。取得如下主要结论。

（1）从长江经济带城市群生产性服务业发展趋势来看：第一，分层级的低端生产性服务业，分行业的交通运输、仓储和邮政业，信息传输、计算机服务和软件业，租赁和商务服务业以及科学研究、技术服务和地质勘查业已经在少数城市形成集聚优势，且随着时间推移，该集聚优势得到大幅强化，呈现出"强者恒强"的发展态势。第二，生产性服务业总体，批发和零售业以及房地产业也在部分城市形成集聚优势，但该优势仅随时间推移而得到略微强化。第三，高端生产性服务业和金融业并未在少数城市表现出集聚优势，且随时间推移也没有出现向少数城市强化的发展趋势，而是表现为更为均衡的发展。

（2）从不同层级和不同行业的生产性服务业集聚城市群差异来看：第一，长三角城市群不同层级和不同行业的生产性服务业集聚水平较高，上海市、杭州市、南京市、宁波市和舟山市在多数行业的集聚水平排名靠前；随时间推移，不同层级和不同行业的生产性服务业集聚表现出向少数城市集中的趋势，其中上海市各层级和行业的生产性服务业集聚呈现不同程度的强化，杭州市和南京市的高端生产性服务业和信息传输、计算机服务和软件业得到不同程度加强，其他城市多表现为集聚水平下降。第二，长江中游城市群不同层级和不同行业的生产性服务业集聚水平显著低于长三角城市群，武汉市、咸宁市、孝感市、襄阳市和宜昌市成为长江中游城市群多个层级和行业集聚水平的第一梯队，长沙市、益阳市、宜春市和九江市形成第二梯队，其他城市表现为第三梯队；随时间推移，长江中游城市群不同层级和不同行业的集聚优势表现为向第一梯队转移的趋势。第三，成渝城市群不同层级和不同行业的生产性服务业集聚水平与长江中游城市群相当，但多个层级和行业都表现为成都市和重庆市双集聚中心的分布特征，且成都市集聚水平往往高于重庆市；随着时间推移，成都市各层级行业的集聚水平不断增强且其周围城市集聚水平明显下降，但重庆市各层级行业的集聚水平上升不明显且集聚水平仅略高于周围城市。第四，黔中城市群和滇中城市群不同层级和不同行业生产性服务业集聚水平为长江经济带城市群最低，且随时间变化趋势不大。

（3）从长江经济带城市群经济增长趋势和城市群差异来看：第一，长江经济带城市群平均 GDP 逐年上升且常年高于全国 285 个地级市，长江经济带城市群平均 GDP 增长率逐年下降，但自 2010 年开始高于全国 285 个地级市，差距有不断扩大的趋势。第二，长江经济带城市群人均 GDP 逐年增加且自 2015 年起高于全国 285 个地级市，长江经济带城市群人均 GDP 增长率呈逐年降低趋势且自 2014 年开始高于全国 285 个地级市，但差距有逐渐缩小的趋势。第三，长江经济带城市群平均 GDP 及其增长率均存在较大差异，长三角城市群平均 GDP 显著高于其他城市群且差异幅度有增大的趋势，长江中游城市群平均 GDP 保持在第二位，黔中城市群人均 GDP 增速最快且从 2014 年开始超过成渝城市群成为长江经济带城市群中平均 GDP 第三高的城市群，滇中城市群是平均 GDP 最低的城市群。第四，长江经济带城市群人均 GDP 保持不断增长，但人均 GDP 增长率呈波动下降趋势。长三角城市群人均 GDP 显著高于其他城市群且人均 GDP 增长率较高，滇中城市群人均 GDP 显著低于其他城市群，长江中游城市群平均 GDP 保持在第二位，黔中城市群从 2013 年超过成渝城市群成为人均 GDP 第三高的城市群，同时黔中城市群也是 2010 年后人均 GDP 增长率增高的城市群。

（4）从长江经济带城市群生产性服务业集聚与经济增长的关系来看：第一，生产性服务业总体，高端生产性服务业，低端生产性服务业，批发和零售业，交通运输、仓储和邮政业，信息传输、计算机服务和软件业，金融业以及房地产业均是长江经济带城市群经济增长的 Granger 原因，但长江经济带城市群经济增长仅仅是交通运输、仓储和邮政业的 Granger 原因。第二，租赁和商务服务业以及科学研究、技术服务和地质勘查业不是长江经济带城市群经济增长的 Granger 原因，长江经济带城市群的经济增长也不是除交通运输、仓储和邮政业外其他层级和行业的 Granger 原因。

第五章 长江经济带城市群生产性服务业集聚影响经济增长的 IV-GMM 面板回归

由前文生产性服务业集聚影响区域经济增长的机理可知,当生产性服务业集聚以集聚效应为主时会产生规模效应进而推动经济增长,但当生产性服务业集聚以拥挤效应为主时则会产生规模不经济从而阻碍经济增长。从长江经济带城市群整体来看,生产性服务业集聚趋势明显,在长江经济带协调发展的背景下,生产性服务业集聚发展必然对经济增长产生影响。然而,长江经济带城市群生产性服务业集聚对经济增长产生何种影响?不同层级、不同行业和不同城市群的生产性服务业集聚对经济增长是否存在显著差异?本章将利用长江经济带城市群各个城市的面板数据,通过构建 IV-GMM 模型进行初步回答,明确生产性服务业集聚影响经济增长的方向和差异。这对长江经济带城市群选择合理的产业结构和功能定位,推动生产性服务业有效集聚和城市经济发展具有重要的理论和现实意义。本章分析逻辑思路如图 5–1 所示。

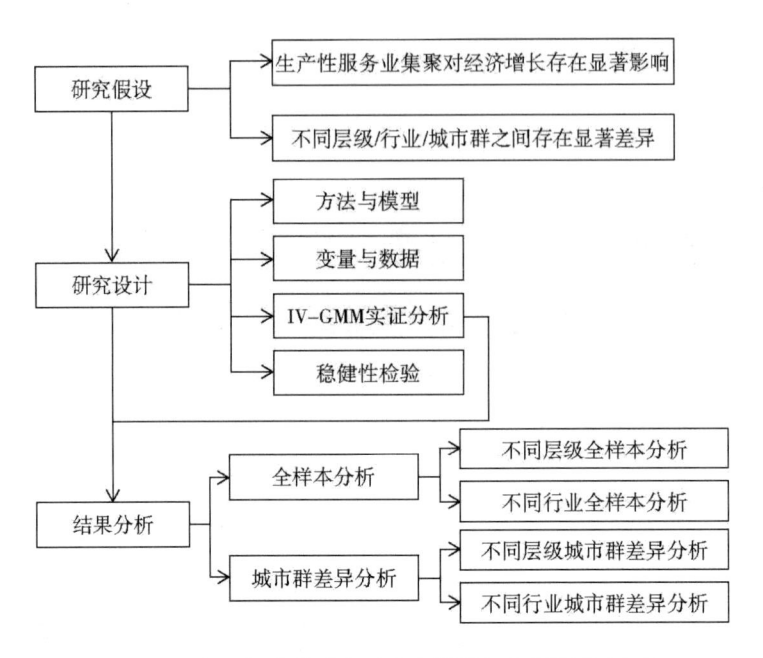

```
                ┌─────────────────────────────────────┐
    ┌────────┐─▶│ 生产性服务业集聚对经济增长存在显著影响 │
    │研究假设 │  └─────────────────────────────────────┘
    └────────┘─▶┌─────────────────────────────────────┐
         │      │ 不同层级/行业/城市群之间存在显著差异 │
         │      └─────────────────────────────────────┘
         ▼
    ┌────────┐─▶┌──────────────┐
    │        │  │  方法与模型  │
    │        │  └──────────────┘
    │研究设计│─▶┌──────────────┐
    │        │  │  变量与数据  │
    │        │  └──────────────┘
    │        │─▶┌──────────────┐
    │        │  │IV-GMM实证分析│
    │        │  └──────────────┘
    │        │─▶┌──────────────┐
    │        │  │  稳健性检验  │
    └────────┘  └──────────────┘
         │
         ▼
    ┌────────┐─▶┌────────────┐─▶┌──────────────────┐
    │        │  │  全样本分析 │  │不同层级全样本分析│
    │        │  │            │  └──────────────────┘
    │        │  │            │─▶┌──────────────────┐
    │结果分析│  │            │  │不同行业全样本分析│
    │        │  └────────────┘  └──────────────────┘
    │        │─▶┌────────────┐─▶┌────────────────────┐
    │        │  │城市群差异分析│ │不同层级城市群差异分析│
    │        │  │            │  └────────────────────┘
    │        │  │            │─▶┌────────────────────┐
    │        │  │            │  │不同行业城市群差异分析│
    └────────┘  └────────────┘  └────────────────────┘
```

图 5-1 长江经济带城市群生产性服务业集聚影响经济
增长的经典面板回归分析逻辑

第一节 研究假设

对任何区域而言，生产性服务业集聚均存在适度范围。在适度范围之内，生产性服务业集聚会促进技术进步、提高资本利用效率、改善投资经营环境，从而形成集聚的规模效应。与之相反，当集聚超越适度范围后，可能造成生产要素拥挤并使集聚成本显著上升。即便在未出现生产要素拥挤的情况下，也可能因为集聚规模超出当地经济社会的发展需要而出现拥挤效应。生产性服务业集聚对经济增长的最终影响取决于规模效应和拥挤效应综合作用的结果。

经济实践表明，一些区域的生产性服务业集聚显著促进了经济增长，另一些则产生了负向阻碍作用，导致了集聚的不经济现象。波士顿128号公路沿线已暴露出高技术产业过度集聚的问题（郑宗，2002）。我国长三角地区生产性服务业集聚与城市经济增长存在明显的倒"U"形关系，在拐点之前，集聚对经济增长表现为正向的规模效应，在拐点之后，集聚的拥挤效应占据了主导地位（陈晓峰，2015）。北京的生产性服务业细分行业基本处于集聚的适度范围，但交通运输、仓储和邮政业尚未具备规模经济与集聚优势，且在石景山区存在着生产性服务业过度集聚和效率损失现象（李芳芳等，2013）。与北京相比，其他地区的生产性服务业集聚适度性较低（邓桂枝，2012）。项文彪和陈雁云（2017）对城市集聚、产业集聚与经济增长之间的互动关系进行讨论，发现产业集聚对城市经济增长具有积极作用，但城市集聚对区域经济增长的影响作用较小。郝永敬和程思宁（2019）以长江中游城市群31个地级市为例，运用系统 GMM 方法实证分析产业集聚、产业集聚与技术创新的关联效应对经济增长的影响，研究结果表明，制造业集聚与技术创新形成有效互动，并促进区域经济增长；生产性服务业集聚对区域经济增长存在阻碍作用，且不能通过与技术创新的互动对区域经济增长产生影响；协同集聚经济效应的发挥更加依赖当地技术创新能力的高低，只有当技术创新能力达到一定水平时，协同集聚对区域经济增长的影响才会为正，若低于这一水平，协同集聚会阻碍区域经济增长。

不同城市群生产性服务业集聚的适度范围存在显著差异。从全国范围看，长三角城市群、珠三角城市群、京津冀城市群和长江中游城市群是我国规模前四的城市群，是区域乃至全国的经济中心，具有较大的经济总量、人口规模和市场空间，经济社会发展对生产性服务业的需求强劲，承载生产性服务业集聚的能力也明显较强；与此同时，我国更多城市群规模不大，经济总量和市场较小，生产性服务业的需求相对有限，承载生产性服务业集聚的能力也相对较弱。生产性服务业细分行业的异质性又决定了只有在初期进行大量投入，才能实现科技服务、信息服务、金融服务等高端生产性服务业的规模效应。因而，规模和市场相对有限的中小城市难以从高端生产性服务业集聚中获得明显收益。

基于上述分析，本章提出如下研究假设：

假设 5-1：长江经济带城市群生产性服务业集聚对经济增长存在显著影响。

假设 5-2：不同层级、不同行业、不同城市群的生产性服务业集聚对经济增长的影响有所不同。

第二节　研究设计

一　研究方法

面板数据因具有能有效降低遗漏变量偏误、多重共线性偏误等优势而应用范围广泛。面板数据可分为短面板和长面板，其中短面板是指大 N 短 T 的面板，长面板是指小 N 大 T 的面板。由于样本数据由长江经济带城市群共 77 个地级及以上城市 16 个年度构成，属于短面板，应构建短面板数据模型进行分析。

本章应用短面板数据模型进行分析的基本步骤包括：首先，对被解释变量、核心解释变量和控制变量进行面板单位根检验，以获取数据的平稳性相关信息；其次，在数据平稳的条件下，利用 Chow 检验和 LR 检验对每个需要检验的方程进行变截距检验，以判断被检验方程是否存在个体效应和时间效应；再次，在存在个体效应或时间效应的条件下，利用 Hausman 检验对被检验方程的固定效应或随机效应进行判断，即若 P 值显著则采纳固定效应模型，否则采纳随机效应模型；最后，采用 DWH 方法对被检验方程变量的内生性进行检验，在检验出内生变量后，使用面板数据工具变量法进行分析。

二　模型构建

面板数据建模的通常做法是先建立一般性面板数据模型，再通过相关检验将其简化为个体固定效应、双向固定效应、一般随机效应、双向随机效应模型等。为此，构建如下待检验模型：

$$\ln PGDP = C + \beta_j \cdot agg + \gamma \ln Control_t + \lambda_t + v_t + \mu_{it} \quad (5-1)$$

式（5-1）中，lnPGDP 为被解释变量，表示经过平减处理后的人均地区生产总值的对数值；agg 为核心解释变量，在具体模型中将分别代表长江经济带城市群的生产性服务业、高端生产性服务业、低端生产性服务业以及七大行业；Control 为系列控制变量，主要包括人均资本存量、人力资本、产业结构、政府规模、科技投入、基础设施、金融发展和外资依赖度等；λ_t 是第 t 期的截距项，代表第 t 期对被解释变量的特有效应，也因此称为"时间固定效应"；v_t 是选择固定效应模型时各个城市不随时间变化而变化的量，如为随机效应，则没有 v_t；μ_{it} 是服从 $(i.i.d)$ 的扰动项，β_j 和 γ 为待估参数。下标 i 和 t 分别表示第 i 个城市和第 t 年（$2003 \leq t \leq 2018$）。

然而，式（5-1）没有考虑变量的内生性问题，可能导致模型回归结果存在较大偏误。为解决这一问题，本章采用 DWH 内生性检验工具对变量的内生性进行逐一甄别，并结合已有相关文献，最终发现核心解释变量 agg 为内生变量。针对上述内生变量，本章的处理方法是，以生产性服务业 agg 滞后一至两阶作为其工具变量，所构建的包括工具变量的待估模型为：

$$\ln PGDP = C + \beta_j \cdot IV(L.agg \quad L2.agg) + \gamma \ln Control_t + \lambda_t + v_t + \mu_{it}$$
$$(5-2)$$

式（5-2）中，IV 表示括号内为工具变量，L.agg、L2.agg 分别表示核心解释变量 agg 的一阶滞后项和二阶滞后项，其余变量含义与式（5-1）相同。

为准确估计式（5-2），本章采用 IV-GMM 对每个方程重新进行面板数据回归。之所以选择 GMM 法，是考虑到样本是 77 个城市 16 年的面板数据，异方差现象难以避免，而 GMM 法是过度识别且存在异方差情况下更有效的估计方法。GMM 并不支持随机效应模型，因此，本章首先对加入工具变量后的模型利用 2SLS 回归进行了 Hausman 检验，若发现检验结果均支持固定效应模型，再使用 GMM 进行固定效应回归。

三 变量选取与数据说明

（一）变量选取

根据式（5-1）的面板模型设计，同时考虑到实证检验对象的特殊性，本章的变量主要分为被解释变量、核心解释变量和控制变量三类，以下分别对变量选取依据及其变量采纳形式加以阐述。

1. 被解释变量

本章以城市的经济增长为被解释变量。地区生产总值（以 GDP 表示）和人均地区生产总值（以 PGDP 表示）均能反映城市经济增长水平，但是 GDP 作为总量指标更适宜于衡量一个区域的综合实力，而 PGDP 在剔除人口因素的基础上更能如实反映一个区域人民生活的实际富裕程度，因此本章选取 PGDP 作为经济增长的代理指标。

2. 核心解释变量

本章旨在检验生产性服务业集聚对区域经济增长的影响，生产性服务业自然成为核心解释变量。在众多度量生产性服务业集聚的指标中，区位熵可以反映城市产业结构的相对水平，且具有计算简便、数据易于获取的优点，因此本章用区位熵衡量生产性服务业集聚。

前文的理论分析表明，生产性服务业集聚既应考虑作为不同层级的生产性服务业集聚情况，也应考虑生产性服务业不同行业的集聚情况。从外延上说，虽然不同层级的生产性服务业涵盖了七大具体细分行业集聚情况，但这种"整体"性质的效应也可能是细分行业集聚效应的加总折中。例如，如果批发和零售业集聚对经济增长的影响为负，但是交通运输、仓储和邮政业集聚，租赁和商务服务业集聚对区域经济增长的影响为正，那么三者的折中效果便可能是低端生产性服务业集聚对经济增长无显著影响。因此，在检验作为"整体性"的生产性服务业对经济增长影响的基础上，还应分别就七大行业集聚对区域经济增长的影响进行分析。

综上所述，本章的核心解释变量将依次包括生产性服务业（APS），高端生产性服务业（HPS）、低端生产性服务业（LPS）、批发和零售业（Raw）、交通运输、仓储和邮政业（Twap）、信息传输、计算机服务和软件业（Icas）、金融业（Finance）、房地产业（Rae）、租赁和商务服务业（Lab）以及科学研究、技术服务和地质勘查业（Stag），共10个具体指标。

3. 控制变量

（1）人均资本存量（K_p）。从基本方法来看，人均资本存量是通过城市资本存量除以城市总人口数得到。城市资本存量 K 通常采用永续盘存法进行计算，其计算公式为：

$$K_t = (1-\delta) K_{t-1} + \frac{I_t}{P_t} \quad (5-3)$$

式（5-3）中，K_t、K_{t-1} 分别为第 t 期、第 $t-1$ 期的资本存量水平，I_t 为第 t 期的投资流量，P_t 为第 t 期的固定资产投资价格指数，δ 为固定资产折旧率。由于本章测度对象为地级及以上城市，主要数据依赖于《中国城市统计年鉴》，而该年鉴并没公布上述指标，因此需要按照一定的方法进行估算。

本书主要参考张军（2004）、王艺明等（2016）学者的研究估算资本存量。第一，估算基期年份的城市资本存量。借鉴王艺明等（2016）的处理思路，将省域资本存量按照地级市固定资产投资额在全省中所占比重进行折算处理。本章以2000年为基期，基期的城市资本存量用当年城市固定资产投资额占相应省域固定资产投资额的比重乘以相应省域当年的资本存量计算而得，其中基期省域资本存量采用 Young（2000）的估计方法，即用各省2000年的固定资本形成额除以10%作为本省的初始固定资本存量。然后估算城市的固定资产投资流量。根据投资流量的内涵，参照张军（2004）的方法，在本章中采用当年固定资本形成额来进行衡量。但是现有统计年鉴仅对省域的固定资本形成额进行了统计，并未对城市固定资本形成额进行统计，因此将各省域的固定资本形成额按照城市固定资本投资额在相应省域固定资产投资额中所占比重进行分配。第二，按照永续盘存法核算各城市的资本存量。依据张军（2004）的研究确定固定资产折旧率（δ）为9.6%；P_t为所在省域的固定资产投资价格指数。第三，采用计算出来的资本存量除以总人数得到人均资本存量。

（2）人力资本（Hum）。Van Veen 等（1990）提出的内生经济增长模型强调了人力资本是经济增长的内生动力。以内生经济增长模型为基础，众多学者经过实证研究得出，人力资本对经济增长不仅具有直接的推动效应，而且人力资本的外部效应还是导致经济增长差异的重要原因（Robert & Barro，1991；姚先国和张海峰，2008；陈曦等，2018）。但是，由于人力资本具有无形性和难以测度性的特征，且囿于统计数据的困扰，对其进行全面测度的难度很大。正是基于这种事实，多数文献采用代理变量的方式来处理，常见的代理变量有地区劳动力平均受教育年限、人口平均受教育年限、科技活动人员占从业人员总数的比重等（伍先福，2017）。但上述代理变量一般仅出现在以省域为研究对象的实证文献中，在现有公开的国家统计数据库中，并无市级层面的上述代理变量的对应数据。因此，本章的人力资本度量只能退而求其次，即借鉴孙慧和朱俏俏（2016）的思路，采用"每万人高校在校大学生数量"作为代理指标。

（3）产业结构（Nas）。产业结构的优化升级是城市产业经济发展的基本方向，一般来说，合理的产业结构能衍生出优良的产业集聚，优良的产业集聚能酝酿出生产率相对更高的集聚企业，故应将城市产业结构作为影响城市经济增长的重要因素。在产业结构度量上，第二产业产值占GDP比重，第二、第三产业产值之和占GDP比重，以及第二、第三产业产值比重是研究中常用的产业结构表征指标。本书依据配第－克拉克定律采用第二产业与第三产业增加值之和占GDP的比重表示非农产业增加值比重。值得强调的是，本章之所以选择该指标，是考虑到生产性服务业与制造业存在较大的依存度，同时使用第二、第三产业之和占GDP比重可以最大限度显示生产性服务业对产业结构的影响，有助于准确把握产业结构对区域经济增长的作用。

(4) 政府规模（Gov）。城市政府规模一定程度上反映了地方政府对市场配置资源干预程度的高低，政府干预程度越高，越不利于市场配置资源效率的改善，从而阻碍城市经济发展。通常情况下，中国城市的地方政府倾向于对当地经济发展进行相对较多的干预，也因此被认为政府干预过多影响了当地经济增长的进程。当然，适当的政府干预有助于弥补市场失灵的缺陷，进而在一定程度上能优化当地的资源配置效率，这种情况的政府干预有利于推动当地经济增长。中国城市的地方政府干预究竟促进了经济增长还是阻碍了经济增长，有待进一步的实证检验。在变量测度上，本章采用大多数学者的处理方法，使用"全市一般财政预算支出"来衡量，其值越大在一定程度上表明该城市政府的干预能力越强。

(5) 科技投入（RD）。中国的经济增长方式正经历着由要素驱动向创新驱动的转变，科研投入是创新的重要源泉。国内外多数学者的研究都认为研发投入有利于经济增长（Pedersen et al., 2002；Zachariadis, 2004；柳剑平和程时雄，2011；向国成等，2018）。科技经费投入的主体包括政府财政科技投入、企业研发投入、高等院校和科研院所的科技投入以及金融机构的科技贷款等。在具体指标选取方面，俞立平（2015）基于省级面板数据研究发现，政府科技投入对科技创新的贡献最大。因此，本章借鉴他的思想采用"全市财政科技支出"衡量科研投入。

(6) 基础设施（$Road$）。基础设施在中国投资驱动的经济增长模式中发挥了重要的贡献。交通基础设施为地区经济活动提供了最基本的服务，便于物质和人力资本的积累，有利于市场融合、促进地区之间的贸易，有利于降低企业交易成本和运输成本、实现市场扩张。一般情况下，一个城市的交通体系越发达，就越有利于该市生产性服务业与制造业之间的经济技术往来，越能有效降低两者在投入产出关联上的维系成本，从而有利于当地经济增长的提升。在指标测度上，考虑到数据可得性，本章采用"市辖区城市道路面积"作为代理变量。

(7) 金融发展（$Loan$）。中国经济转型的一个典型特征是长期持续的高储蓄率，储蓄率与经济增长率表现出较强的相关性（汪伟，2008），金融发展是推动经济增长的重要因素，为了考察金融发展对经济增长可能产生的影响，本章采用"金融机构年末贷款余额"表征金融发展指标。

（8）外资依赖度（FDI）。外商直接投资对所进入国家或地区可能产生两个方面的影响，一方面，优质外资进驻意味着相应的先进技术、管理经验、优质产品等一同被引入，由此对该城市经济的发展能产生技术外溢与扩散效应，且可能进一步形成产业示范效应，从而推动所在城市的经济增长；另一方面，以避税或逃避环境污染规制为目的的外资进驻某个城市，通常其带来的生产技术和管理方式并不具备比较优势，也就无法形成技术外溢效应和产业示范效应，且其避税或逃避环境污染规制的目的会使所在城市的产业发展受到不良影响，其结果自然是不利于其城市经济增长。外商直接投资对城市经济增长究竟是促进作用还是阻碍作用，需要进行实证检验。在具体测度上，本章沿用大多数学者的思路，以各城市"全市当年实际使用外资金额"来衡量。

（二）数据说明

实证分析中所涉及的被解释变量、核心解释变量和控制变量的基础数据均来源于 2004—2019 年的《中国城市统计年鉴》《中国统计年鉴》和《中国区域经济统计年鉴》。在具体核算变量时，采取如下处理方法：（1）人均国内生产总值（PGDP）以 2000 年作为数据基期，利用 GDP 平减指数获得实际 PGDP 指标数据；（2）各层级及不同行业的生产性服务业采用区位熵，计算方法与第四章区位熵计算方法相同；（3）外商直接投资相应观测数据根据当年平均外汇汇率进行换算；（4）为避免变量数值过大及变量时间趋势可能引发异方差问题，将实际人均国内生产总值（PGDP）、人均资本存量（K_p）、人力资本（Hum）、政府规模（Gov）、科技投入（RD）、基础设施（Road）、金融发展（Loan）和外资依赖度（FDI）取对数后纳入方程；（5）考虑数据的连续性，无法获取的变量数据采用插值法进行补充，特别地，"全市当年实际使用外资金额"和"每万人高校大学生数"为零的数值用观测值中非零最小值替代。本章使用的各类变量、符号及计算如表 5-1 所示。

表 5-1　　　　　　　　变量分类及指标计算方法

指标	符号	计算方法
被解释变量		
城市经济增长	$lnPGDP$	人均 GDP 平减后取对数
核心解释变量		
生产性服务业	APS	
高端生产性服务业	HPS	
低端生产性服务业	LPS	
批发和零售业	Raw	
信息传输、计算机服务和软件业	$Icas$	同第四章区位熵计算过程
金融业	$Finance$	
房地产业	Rae	
租赁和商务服务业	Lab	
科学研究、技术服务和地质勘查业	$Stag$	
控制变量		
资本存量	lnK_p	参考张军（2004）、王艺明等（2016）
人力资本	$lnHum$	每万人高校在校学生数取对数
产业结构	Nas	第二、第三产业增加值之和占 GDP 的比重
政府规模	$lnGov$	全市一般财政预算支出取对数
科技投入	$lnRD$	地方财政科技支出取对数
基础设施	$lnRoad$	城市市辖区城市道路面积取对数
金融发展	$lnLoan$	金融机构年末贷款余额取对数
外资依赖度	$lnFDI$	全市当年实际使用外资金额取对数

资料来源：根据变量选取与数据说明整理所得。

（三）描述性统计

表 5-2 展示了本章实证研究所涉及的主要变量的描述性统计分析结果。从长江经济带城市群不同层级的生产性服务业来看，高端生产性服务业（HPS）均值最高（0.8366），生产性服务业（APS）均值次之（0.7906），低端生产性服务业（LPS）均值最低（0.7515），这说明高端生产性服务业集聚水平更高；低端生产性服务业（LPS）离散程度最高（0.3520），生产性服务业（APS）和高端生产性服务业（HPS）离散程

度相似，分别为 0.2825 和 0.2846，由此可知低端生产性服务业集聚差异更大。从长江经济带城市群不同行业的生产性服务业来看，金融业均值（Finance）最高（1.0333），租赁和商务服务业（Lab）均值最低（0.6538）；信息传输、计算机服务和软件业（Icas）离散程度最高（0.5698），金融业（Finance）离散程度最低（0.3684），由此可知金融业是集聚水平最高的行业，而信息传输、计算机服务和软件业是集聚水平差异最大的行业。总体来看，七大行业的离散程度均高于 APS、HPS 和 LPS 的离散程度，一定程度上说明不同行业视角下，各行业在各城市的集聚差异更显著。

表5-2　　　　　　　　　变量的描述性统计分析

变量	观测数	均值	标准差	最小值	最大值
被解释变量					
$\ln PGDP$	1232	10.0938	0.8619	7.8498	12.0612
核心解释变量					
APS	1232	0.7906	0.2825	0.2811	2.1830
HPS	1232	0.8366	0.2846	0.1082	2.3811
LPS	1232	0.7515	0.3520	0.2301	2.8060
Raw	1232	0.7604	0.4218	0.1542	2.6945
Twap	1232	0.8442	0.4475	0.1589	5.1603
Icas	1232	0.6891	0.5698	0.0285	9.2988
Finance	1232	1.0333	0.3684	0.1177	2.6856
Rae	1232	0.7780	0.4461	0.0418	3.1423
Lab	1232	0.6538	0.5284	0.0132	3.7983
Stag	1232	0.7481	0.5353	0.0803	4.2862
控制变量					
$\ln K_p$	1232	-0.1818	0.8765	-2.0402	2.3897
$\ln Hum$	1232	4.6573	1.1435	0.6368	7.1471
Nas	1232	87.3286	7.7017	65.1700	99.6800
$\ln Gov$	1232	14.2789	1.1671	11.1595	18.2405

续表

变量	观测数	均值	标准差	最小值	最大值
控制变量					
lnRD	1232	9.6371	2.0772	3.8712	15.2656
ln$Road$	1232	6.9995	1.0151	4.7875	9.9753
ln$Loan$	1232	15.9787	1.3564	13.2212	20.3312
lnFDI	1232	12.0891	1.8683	5.2489	16.3249

第三节 控制变量平稳性检验

被解释变量及核心解释变量的平稳性检验已经在第四章完成（表4-1），这里仅展示控制变量的平稳性检验结果（表5-3）。由表可知，lnK_p、lnHum、lnRD 和 ln$Loan$ 通过了五项平稳性检验，Nas、lnGov、ln$Road$ 和 lnFDI 也至少通过了四项平稳性检验。考虑到所分析数据仅为16年[①]，因此可以认为，本章选择的控制变量均可视作平稳变量，这为本章的面板回归分析奠定了基础。

表5-3 长江经济带城市群城市控制变量面板单位根检验结果

检验变量	检验形式 (t, k)	HT检验 统计量	HT检验 P值	HT检验 结论	IPS检验 滞后阶数	IPS检验 统计量	IPS检验 P值	IPS检验 结论
lnK_p	(0, 0)	-12.6093	<0.001	平稳		-8.2773	<0.001	平稳
	(1, 0)	-7.3582	<0.001	平稳		-8.7106	<0.001	平稳
	(1, 1)				2.35	-7.9662	<0.001	平稳
lnHum	(0, 0)	-10.1148	<0.001	平稳		-1.4515	0.0733	平稳
	(1, 0)	-8.5398	<0.001	平稳		-8.1736	<0.001	平稳
	(1, 1)				2.00	-4.6486	<0.001	平稳

---

① 张少华（2019）认为，当面板数据时期数 T>20 必须进行平稳性检验，当面板数据时期数 T<15 不需要进行平稳性检验，当面板数据时期数在 15—20 区间时，可以进行平稳性检验，但只有当所有检验均显示数据不平稳时才能判定为非平稳数据，否则应当做平稳数据处理。

续表

检验变量	检验形式 (t, k)	HT 检验 统计量	HT 检验 P 值	HT 检验 结论	IPS 检验 滞后阶数	IPS 检验 统计量	IPS 检验 P 值	IPS 检验 结论
Nas	(0, 0)	2.8790	0.0963	平稳		-4.3896	1.0000	非平稳
	(1, 0)	2.5839	0.081	平稳		-6.3571	<0.001	平稳
	(1, 1)				2.68	-9.0110	<0.001	平稳
lnGov	(0, 0)	-35.0673	<0.001	平稳		-5.0513	<0.001	平稳
	(1, 0)	-19.7283	<0.001	平稳		-7.7885	<0.001	平稳
	(1, 1)				1.58	-0.7178	0.2364	非平稳
lnRD	(0, 0)	-40.7725	<0.001	平稳		-16.0114	<0.001	平稳
	(1, 0)	-22.8467	<0.001	平稳		-16.4726	<0.001	平稳
	(1, 1)				1.96	-18.9145	<0.001	平稳
lnRoad	(0, 0)	-9.6194	<0.001	平稳		-0.9785	0.1639	非平稳
	(1, 0)	-12.1710	<0.001	平稳		-8.4508	<0.001	平稳
	(1, 1)					-12.9086	<0.001	平稳
lnLoan	(0, 0)	-16.8313	<0.001	平稳		-5.7396	<0.001	平稳
	(1, 0)	-10.7513	<0.001	平稳		-9.7120	<0.001	平稳
	(1, 1)				0.56	-5.5945	<0.001	平稳
lnFDI	(0, 0)	-9.1801	<0.001	平稳		0.1515	0.5602	非平稳
	(1, 0)	-8.4925	<0.001	平稳		-3.7106	<0.001	平稳
	(1, 1)				1.99	1.8684	0.0691	平稳

注：t=1 表示检验过程包含时间趋势项，t=0 表示检验过程不包含时间趋势项；k=1 和 k=0 分别表示检验过程中考虑滞后期和不考虑滞后期。

第四节 实证结果与分析

一 生产性服务业集聚影响经济增长的全样本分析

（一）不同层级生产性服务业集聚影响经济增长的全样本分析

采用 IV-GMM 方法估计长江经济带城市群不同层级生产性服务业集聚对经济增长的影响，结果如表 5-4 所示。在该表中，模型（1）—模型（3）分别引入生产性服务业（APS）、高端生产性服务业（HPS）和低端生产性服务业（LPS），模型（4）同时引入了高端生产性服务业和低端生产性服务业。Hausman 检验结果显示，模型（1）—模型（4）均应采用个体时间双固定效应模型，调整 R^2（adj. R^2）显示模型拟合度较高。

表 5-4　不同层级生产性服务业集聚影响经济增长的全样本 IV-GMM 估计

	模型（1）	模型（2）	模型（3）	模型（4）
APS	-0.0928* (0.0464)			
HPS		-0.1180** (0.0416)	-0.1200** (0.0447)	
LPS			-0.0238 (0.0313)	-0.0201 (0.0312)
$\ln K_p$	0.0457* (0.0181)	0.0447* (0.0179)	0.0484** (0.0180)	0.0439* (0.0180)
$\ln Hum$	0.0570*** (0.0148)	0.0597*** (0.0147)	0.0553*** (0.0147)	0.0599*** (0.0148)
Nas	0.0239*** (0.0024)	0.0244*** (0.0023)	0.0239*** (0.0024)	0.0244*** (0.0024)
$\ln Gov$	0.106*** (0.0222)	0.0994*** (0.0222)	0.108*** (0.0221)	0.0994*** (0.0223)
$\ln RD$	0.01 (0.0088)	0.0103 (0.0087)	0.00936 (0.0088)	0.0105 (0.0088)
$\ln Road$	0.0318* (0.0157)	0.0355* (0.0155)	0.0321* (0.0157)	0.0343* (0.0157)
$\ln Loan$	-0.0184 (0.0175)	-0.0178 (0.0172)	-0.015 (0.0174)	-0.0192 (0.0174)
$\ln FDI$	0.0348*** (0.0063)	0.0361*** (0.0062)	0.0331*** (0.0062)	0.0365*** (0.0063)
个体效应	Y	Y	Y	Y
时间效应	Y	Y	Y	Y
N	1078	1078	1078	1078
adj. R^2	0.9623	0.9630	0.9625	0.9627
AIC	-1802.6	-1821.1	-1806.6	-1813.1

续表

	模型（1）	模型（2）	模型（3）	模型（4）
BIC	-1693.0	-1711.5	-1697.0	-1698.5
Hausman	255.66***	65.15***	358.90***	664.27***

注：*、**、***是指分别通过10%、5%、1%的显著性水平检验；括号内为标准误差。下同。

模型（1）的估计结果显示，APS 的系数为负且通过10%的显著性水平检验，表明生产性服务业集聚对长江经济带城市群的经济增长以"拥挤效应"为主，一定程度上阻碍了长江经济带城市群人均 GDP 的增长，结合 APS 系数可知，生产值服务业集聚每增加1%，则长江经济带城市群人均 GDP 平均下降0.0928%。模型（2）的估计结果显示，HPS 的系数为负且通过5%的显著性检验，表明高端生产性服务业集聚也对长江经济带城市群的经济增长具有一定的阻碍作用，结合 HPS 系数可知，HPS 每增加1%，则长江经济带城市群人均 GDP 平均下降0.118%。模型（3）的估计结果显示，LPS 的系数为负但未通过显著性检验，表明低端生产性服务业集聚对长江经济带城市群经济增长没有显著影响。模型（4）的估计结果显示，将 HPS 和 LPS 同时引入方程与将二者分别引入方程的结果一致，即高端生产性服务业集聚对长江经济带城市群经济增长具有显著阻碍作用，而低端生产性服务业集聚对长江经济带城市群经济增长没有显著影响。

其他控制变量的系数及意义如下：$\ln K_p$、$\ln Hum$、Nas、$\ln Gov$、$\ln Road$、$\ln FDI$ 的系数为正且至少通过10%的显著性水平检验，表明上述变量有利于推动长江经济带城市群经济增长，结合其系数可知，人均资本存量、人力资本、非农产业增加值比重、城市一般财政预算支出、城市道路面积以及实际使用外资金额每提高1%将推动长江经济带城市群人均 GDP 平均增加0.0457%①、0.0580%、0.0242%、0.1032%、0.0334%

---

① 0.0457%是通过显著性水平检验的 $\ln K_p$ 系数平均值，本章对控制变量系数的说明均采用这种方法。

和 0.0351%；lnRD 和 ln$Loan$ 的系数未通过显著性检验，说明城市财政科技支出和金融机构年末贷款余额对长江经济带城市群经济增长没有显著影响。

（二）不同行业生产性服务业集聚影响经济增长的全样本分析

采用 IV-GMM 方法估计长江经济带城市群不同行业生产性服务业集聚对经济增长的影响，结果如表 5-5 所示。在该表中，模型（1）—模型（7）分别引入批发和零售业（Raw），交通运输、仓储和邮政业（$Twap$），信息传输、计算机服务和软件业（$Icas$），金融业（$Finance$），房地产业（Rae），租赁和商务服务业（Lab）以及科学研究、技术服务和地质勘查业（$Stag$）。Hausman 检验结果显示，模型（1）—模型（7）均应采用个体时间双固定效应模型，调整 R^2 显示模型拟合度较高。

模型（4）估计结果显示，$Finance$ 的系数为负且通过 1% 的显著性检验，表明金融业集聚对长江经济带城市群经济增长的影响以"拥挤效应"为主，一定程度上阻碍了长江经济带城市群人均 GDP 的增长，结合 $Finance$ 系数可知，金融业集聚每增加 1%，则长江经济带城市群人均 GDP 平均下降 0.0920%。模型（1）—模型（3）以及模型（5）—模型（7）估计结果显示，Raw、$Twap$、$Icas$、Rae、Lab、$Stag$ 的系数均未通过显著性检验，表明这六个行业集聚对长江经济带城市群经济增长没有显著影响。

其他控制变量的系数及意义如下：lnK_p、lnHum、Nas、lnGov、ln$Road$、lnFDI 的系数为正且至少通过 10% 的显著性水平检验，表明上述变量有利于推动长江经济带城市群经济增长，结合其系数可知，人均资本存量、人力资本、非农产业增加值比重、城市一般财政预算支出、城市道路面积以及实际使用外资金额每提高 1% 将推动长江经济带城市群人均 GDP 平均增加 0.0488%、0.0547%、0.0239%、0.1070%、0.0340% 和 0.0337%；lnRD 和 ln$Loan$ 的系数未通过显著性检验，说明城市财政科技支出和金融机构年末贷款余额对长江经济带城市群经济增长没有显著影响。

表5-5　不同行业生产性服务业集聚影响经济增长的全样本 IV-GMM 估计

	模型（1）	模型（2）	模型（3）	模型（4）	模型（5）	模型（6）	模型（7）
Raw	-0.0182 (0.0243)						
$Twap$		-0.0274 (0.0197)					
$Icas$			-0.0215 (0.0144)				
$Finance$				-0.0920*** (0.0248)			
Rae					-0.0266 (0.0244)		
Lab						0.0168 (0.0243)	
$Stag$							0.0090 (0.0286)
$\ln K_p$	0.0485** (0.0179)	0.0486** (0.0181)	0.0468** (0.0179)	0.0499** (0.0179)	0.0479** (0.0177)	0.0503** (0.0179)	0.0495** (0.0179)
$\ln Hum$	0.0556*** (0.0147)	0.0518*** (0.0150)	0.0568*** (0.0147)	0.0508*** (0.0146)	0.0584*** (0.0150)	0.0544*** (0.0147)	0.0549*** (0.0147)
Nas	0.0240*** (0.0024)	0.0232*** (0.0024)	0.0244*** (0.0024)	0.0244*** (0.0023)	0.0235*** (0.0024)	0.0240*** (0.0023)	0.0239*** (0.0024)
$\ln Gov$	0.1090*** (0.0221)	0.1070*** (0.0222)	0.1050*** (0.0221)	0.1040*** (0.0219)	0.1070*** (0.0221)	0.1090*** (0.0220)	0.1080*** (0.0221)
$\ln RD$	0.0097 (0.0088)	0.00819 (0.0089)	0.0107 (0.0088)	0.00741 (0.0087)	0.0102 (0.0088)	0.00918 (0.0088)	0.00922 (0.0088)
$\ln Road$	0.0313* (0.0159)	0.0304 (0.0159)	0.0359* (0.0156)	0.0273 (0.0155)	0.0366* (0.0158)	0.0320* (0.0157)	0.0341* (0.0156)
$\ln Loan$	-0.0146 (0.0173)	-0.0154 (0.0174)	-0.0152 (0.0172)	-0.0178 (0.0171)	-0.0156 (0.0173)	-0.0121 (0.0172)	-0.0126 (0.0173)
$\ln FDI$	0.0326*** (0.0062)	0.0343*** (0.0063)	0.0333*** (0.0062)	0.0383*** (0.0063)	0.0325*** (0.0062)	0.0321*** (0.0062)	0.0325*** (0.0062)

续表

	模型（1）	模型（2）	模型（3）	模型（4）	模型（5）	模型（6）	模型（7）
个体效应	Y	Y	Y	Y	Y	Y	Y
时间效应	Y	Y	Y	Y	Y	Y	Y
N	1078	1078	1078	1078	1078	1078	1078
adj. R^2	0.9626	0.9620	0.9629	0.9632	0.9627	0.9628	0.9627
AIC	-1810.2	-1793.0	-1818.4	-1828.8	-1813.4	-1817.7	-1812.6
BIC	-1700.6	-1683.3	-1708.8	-1719.2	-1703.7	-1708.1	-1703.0
Hausman	407.4***	183.6***	345.4***	57.0***	1267.2***	234.1***	1767.6***

二 生产性服务业集聚影响经济增长的城市群差异分析

（一）不同层级生产性服务业集聚影响经济增长的城市群差异分析

1. 长三角城市群不同层级生产性服务业集聚影响经济增长分析

采用 IV-GMM 方法估计长三角城市群不同层级生产性服务业集聚对经济增长的影响，结果如表 5-6 所示。在该表中，模型（1）—模型（3）分别引入生产性服务业总体（APS）、高端生产性服务业（HPS）和低端生产性服务业（LPS），模型（4）同时引入高端生产性服务业和低端生产性服务业。Hausman 检验结果显示，模型（1）—模型（4）均应采用个体时间双固定效应模型，调整 R^2 显示模型拟合度较高。

模型（1）—模型（3）的估计结果显示，APS、HPS、LPS 的系数为负且分别通过1%、5%、5%的显著性水平检验，表明不同层级的生产性服务业集聚对长三角城市群经济增长的影响以"拥挤效应"为主，一定程度上阻碍了长三角城市群人均 GDP 的增长，结合 APS、HPS、LPS 的系数可知，APS、HPS、LPS 每增加1%，则长三角城市群人均 GDP 分别平均下降 0.319%、0.151% 和 0.227%。模型（4）估计结果显示，将 HPS 和 LPS 同时引入方程后，高端生产性服务业集聚对经济增长的影响仍然显著，但低端生产性服务业集聚不再显著影响经济增长。

其他控制变量的系数及意义如下：$\ln K_p$、Nas、$\ln Gov$、$\ln RD$ 的系数为正且通过 1% 显著性水平检验，表明上述变量的增长有利于推动长三角城市群经济增长，结合其系数可知，人均资本存量、产业增加值比重、城市一般财政预算支出以及城市财政科技支出每提高 1% 将推动长三角城市群人均 GDP 平均增加 0.5013%、0.0304%、0.3400% 和 0.0589%；$\ln Hum$、$\ln Road$、$\ln Loan$、$\ln FDI$ 的系数未通过显著性检验，说明人力资本、城市道路面积、金融机构年末贷款余额以及实际使用外资金额对长三角城市群经济增长没有显著影响。

表 5 – 6　长三角城市群不同层级生产性服务业集聚影响经济增长 IV-GMM 估计

	模型（1）	模型（2）	模型（3）	模型（4）
APS	-0.3190*** (0.0751)			
HPS		-0.1510** (0.0515)		-0.1490* (0.0592)
LPS			-0.2270** (0.0820)	-0.1510 (0.0884)
$\ln K_p$	0.4820*** (0.0732)	0.5290*** (0.0704)	0.5150*** (0.0745)	0.4790*** (0.0742)
$\ln Hum$	-0.0161 (0.0375)	-0.0437 (0.0358)	-0.0460 (0.0368)	-0.0228 (0.0371)
Nas	0.0288*** (0.0055)	0.0307*** (0.0054)	0.0311*** (0.0056)	0.0308*** (0.0055)
$\ln Gov$	0.3330*** (0.0603)	0.3570*** (0.0586)	0.3420*** (0.0617)	0.3280*** (0.0608)
$\ln RD$	0.0600*** (0.0166)	0.0674*** (0.0166)	0.0477** (0.0172)	0.0603*** (0.0177)
$\ln Road$	0.0221 (0.0284)	0.0095 (0.0275)	0.0130 (0.0285)	0.0142 (0.0280)
$\ln Loan$	-0.0338 (0.0319)	-0.0184 (0.0309)	-0.0252 (0.0322)	-0.0290 (0.0317)

续表

	模型（1）	模型（2）	模型（3）	模型（4）
lnFDI	0.0026 (0.0146)	-0.0081 (0.0140)	-0.0097 (0.0143)	0.0010 (0.0146)
个体效应	Y	Y	Y	Y
时间效应	Y	Y	Y	Y
N	364	364	364	364
adj. R^2	0.9625	0.9641	0.9618	0.9629
AIC	-708.3	-723.7	-701.0	-711.7
BIC	-622.6	-637.9	-615.3	-622.0
Hausman	36.10**	33.82*	30.50*	38.66**

2. 长江中游城市群不同层级生产性服务业集聚影响经济增长分析

采用 IV-GMM 方法估计长江中游城市群不同层级生产性服务业集聚对经济增长的影响，结果如表 5-7 所示。在该表中，模型（1）—模型（3）分别引入生产性服务业总体（APS）、高端生产性服务业（HPS）和低端生产性服务业（LPS），模型（4）同时引入高端生产性服务业和低端生产性服务业。Hausman 检验结果显示，模型（1）—模型（4）均应采用个体时间双固定效应模型，调整 R^2 显示模型拟合度较高。

模型（1）—模型（3）的估计结果显示，APS 和 LPS 的系数为正、HPS 系数为负，但均未通过显著性检验，表明不同层级的生产性服务业集聚对长江中游城市群经济增长没有显著影响。模型（4）估计结果显示，将 HPS 和 LPS 同时引入方程与将二者分别引入方程的结果一致，即高端生产性服务业集聚和低端生产性服务业集聚对长江经济带城市群经济增长没有显著影响。

其他控制变量的系数及意义如下：Nas、lnGov、lnRD、ln$Loan$ 的系数为正且至少通过 5% 的显著性水平检验，表明上述变量有利于推动长江中游城市群的经济增长，结合其系数可知，非农产业增加值比重、城市一般财政预算支出、城市财政科技支出和金融机构年末贷款余额每提高 1% 将推动城市人均 GDP 平均增加 0.0172%、0.2523%、0.0283% 和

0.0758%；ln$Road$ 和 lnFDI 的系数为负且至少通过5%的显著性水平检验，表明上述变量对长江中游城市群经济增长具有阻碍作用，结合其系数可知，城市道路面积和实际使用外资金额每提高1%，则长江中游城市群人均 GDP 平均下降0.0707%和0.0287%；lnK_P 和 lnHum 的系数没有通过显著性检验，说明人均资本存量和人力资本对长江中游城市群的经济增长没有显著影响。

表 5-7　长江中游城市群不同层级生产性服务业集聚影响经济增长 IV-GMM 估计

	模型（1）	模型（2）	模型（3）	模型（4）
APS	0.0544 (0.0543)			
HPS		-0.0644 (0.0552)		-0.0190 (0.0695)
LPS			0.0333 (0.0251)	0.0305 (0.0301)
lnK_P	-0.0034 (0.0134)	-0.0053 (0.0133)	-0.0036 (0.0133)	-0.0039 (0.0134)
lnHum	0.0296 (0.0176)	0.0205 (0.0173)	0.0282 (0.0171)	0.0267 (0.0181)
Nas	0.0173 *** (0.0025)	0.0170 *** (0.0025)	0.0172 *** (0.0025)	0.0172 *** (0.0025)
lnGov	0.2460 *** (0.0444)	0.2650 *** (0.0421)	0.2480 *** (0.0430)	0.2500 *** (0.0444)
lnRD	0.0294 ** (0.0090)	0.0268 ** (0.0092)	0.0288 ** (0.0090)	0.0282 ** (0.0092)
ln$Road$	-0.0700 *** (0.0164)	-0.0740 *** (0.0160)	-0.0690 *** (0.0163)	-0.0699 *** (0.0164)
ln$Loan$	0.0773 *** (0.0192)	0.0721 *** (0.0189)	0.0773 *** (0.0190)	0.0765 *** (0.0193)
lnFDI	-0.0288 ** (0.0090)	-0.0289 ** (0.0090)	-0.0285 ** (0.0090)	-0.0284 ** (0.0089)

续表

	模型（1）	模型（2）	模型（3）	模型（4）
个体效应	Y	Y	Y	Y
时间效应	Y	Y	Y	Y
N	392	392	392	392
adj. R^2	0.9877	0.9877	0.9878	0.9878
AIC	-1037.9	-1038.2	-1039.6	-1038.9
BIC	-950.5	-950.8	-952.3	-947.6
Hausman	148.3***	51.10***	44.81***	795.29***

3. 成渝城市群不同层级生产性服务业集聚影响经济增长分析

采用IV-GMM方法估计成渝城市群不同层级生产性服务业集聚对经济增长的影响，结果如表5-8所示。在该表中，模型（1）—模型（3）分别引入生产性服务业总体（APS）、高端生产性服务业（HPS）和低端生产性服务业（LPS），模型（4）同时引入高端生产性服务业和低端生产性服务业。Hausman检验结果显示，模型（1）—模型（4）均应采用个体时间双固定效应模型，调整 R^2 显示模型拟合度较高。

模型（1）—模型（3）的估计结果显示，APS、HPS、LPS的系数为负但均未通过显著性检验，表明不同层级的生产性服务业集聚对成渝城市群经济增长没有显著影响。模型（4）估计结果显示，将HPS、LPS同时引入方程与将二者分别引入方程的结果一致，即高端生产性服务业集聚和低端生产性服务业集聚对成渝城市群经济增长没有显著影响。

其他控制变量的系数及意义如下：Nas和lnFDI的系数为正且通过1%的显著性水平检验，表明上述变量有利于推动成渝城市群的经济增长，结合其系数可知，非农产业增加值比重和实际使用外资金额每提高1%，将推动成渝城市群人均GDP平均增加0.0123%和0.0350%；lnGov的系数为负且通过10%的显著性检验，表明城市一般财政预算支出对成渝城市群经济增长具有阻碍作用，结合其系数可知，城市一般财政预算支出每提高1%，则成渝城市群人均GDP平均下降0.0402%；$\ln K_p$ 仅在模型（2）中通过10%的显著性水平检验，表明人均资本存量仅在讨论高端生产性服务业集聚的经济增长效应时才对成渝城市群经济增长具有促进作用；lnHum、lnRD、ln$Road$、ln$Loan$ 的系数没有通过显著性检验，说明人力资本、城市财政科技支出、城市道路面积和金融机构年末贷款余额对成渝城市群的经济增长没有显著影响。

表5-8 成渝城市群不同层级生产性服务业集聚影响经济增长 IV-GMM 估计

	模型（1）	模型（2）	模型（3）	模型（4）
APS	-0.0843 (0.0549)			
HPS		-0.0314 (0.0637)		0.0231 (0.0715)
LPS			-0.0746 (0.0422)	-0.0754 (0.0451)
lnK_P	0.1540 (0.0847)	0.1900* (0.0822)	0.1250 (0.0891)	0.1210 (0.0924)
lnHum	-0.0138 (0.0162)	-0.0135 (0.0162)	-0.0147 (0.0162)	-0.0154 (0.0164)
Nas	0.0122*** (0.0035)	0.0120*** (0.0034)	0.0124*** (0.0035)	0.0125*** (0.0035)
lnGov	-0.0408* (0.0160)	-0.0373* (0.0162)	-0.0421** (0.0161)	-0.0404* (0.0164)
lnRD	-0.0102 (0.0104)	-0.0114 (0.0103)	-0.00759 (0.0106)	-0.00728 (0.0107)
ln$Road$	-0.0103 (0.0238)	-0.0028 (0.0231)	-0.0149 (0.0244)	-0.0147 (0.0244)
ln$Loan$	0.0231 (0.0198)	0.0219 (0.0199)	0.0233 (0.0198)	0.0245 (0.0201)
lnFDI	0.0348*** (0.0062)	0.0327*** (0.0061)	0.0362*** (0.0064)	0.0364*** (0.0066)
个体效应	Y	Y	Y	Y

续表

	模型（1）	模型（2）	模型（3）	模型（4）
时间效应	Y	Y	Y	Y
N	224	224	224	224
adj. R²	0.9915	0.9916	0.9914	0.9914
AIC	-672	-674.9	-670.6	-668.9
BIC	-596.9	-599.8	-595.6	-590.4
Hausman	532.71***	399.17***	101.41***	215.54***

4. 滇中城市群不同层级生产性服务业集聚影响经济增长分析

采用 IV-GMM 方法估计滇中城市群不同层级生产性服务业集聚对经济增长的影响，结果如表 5-9 所示。在该表中，模型（1）—模型（3）分别引入生产性服务业总体（APS）、高端生产性服务业（HPS）和低端生产性服务业（LPS），模型（4）同时引入高端生产性服务业和低端生产性服务业。Hausman 检验结果显示，模型（1）—模型（4）均应采用个体时间双固定效应模型，调整 R^2 显示模型拟合度较高。

模型（1）估计结果显示，APS 的系数为负且通过 1% 的显著性检验，表明生产性服务业集聚对滇中城市群经济增长的影响以"拥挤效应"为主，一定程度上阻碍了滇中城市群人均 GDP 的增长，结合 APS 系数可知，APS 每增加 1%，则滇中城市群人均 GDP 平均下降 0.353%。模型（2）估计结果显示，HPS 系数为正但未通过显著性检验，表明高端生产性服务业集聚对滇中城市群经济增长没有显著影响。模型（3）估计结果显示，LPS 的系数为负且通过 10% 的显著性检验，表明低端生产性服务业集聚一定程度上阻碍了滇中城市群人均 GDP 的增长，结合 LPS 系数可知，LPS 每增加 1%，则滇中城市群人均 GDP 平均下降 0.139%。模型（4）估计结果显示，将 HPS 和 LPS 同时引入方程与将二者分别引入方程的结果一致，即高端生产性服务业集聚对滇中城市群经济增长没有显著影响，而低端生产性服务业集聚对滇中城市群经济增长具有显著阻碍作用。

其他控制变量的系数及意义如下：ln*Gov* 的系数为负且至少通过 10%

的显著性水平检验，表明城市一般财政预算支出对滇中城市群经济增长具有阻碍作用，结合其系数可知，城市一般财政预算支出每提高1%，则成渝城市群人均GDP平均下降0.1913%；Nas在模型（1）中系数为负且通过10%显著性水平检验，ln$Loan$在模型（3）和模型（4）中系数为正且通过10%显著性水平检验，表明非农产业增加值比重仅在讨论生产性服务业总体集聚的经济增长效应时才对滇中城市群经济增长具有抑制作用，而金融机构年末贷款余额在讨论低端生产性服务业集聚的经济增长效应时才对滇中城市群经济增长具有促进作用；lnK_p、lnHum、lnRD、ln$Road$和lnFDI的系数未通过显著性检验，表明人均资本存量、人力资本、城市财政科技支出、城市道路面积以及实际使用外资金额对滇中城市群经济增长没有显著影响。

表5-9　滇中城市群不同层级生产性服务业集聚影响经济增长 IV-GMM 估计

	模型（1）	模型（2）	模型（3）	模型（4）
APS	-0.3530 *** (0.1056)			
HPS		0.7660 (0.7243)		-0.2790 (0.1721)
LPS			-0.1390 * (0.0578)	-0.1390 ** (0.0540)
lnK_p	-0.3450 (0.3207)	-0.6140 (0.6400)	-0.3180 (0.3348)	-0.2430 (0.3274)
lnHum	0.0018 (0.0110)	0.0071 (0.0205)	0.0022 (0.0116)	0.0034 (0.0113)
Nas	-0.0353 * (0.0177)	0.0189 (0.0284)	-0.0269 (0.0189)	-0.0322 (0.0177)
lnGov	-0.1560 * (0.0615)	-0.2910 * (0.1484)	-0.1770 ** (0.0633)	-0.1410 * (0.0648)
lnRD	-0.0058 (0.0216)	0.0001 (0.0411)	-0.0043 (0.0226)	-0.0028 (0.0220)

续表

	模型（1）	模型（2）	模型（3）	模型（4）
ln$Road$	0.0455 (0.0239)	0.0390 (0.0508)	0.0406 (0.0262)	0.0503 (0.0266)
ln$Loan$	0.0615 (0.0319)	0.1180 (0.0675)	0.0813* (0.0324)	0.0689* (0.0323)
lnFDI	-0.0067 (0.0084)	-0.0134 (0.0165)	-0.0070 (0.0088)	-0.0055 (0.0086)
个体效应	Y	Y	Y	Y
时间效应	Y	Y	Y	Y
N	42	42	42	42
adj. R^2	0.9935	0.9765	0.993	0.993
AIC	-146.1	-91.9	-142.9	-143.2
BIC	-107.9	-53.6	-104.7	-103.2
Hausman	110.57***	123.03***	144.45***	153.02***

5. 黔中城市群不同层级生产性服务业集聚影响经济增长分析

采用 IV-GMM 方法估计黔中城市群不同层级生产性服务业集聚对经济增长的影响，结果如表 5-10 所示。在该表中，模型（1）—模型（3）分别引入生产性服务业总体（APS）、高端生产性服务业（HPS）和低端生产性服务业（LPS），模型（4）同时引入高端生产性服务业和低端生产性服务业。Hausman 检验结果显示，模型（1）—模型（4）均应采用个体时间双固定效应模型，调整 R^2 显示模型拟合度较高。

模型（1）估计结果显示，APS 和 HPS 系数未通过显著性检验，表明生产性服务业集聚或高端生产性服务业集聚对黔中城市群经济增长没有显著影响。模型（3）估计结果显示，LPS 的系数为负且通过 10% 的显著性水平检验，表明低端生产性服务业集聚一定程度上阻碍了黔中城市群人均 GDP 的增长，结合 LPS 系数可知，LPS 每增加 1%，则滇中城市群人均 GDP 平均下降 0.697%。模型（4）估计结果显示，将 HPS 和 LPS 同时引入方程与将二者分别引入方程的结果一致，即高端生产性服务业集聚对黔中城市群经济增长没有显著影响,而低端生产性服务业集聚对黔中城市群经济增长具有显著阻碍作用。

其他控制变量的系数及意义如下:$\ln Loan$ 的系数为负且通过1%的显著性水平检验,表明金融机构年末贷款余额对黔中城市群经济增长具有阻碍作用,结合其系数可知,金融机构年末贷款余额每提高1%,则黔中城市群人均 GDP 平均下降0.3685%;$\ln Gov$ 在模型(1)中系数为正且通过10%显著性检验,$\ln RD$ 在模型(1)和模型(2)中系数为负且通过5%显著性水平检验,而在其他模型中系数估计均不显著,表明城市一般财政预算支出仅在讨论生产性服务业总体集聚的经济增长效应时才对黔中城市群经济增长具有促进作用,而城市财政科技支出在讨论生产性服务业总体集聚以及高端生产性服务业集聚的经济增长效应时都对黔中城市群经济增长具有抑制作用;$\ln K_p$、$\ln Hum$、Nas、$\ln Road$ 和 $\ln FDI$ 的系数未通过显著性检验,表明人均资本存量、人力资本、非农产业增加值比重、城市道路面积以及实际使用外资金额对黔中城市群经济增长没有显著影响。

表5-10 黔中城市群不同层级生产性服务业集聚影响经济增长 IV-GMM 估计

	模型(1)	模型(2)	模型(3)	模型(4)
APS	-0.9350 (0.5203)			
HPS		0.0325 (0.4234)		0.0421 (0.4882)
LPS			-0.6970* (0.3420)	-0.6350* (0.2956)
$\ln K_p$	-0.1500 (0.3394)	0.0622 (0.2831)	-0.3200 (0.3991)	-0.2950 (0.3927)
$\ln Hum$	0.1420 (0.0852)	0.0464 (0.1061)	0.0253 (0.0781)	0.0190 (0.1270)
Nas	-0.0061 (0.0123)	0.0107 (0.0091)	-0.0027 (0.0111)	-0.0010 (0.0121)

续表

	模型（1）	模型（2）	模型（3）	模型（4）
lnGov	0.1590* (0.0710)	0.1160 (0.0710)	0.0962 (0.0757)	0.0941 (0.0877)
lnRD	-0.1110** (0.0419)	-0.1210** (0.0374)	-0.0772 (0.0508)	-0.0799 (0.0507)
ln$Road$	-0.0150 (0.0634)	0.0718 (0.0535)	0.0098 (0.0556)	0.0189 (0.0678)
ln$Loan$	-0.3970*** (0.0773)	-0.3920*** (0.0750)	-0.3420*** (0.0894)	-0.3430*** (0.0958)
lnFDI	-0.0214 (0.0143)	-0.0073 (0.0113)	-0.0182 (0.0144)	-0.0168 (0.0146)
个体效应	Y	Y	Y	Y
时间效应	Y	Y	Y	Y
N	56	56	56	56
adj. R^2	0.9870	0.9908	0.9841	0.9849
AIC	-113.6	-132.6	-102.2	-104.9
BIC	-69.0	-88.0	-57.7	-58.3
Hausman	210.32***	102.88***	58.00***	41.10**

（二）不同行业生产性服务业集聚影响经济增长的城市群差异分析

1. 长三角城市群不同行业生产性服务业集聚影响经济增长分析

采用 IV-GMM 方法估计长三角城市群不同行业生产性服务业集聚对经济增长的影响，结果如表 5-11 所示。在该表中，模型（1）—模型（7）分别引入批发和零售业（Raw）、交通运输、仓储和邮政业（$Twap$）、信息传输、计算机服务和软件业（$Icas$）、金融业（$Finance$）、房地产业（Rae）、租赁和商务服务业（Lab）以及科学研究、技术服务和地质勘查业（$Stag$）。Hausman 检验结果显示，模型（1）—模型（7）均应采用个体时间双固定效应模型，调整 R^2 显示模型拟合度较高。

模型（1）—模型（5）以及模型（7）的估计结果显示，Raw、$Twap$、$Finance$、Rae 的系数为负且通过至少 10% 的显著性检验，表明这些行业集聚对长三角城市群经济增长的影响以"拥挤效应"为主，一定程度上阻碍了长三角城市群人均 GDP 的增长,结合估计系数可知,Raw、$Twap$、$Finance$、Rae 每增加1%,则长三角城市群人均 GDP 平均下降 0.119%、0.0901%、0.175%、0.133%。模型(2)、模型(6)和模型(7)的估计结果显示,$Icas$、Lab、$Stag$ 的系数均未通过显著性检验,表明这些行业集聚对长三角城市群经济增长没有显著影响。

其他控制变量的系数及意义如下:$\ln K_p$、Nas、$\ln Gov$、$\ln RD$ 的系数为正且至少通过10%的显著性水平检验,表明这些因素有利于推动长三角城市群经济增长,结合其系数可知,人均资本存量、非农产业增加值比重、城市一般财政预算支出以及城市财政科技支出每提高1%将推动长三角城市群人均 GDP 平均增加 0.5640%、0.0316%、0.3647% 和 0.0568%;$\ln Hum$ 的系数为负且至少通过10%的显著性水平检验,表明人力资本每提高1%将使长三角城市群人均 GDP 平均降低 0.0816%;$\ln Road$、$\ln Loan$ 和 $\ln FDI$ 的系数未通过显著性检验,表明城市道路面积、金融机构年末贷款余额和实际使用外资金额对长三角城市群经济增长没有显著影响。

表5-11　长三角城市群不同行业生产性服务业集聚影响经济增长 IV-GMM 估计

	模型(1)	模型(2)	模型(3)	模型(4)	模型(5)	模型(6)	模型(7)
Raw	-0.1190* (0.0519)						
$Twap$		-0.0901** (0.0324)					
$Icas$			0.0045 (0.0160)				
$Finance$				-0.1750*** (0.0407)			
Rae					-0.1330* (0.0581)		
Lab						0.0003 (0.0356)	

续表

	模型(1)	模型(2)	模型(3)	模型(4)	模型(5)	模型(6)	模型(7)
Stag							-0.0558 (0.0453)
$\ln K_p$	0.5140*** (0.0748)	0.6200*** (0.0719)	0.5960*** (0.0682)	0.5210*** (0.0693)	0.5170*** (0.0749)	0.5930*** (0.0677)	0.5870*** (0.0673)
$\ln Hum$	-0.0447 (0.0366)	-0.0953** (0.0365)	-0.0818* (0.0361)	-0.0793* (0.0340)	-0.0762* (0.0340)	-0.0783* (0.0340)	-0.0786* (0.0339)
Nas	0.0342*** (0.0055)	0.0251*** (0.0061)	0.0311*** (0.0054)	0.0319*** (0.0054)	0.0364*** (0.0059)	0.0310*** (0.0054)	0.0315*** (0.0054)
$\ln Gov$	0.3660*** (0.0579)	0.3560*** (0.0624)	0.3860*** (0.0580)	0.3330*** (0.0593)	0.3390*** (0.0616)	0.3860*** (0.0581)	0.3870*** (0.0580)
$\ln RD$	0.0491** (0.0166)	0.0475** (0.0178)	0.0572*** (0.0167)	0.0510** (0.0164)	0.0781*** (0.0185)	0.0582*** (0.0164)	0.0564*** (0.0164)
$\ln Road$	-0.0049 (0.0277)	0.0161 (0.0295)	0.00479 (0.0278)	-0.0190 (0.0283)	0.0030 (0.0277)	0.0058 (0.0285)	0.0093 (0.0277)
$\ln Loan$	-0.0268 (0.0315)	-0.0107 (0.0327)	-0.0084 (0.0309)	-0.0272 (0.0312)	-0.0042 (0.0309)	-0.0090 (0.0308)	-0.0167 (0.0315)
$\ln FDI$	-0.0279* (0.0130)	0.00119 (0.0164)	-0.0241 (0.0130)	0.0159 (0.0159)	-0.0227 (0.0130)	-0.0238 (0.0134)	-0.0202 (0.0133)
个体效应	Y	Y	Y	Y	Y	Y	Y
时间效应	Y	Y	Y	Y	Y	Y	Y
N	364	364	364	364	364	364	364
adj. R^2	0.9625	0.9641	0.9618	0.9647	0.9593	0.9639	0.9637
AIC	-708.3	-723.7	-701.0	-729.8	-678.1	-721.6	-719.9
BIC	-622.6	-637.9	-615.3	-644.0	-592.2	-635.8	-634.2
Hausman	73.57***	38.34**	33.49*	57.00***	37.56**	33.28*	31.70*

2. 长江中游城市群不同行业生产性服务业集聚影响经济增长分析

采用IV-GMM方法估计长江中游城市群不同行业生产性服务业集聚对经济增长的影响，结果如表5-12所示。在该表中，模型（1）—模型（7）分别引入批发和零售业（Raw），交通运输、仓储和邮政业

(*Twap*)、信息传输、计算机服务和软件业（*Icas*）、金融业（*Finance*）、房地产业（*Rae*）、租赁和商务服务业（*Lab*）以及科学研究、技术服务和地质勘查业（*Stag*）。Hausman 检验结果显示，模型（1）—模型（7）均应采用个体时间双固定效应模型，调整 R^2 显示模型拟合度较高。

模型（4）估计结果显示，*Finance* 的系数为负且通过 10% 的显著性水平检验，表明金融业集聚对长江中游城市群经济增长的影响以"拥挤效应"为主，一定程度上阻碍了长江中游城市群人均 GDP 的增长，结合 *Finance* 系数可知，金融业集聚每增加 1%，则长江中游城市群人均 GDP 平均下降 0.0705%。模型（1）—模型（3）以及模型（5）—模型（7）估计结果显示，*Raw*、*Twap*、*Icas*、*Rae*、*Lab*、*Stag* 的系数均未通过显著性检验，表明这六个行业集聚对长江中游城市群经济增长没有显著影响。

其他控制变量的系数及意义如下：*Nas*、ln*Gov*、ln*RD*、ln*Loan* 的系数为正且至少通过 5% 显著性水平检验，表明这些因素有利于推动长江中游城市群经济增长，结合其系数可知，非农产业增加值比重、城市一般财政预算支出、城市财政科技支出以及金融机构年末贷款余额每提高 1% 将推动长江中游城市群人均 GDP 平均增加 0.0173%、0.2567%、0.0289% 和 0.0744%；ln*Road* 和 ln*FDI* 的系数为负且至少通过 5% 显著性检验，表明这两个因素对长江中游城市群经济增长有一定阻碍作用，结合其系数可知，城市道路面积以及实际使用外资金额每提高 1% 将使得长江中游城市群人均 GDP 平均下降 0.0727% 和 0.0289%；lnK_p、ln*Hum* 的系数未通过显著性检验，说明人均资本存量、人力资本对长江中游城市群经济增长没有显著影响。

表 5-12 长江中游城市群不同行业生产性服务业集聚影响经济增长 IV-GMM 估计

	模型（1）	模型（2）	模型（3）	模型（4）	模型（5）	模型（6）	模型（7）
Raw	0.0100 (0.0223)						
Twap		0.0233 (0.0156)					

续表

	模型(1)	模型(2)	模型(3)	模型(4)	模型(5)	模型(6)	模型(7)
$Icas$			-0.0171 (0.0196)				
$Finance$				-0.0705* (0.0275)			
Rae					-0.0106 (0.0278)		
Lab						-0.0012 (0.0250)	
$Stag$							0.0172 (0.0248)
$\ln K_p$	-0.0036 (0.0134)	-0.0047 (0.0133)	-0.0035 (0.0132)	-0.0075 (0.0136)	-0.0046 (0.0134)	-0.0045 (0.0134)	-0.0041 (0.0133)
$\ln Hum$	0.0262 (0.0172)	0.0287 (0.0171)	0.0204 (0.0174)	0.0256 (0.0171)	0.0247 (0.0169)	0.0247 (0.0170)	0.0257 (0.0170)
Nas	0.0170*** (0.0025)	0.0179*** (0.0026)	0.0173*** (0.0025)	0.0175*** (0.0026)	0.0169*** (0.0026)	0.0171*** (0.0026)	0.0171*** (0.0025)
$\ln Gov$	0.2540*** (0.0449)	0.2470*** (0.0430)	0.2650*** (0.0417)	0.2450*** (0.0430)	0.2650*** (0.0433)	0.2610*** (0.0423)	0.2600*** (0.0420)
$\ln RD$	0.0285** (0.0090)	0.0318*** (0.0092)	0.0287** (0.0089)	0.0247** (0.0093)	0.0295** (0.0092)	0.0289*** (0.0090)	0.0304** (0.0093)
$\ln Road$	-0.0730*** (0.0162)	-0.0690*** (0.0162)	-0.0740*** (0.0158)	-0.0740*** (0.0162)	-0.0730*** (0.0163)	-0.0740*** (0.0161)	-0.0720*** (0.0162)
$\ln Loan$	0.0749*** (0.0190)	0.0765*** (0.0189)	0.0693*** (0.0193)	0.0781*** (0.0192)	0.0737*** (0.0189)	0.0737*** (0.0189)	0.0746*** (0.0189)
$\ln FDI$	-0.0292** (0.0089)	-0.0281** (0.0090)	-0.0286** (0.0089)	-0.0281** (0.0091)	-0.0295** (0.0090)	-0.0293** (0.0090)	-0.0298*** (0.0090)
个体效应	Y	Y	Y	Y	Y	Y	Y
时间效应	Y	Y	Y	Y	Y	Y	Y
N	392	392	392	392	392	392	392
adj. R^2	0.9878	0.9877	0.9880	0.9874	0.9876	0.9877	0.9877
AIC	-1039.6	-1038.1	-1047.1	-1027	-1035.7	-1036.4	-1036.7
BIC	-952.2	-950.8	-959.7	-939.6	-948.3	-949	-949.4
Hausman	206.5***	235.3***	163.0***	57.0***	96.0***	84.5***	152.0***

3. 成渝城市群不同行业生产性服务业集聚影响经济增长分析

采用 IV-GMM 方法估计成渝城市群不同行业生产性服务业集聚对经济增长的影响，结果如表 5–13 所示。在该表中，模型（1）—模型（7）分别引入批发和零售业（Raw），交通运输、仓储和邮政业（Twap），信息传输、计算机服务和软件业（Icas），金融业（Finance），房地产业（Rae），租赁和商务服务业（Lab）以及科学研究、技术服务和地质勘查业（Stag）。Hausman 检验结果显示，模型（1）—模型（7）均应采用个体时间双固定效应模型，调整 R^2 显示模型拟合度较高。

模型（1）—模型（7）估计结果显示，Raw、Twap、Icas、Finance、Rae、Lab、Stag 的系数均未通过显著性检验，表明这七个行业集聚对成渝城市群经济增长没有显著影响。这与成渝城市群不同层级影响经济增长的分析结果相同，说明不同层级、不同行业的生产性服务业集聚对成渝城市群经济增长没有显著影响。

其他控制变量的系数及意义如下：$\ln K_p$ 的系数在多数模型中为正且通过 10% 显著性水平检验，表明其对成渝城市群经济增长具有促进作用，结合其系数可知，人均资本存量每提高 1% 将推动成渝城市群人均 GDP 平均增加 0.2034%，但其在模型（1）和模型（3）中未通过显著性水平检验，表明人均资本在讨论批发和零售业集聚以及信息传输、计算机服务和软件业集聚的经济增长效应时对成渝城市群经济增长没有显著影响；Nas、$\ln FDI$ 的系数显著为正，表明这些因素有利于成渝城市群经济增长，结合其系数可知，非农产业增加值比重以及实际使用外资金额每提高 1% 将推动成渝城市群人均 GDP 平均增加 0.0124% 和 0.0326%；$\ln Gov$ 的系数在多数模型中为负且通过 10% 或 5% 显著性水平检验，表明城市一般财政预算支出对成渝城市群经济增长有一定阻碍作用，结合其系数可知，城市一般财政预算支出每提高 1% 将使得成渝城市群人均 GDP 平均下降 0.0453%，但其在模型（6）中未通过显著性水平检验，表明城市一般财政预算支出在讨论租赁和商务服务业集聚的经济增长效应时对成渝城市群经济增长没有显著影响；$\ln Hum$、$\ln RD$、 ln$Road$、ln$Loan$ 的系数未通过显著性水平检验，说明这些因素对成渝城市群经济增长没有显著影响。

表5-13 成渝城市群不同行业生产性服务业集聚影响经济增长 IV-GMM 估计

	模型（1）	模型（2）	模型（3）	模型（4）	模型（5）	模型（6）	模型（7）
Raw	-0.0598 (0.0326)						
$Twap$		-0.0180 (0.0352)					
$Icas$			-0.0267 (0.0351)				
$Finance$				-0.0192 (0.0266)			
Rae					0.0400 (0.0311)		
Lab						0.0416 (0.0419)	
$Stag$							-0.0455 (0.0377)
lnK_p	0.0780 (0.0999)	0.1940* (0.0847)	0.1570 (0.0898)	0.2060* (0.0864)	0.2130* (0.0841)	0.1880* (0.0809)	0.2160* (0.0839)
lnHum	-0.0091 (0.0162)	-0.0171 (0.0171)	-0.0128 (0.0162)	-0.0157 (0.0161)	-0.0205 (0.0167)	-0.0105 (0.0164)	-0.0091 (0.0163)
Nas	0.0149*** (0.0037)	0.0110** (0.0041)	0.0133*** (0.0038)	0.0111** (0.0037)	0.0115*** (0.0035)	0.0131*** (0.0036)	0.0117*** (0.0034)
lnGov	-0.0369* (0.0154)	-0.0393* (0.0178)	-0.0395* (0.0166)	-0.0349* (0.0155)	-0.0347* (0.0154)	-0.0292 (0.0164)	-0.0412** (0.0160)
lnRD	-0.0098 (0.0102)	-0.0086 (0.0114)	-0.0111 (0.0103)	-0.0111 (0.0103)	-0.0107 (0.0103)	-0.0130 (0.0104)	-0.0083 (0.0103)
ln$Road$	-0.0135 (0.0237)	-0.0062 (0.0246)	-0.0077 (0.0241)	0.0027 (0.0241)	0.0059 (0.0239)	0.0046 (0.0239)	-0.0046 (0.0227)
ln$Loan$	0.0285 (0.0197)	0.0227 (0.0200)	0.0301 (0.0215)	0.0166 (0.0218)	0.0245 (0.0195)	0.0255 (0.0195)	0.0117 (0.0216)

续表

	模型（1）	模型（2）	模型（3）	模型（4）	模型（5）	模型（6）	模型（7）
lnFDI	0.0351*** (0.0061)	0.0348*** (0.0071)	0.0342*** (0.0063)	0.0320*** (0.0062)	0.0313*** (0.0062)	0.0312*** (0.0063)	0.0295*** (0.0066)
个体效应	Y	Y	Y	Y	Y	Y	Y
时间效应	Y	Y	Y	Y	Y	Y	Y
N	224	224	224	224	224	224	224
adj. R^2	0.9917	0.9913	0.9916	0.9916	0.9917	0.9917	0.9919
AIC	−678.3	−667.9	−674.4	−675.6	−677	−679.1	−684.6
BIC	−603.3	−592.8	−599.3	−600.6	−601.9	−604.1	−609.5
Hausman	197.01***	378.21***	7616.97***	57.00***	429.35***	778.14***	1014.07***

4. 滇中城市群不同行业生产性服务业集聚影响经济增长分析

采用 IV-GMM 方法估计滇中城市群不同行业生产性服务业集聚对经济增长的影响，结果如表 5 – 14 所示。在该表中，模型（1）—模型（7）分别引入批发和零售业（Raw），交通运输、仓储和邮政业（$Twap$），信息传输、计算机服务和软件业（$Icas$），金融业（$Finance$），房地产业（Rae），租赁和商务服务业（Lab）以及科学研究、技术服务和地质勘查业（$Stag$）。Hausman 检验结果显示，模型（1）—模型（7）均应采用个体时间双固定效应模型，调整 R^2 显示模型拟合度较高。

模型（5）估计结果显示，Rae 的系数为负且通过5%的显著性检验，表明房地产业集聚对滇中城市群经济增长的影响以"拥挤效应"为主，一定程度上阻碍了滇中城市群人均 GDP 的增长，结合 Rae 系数可知，房地产业集聚每增加 1%，则滇中城市群人均 GDP 平均下降 0.0917%。模型（1）—模型（4）以及模型（6）—模型（7）估计结果显示，Raw、$Twap$、$Icas$、$Finance$、Lab、$Stag$ 的系数均未通过显著性检验，表明这六个行业集聚对滇中城市群经济增长没有显著影响。

其他控制变量的系数及意义如下：lnGov 的系数在多数模型中为负且至少通过10%显著性水平检验，表明城市一般财政预算支出对滇中城市群经济增长有一定阻碍作用，结合其系数可知，城市一般财政预算支出每提高 1% 将使得滇中城市群人均 GDP 平均下降 0.1856%，但其在模型（3）和模型（7）中未通过显著性水平检验，表明城市一般财政预算支出在讨论租赁和商务服务业集聚以及科学研究、技术服务和地质勘查业集聚的经济增长效应时对滇中城市群经济增长没有显著影响；ln$Loan$ 的系数在多数模型中为正且通过 10% 显著性水平检验，表明金融机构年末贷款余额的增长有利于推动滇中城市群经济增长，结合其系数可知，金融机构年末贷款余额每提高 1% 将推动滇中城市群人均 GDP 平均增加 0.0897%，但其在模型（3）、模型（4）、模型（5）中未通过显著性水平检验，表明金融机构年末贷款余额在讨论信息传输、计算机服务和软件业集聚，金融业集聚以及房地产业集聚的经济增长效应时对滇中城市群经济增长没有显著影响；ln$Road$ 仅在模型（5）中系数为正且通过 10% 显著性水平检验，表明城市道路面积仅在讨论房地产业集聚的经济增长效应时才对滇中城市群经济增长具有促进作用；lnK_p、lnHum、Nas、lnRD、lnFDI 的系数未通过显著性检验，说明这些因素对滇中城市群经济增长没有显著影响。

表 5-14 滇中城市群不同行业生产性服务业集聚影响经济增长 IV-GMM 估计

	模型（1）	模型（2）	模型（3）	模型（4）	模型（5）	模型（6）	模型（7）
Raw	-0.0638 (0.0364)						
$Twap$		0.0736 (0.0640)					
$Icas$			-0.1830 (0.1293)				
$Finance$				0.2680 (0.1899)			
Rae					-0.0917** (0.0315)		
Lab						-0.0530 (0.0485)	

续表

	模型（1）	模型（2）	模型（3）	模型（4）	模型（5）	模型（6）	模型（7）
Stag							0.2000 (0.1514)
$\ln K_P$	-0.2320 (0.3798)	-0.0450 (0.5212)	-0.4370 (0.4692)	-0.1760 (0.4460)	-0.3070 (0.3590)	-0.3150 (0.3768)	-0.7150 (0.4704)
$\ln Hum$	0.0057 (0.0125)	0.0110 (0.0137)	0.0104 (0.0156)	0.0051 (0.0143)	0.0052 (0.0120)	0.0037 (0.0137)	0.0064 (0.0140)
Nas	-0.0191 (0.0202)	-0.00679 (0.0196)	-0.0359 (0.0345)	-0.00792 (0.0191)	-0.00317 (0.0149)	-0.0162 (0.0242)	-0.0141 (0.0220)
$\ln Gov$	-0.2200** (0.0709)	-0.2010* (0.0784)	-0.0703 (0.1240)	-0.1920* (0.0783)	-0.1560* (0.0687)	-0.1590* (0.0760)	-0.1330 (0.0897)
$\ln RD$	0.0010 (0.0246)	0.0010 (0.0278)	-0.0247 (0.0375)	0.0177 (0.0293)	0.0079 (0.0239)	-0.0045 (0.0258)	-0.0338 (0.0398)
$\ln Road$	0.0422 (0.0296)	0.0439 (0.0353)	0.0437 (0.0372)	0.0380 (0.0357)	0.0617* (0.0258)	0.0520 (0.0293)	0.0419 (0.0346)
$\ln Loan$	0.0732* (0.0361)	0.1240* (0.0529)	0.0843 (0.0456)	0.0430 (0.0497)	0.0482 (0.0369)	0.1220* (0.0499)	0.1240* (0.0499)
$\ln FDI$	-0.0110 (0.0097)	-0.0089 (0.0108)	-0.0065 (0.0125)	-0.0102 (0.0109)	-0.0073 (0.0094)	-0.0034 (0.0110)	-0.0091 (0.0108)
个体效应	Y	Y	Y	Y	Y	Y	Y
时间效应	Y	Y	Y	Y	Y	Y	Y
N	42	42	42	42	42	42	42
adj. R^2	0.9915	0.9892	0.9861	0.9892	0.9919	0.9915	0.9894
AIC	-134.90	-124.70	-114.00	-124.50	-136.90	-134.70	-125.30
BIC	-96.64	-86.52	-75.81	-86.30	-98.66	-96.51	-87.04
Hausman	722.49***	131.29***	42.57***	57.00***	100.40***	50.22***	48.85***

5. 黔中城市群不同行业生产性服务业集聚影响经济增长分析

采用IV-GMM方法估计黔中城市群不同行业生产性服务业集聚对经济增长的影响，结果如表5-15所示。在该表中，模型（1）—模型（7）分别引入批发和零售业（Raw）、交通运输、仓储和邮政业（Twap）、信息传输、计算机服务和软件业（Icas），金融业（Finance），房地产业（Rae），租赁和商务服务业（Lab）以及科学研究、技术服务和地质勘查业（Stag）。Hausman 检验结果显示，模型（1）—模型（7）均应采用个体时间双固定效应模型，调整 R^2 显示模型拟合度较高。

模型（2）估计结果显示，Twap 的系数为负且通过 10% 的显著性检验，表明交通运输、仓储和邮政业集聚对黔中城市群经济增长的影响以"拥挤效应"为主，一定程度上阻碍了黔中城市群人均 GDP 的增长，结合 Twap 系数可知，Twap 每增加 1%，则黔中城市群人均 GDP 平均下降 0.427%。模型（1）以及模型（3）—模型（7）估计结果显示，Raw、Icas、Finance、Rae、Lab、Stag 的系数均未通过显著性检验，表明这六个行业集聚对黔中城市群经济增长没有显著影响。

其他控制变量的系数及意义如下：lnRD 和 lnLoan 在多数模型中系数为负且至少通过 5% 显著性水平检验，表明城市财政科技支出和金融机构年末贷款余额对黔中城市群经济增长有一定阻碍作用，结合其系数可知，城市财政科技支出、金融机构年末贷款余额每提高 1% 将使得黔中城市群人均 GDP 平均下降 0.1180%、0.3944%，但 lnRD 模型（2）、模型（6）和模型（7）中未通过显著性水平检验，表明城市财政科技支出在讨论交通运输、仓储和邮政业集聚，租赁和商务服务业集聚以及科学研究、技术服务和地质勘查业集聚的经济增长效应时对黔中城市群经济增长没有显著影响，Loan 在模型（2）和模型（6）中未通过显著性水平检验，表明金融机构年末贷款余额在讨论交通运输、仓储和邮政业集聚以及租赁和商务服务业集聚的经济增长效应时对黔中城市群经济增长没有显著影响；lnGov 在模型（1）和模型（4）中系数为正且通过 10% 显著性检验，lnRoad 在模型（5）中系数为正且通过 10% 显著性水平检验，lnFDI 在模型（2）中系数为负且通过 10% 的显著性水平检验，而在其他模型中系数估计均不显著，表明城市一般财政预算支出在讨论批发和零售业集聚以及金融业集聚的经济增长效应时才对黔中城市群经济增长具有促进作用，城市道路面积在讨论房地产业集聚的经济增长效应时才对黔中城市群经济增长具有促进作用,而实际使用外资金额仅在讨论交通运输、仓储和邮政业集聚的经济增长效应时才对黔中城市群经济增长具有抑制作用;$\ln K_p$、$\ln Hum$、Nas 的系数未通过显著性检验,说明这些因素对黔中城市群经济增长没有显著影响。

表 5-15　黔中城市群不同行业生产性服务业集聚影响经济增长 IV-GMM 估计

	模型(1)	模型(2)	模型(3)	模型(4)	模型(5)	模型(6)	模型(7)
Raw	-0.1940 (0.1611)						
$Twap$		-0.4270* (0.1785)					
$Icas$			0.0040 (0.1220)				
$Finance$				-0.1480 (0.1658)			
Rae					0.1170 (0.0832)		
Lab						0.3020 (0.5552)	
$Stag$							-0.6650 (0.9747)
$\ln K_p$	-0.0231 (0.2902)	-0.7720 (0.4905)	0.0638 (0.3170)	0.0469 (0.2585)	-0.2190 (0.3355)	-0.4760 (1.0401)	-0.7280 (1.2258)
$\ln Hum$	0.0911 (0.0690)	-0.0463 (0.0858)	0.0526 (0.0615)	0.0662 (0.0583)	-0.0012 (0.0700)	0.1450 (0.1794)	0.1520 (0.1660)
Nas	0.0018 (0.0101)	0.0150 (0.0091)	0.0103 (0.0072)	0.0065 (0.0079)	0.0097 (0.0069)	0.0049 (0.0123)	0.0133 (0.0106)
$\ln Gov$	0.1180* (0.0597)	-0.0232 (0.0943)	0.1190 (0.0647)	0.1110* (0.0558)	0.0692 (0.0671)	0.0346 (0.1673)	0.1130 (0.0794)
$\ln RD$	-0.1240*** (0.0367)	0.0128 (0.0719)	-0.1220*** (0.0358)	-0.1190*** (0.0338)	-0.1070** (0.0364)	-0.0959 (0.0603)	-0.1040 (0.0549)

续表

	模型（1）	模型（2）	模型（3）	模型（4）	模型（5）	模型（6）	模型（7）
$\ln Road$	0.0443 (0.0430)	-0.0381 (0.0644)	0.0695 (0.0413)	0.0674 (0.0349)	0.0815* (0.0371)	0.0613 (0.0407)	-0.0677 (0.2064)
$\ln Loan$	-0.3750*** (0.0703)	-0.0097 (0.1813)	-0.3930*** (0.0767)	-0.3960*** (0.0629)	-0.3370*** (0.0769)	-0.1470 (0.4610)	-0.4710** (0.1434)
$\ln FDI$	-0.0075 (0.0107)	-0.0366* (0.0178)	-0.0076 (0.0104)	-0.0054 (0.0102)	-0.0005 (0.0114)	-0.0010 (0.0164)	-0.0047 (0.0148)
个体效应	Y	Y	Y	Y	Y	Y	Y
时间效应	Y	Y	Y	Y	Y	Y	Y
N	56	56	56	56	56	56	56
adj. R^2	0.9899	0.9848	0.9907	0.9914	0.9908	0.9896	0.9823
AIC	-127.40	-104.80	-132.50	-136.80	-133.10	-126.20	-96.29
BIC	-82.85	-60.29	-87.92	-92.24	-88.53	-81.65	-51.73
Hausman	37.35**	30.30*	382.84***	57.00***	37.67***	36.68**	44.60***

第五节 稳健性检验

为保证实证结果的可靠性，通常需要对实证模型进行稳健性检验。稳健性检验方法包括变量替换法、改变样本容量法、分样本回归法、补充变量法以及改变参数估计法五种。然而，目前有关稳健性检验尚没有统一的标准，也没有明确的说明告诉研究人员要从哪几个角度去进行稳健性检验，因此，需要研究人员结合研究内容进行把握。考虑到工具变量参数估计方法是本章节的关键方法，为进一步验证本章结论的可信度，在此采用传统的 IV-2SLS 方法对表 5-4 所涉及的四个模型进行重新回归，其结果如表 5-16 所示。通过对比可以发现，四个方程不论在系数符号、估计值大小和显著性上都非常相似，这说明本章采用 IV-GMM 方法所得的结论是稳健可信的。限于篇幅，不再报告其他模型的 IV-2SLS 方法检验结果。

表 5-16　不同层级生产性服务业集聚影响经济增长的全样本 IV-2SLS 估计

	模型（1）	模型（2）	模型（3）	模型（4）
APS	-0.09276* (0.0464)			
HPS		-0.1181** (0.0416)		-0.1203** (0.0447)
LPS			-0.0237 (0.0313)	-0.0211 (0.0312)
$\ln K_p$	0.0456* (0.0181)	0.0447* (0.0179)	0.0485** (0.0180)	0.0439* (0.0180)
$\ln Hum$	0.0571*** (0.0148)	0.0598*** (0.0147)	0.0554*** (0.0147)	0.0599*** (0.0148)
Nas	0.0239*** (0.0024)	0.0245*** (0.0023)	0.0239*** (0.0024)	0.0245*** (0.0024)
$\ln Gov$	0.107*** (0.0222)	0.0993*** (0.0222)	0.118*** (0.0221)	0.0993*** (0.0223)
$\ln RD$	0.01 (0.0088)	0.0103 (0.0087)	0.00936 (0.0088)	0.0105 (0.0088)
$\ln Road$	0.0318* (0.0157)	0.0355* (0.0155)	0.0321* (0.0157)	0.0343* (0.0157)
$\ln Loan$	-0.0180 (0.0175)	-0.0179 (0.0172)	-0.018 (0.0174)	-0.0193 (0.0174)
$\ln FDI$	0.0348*** (0.0063)	0.0361*** (0.0062)	0.0331*** (0.0062)	0.0365*** (0.0063)
个体效应	Y	Y	Y	Y
时间效应	Y	Y	Y	Y
N	1078	1078	1078	1078
adj. R^2	0.9623	0.963	0.9625	0.9627
AIC	-1802.6	-1821.1	-1806.6	-1813.1
BIC	-1693	-1711.5	-1697	-1698.5
Hausman	255.66***	66.15**	358.90***	664.27***

第六节 本章小结

本章以长江经济带城市群 2003—2018 年的面板数据为观测样本，通过构建面板数据 IV-GMM 模型，从不同层级、不同行业及不同城市群等视角对本章第一节的假设 5-1 和假设 5-2 进行实证检验，主要结论如下：

第一，从长江经济带城市群整体来看：生产性服务业总体、高端生产性服务业以及金融业集聚对长江经济带城市群经济增长存在显著负向影响；低端生产性服务业以及其他行业对长江经济带城市群经济增长没有显著影响。

第二，从长江经济带城市群差异来看：（1）长三角城市群不同层级生产性服务业集聚，及行业层面的批发和零售业，交通运输、仓储和邮政业，金融业和房地产业集聚都对该地区经济增长存在显著负向影响；（2）长江中游城市群不同层级生产性服务业集聚对该地区经济增长没有显著影响，行业层面仅金融业集聚显著负向影响该地区经济增长；（3）成渝城市群不同层级及不同行业生产性服务业集聚都没有显著影响该地区经济增长；（4）滇中城市群生产性服务业总体、低端生产性服务业，以及房地产业集聚都显著负向影响该地区经济增长；（5）黔中城市群仅低端生产性服务业集聚对该地区经济增长有显著负向影响。除此之外，各个城市群其他层级或其他行业集聚都没有显著影响到相应地区经济增长。

第三，从生产性服务业集聚对经济增长影响的程度来看：就长江经济带城市群整体而言，生产性服务业集聚与金融业集聚对经济增长的影响显著小于高端生产性服务业；就不同城市群而言，不同层级或不同行业生产性服务业集聚对相应城市群经济增长的影响存在显著差异，其中滇中城市群的低端生产性服务业集聚对该地区经济增长影响最大，而长江中游城市群的金融业集聚对该地区影响程度最小。

第四，从假说验证结果来看，上述结论与假设 5-1 存在一定出入，但验证了假设 5-2。对假设 5-1 而言，上述结论表明不是所有层级或所有行业生产性服务业集聚都显著影响经济增长，故与假设 5-1 并非完全一致。对假设 5-2 而言，上述结论从长江经济带城市群整体和各个城市群分析的结论都表明，不同层级、不同行业生产性服务业集聚对经济增长的影响存在显著不同，故假设 5-2 得到验证。

第六章　长江经济带城市群生产性服务业集聚影响经济增长的门限效应分析

第五章的结论显示，长江经济带城市群生产性服务业集聚是否影响经济增长以及影响的程度与生产性服务业的层级和行业有密切关系，并且在不同城市群之间表现出显著差异。这种结论上的差异提示需要对核心解释变量进行更为细致的研究，我们推测长江经济带城市群生产性服务业集聚与经济增长之间可能并非传统的线性关系，而是非线性的。正是这种非线性关系导致特定层级或行业的集聚变量系数估计值、符号方向和显著性方面出现差异。"门限效应"模型就是面板回归方程中常用的非线性估计模型。就本书研究而言，所谓门限效应，是指长江经济带城市群不同层级或不同行业对经济增长的影响可能存在某一"阈值"，在该阈值前后，生产性服务业集聚对相应地区经济增长的边际作用系数将变得更大或更小，甚至其作用方向都会相反。

那么，长江经济带城市群生产性服务业集聚对经济增长的影响是否存在门限效应？如果存在，不同层级、不同行业和不同城市群的生产性服务业集聚经济增长的效应是否存在显著差异？本章将继续使用长江经济带城市群各个城市的面板数据，估计生产性服务业区位熵的门限值，并构建面板门限模型，从长江经济带总体城市群到局部城市群，从不同层级到不同行业的思路进行层层验证，以期能为中国城市生产性服务业集聚的差异化发展及其相应产业政策的制定提供一定参考，进而推动生产性服务业集聚经济的差异化发展。本章分析逻辑思路如图 6-1 所示。

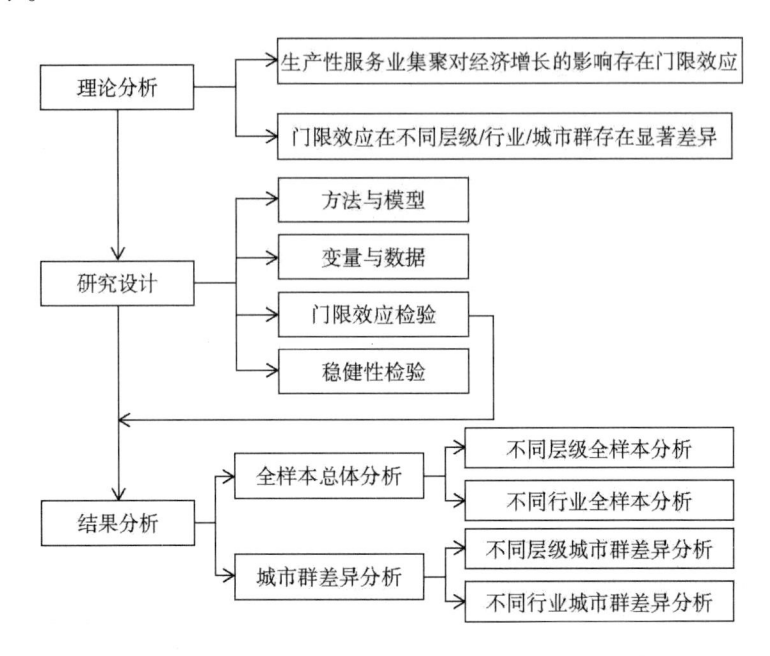

图 6-1 长江经济带城市群生产性服务业集聚影响
经济增长的门限效应分析逻辑

第一节 研究假设

为了初步确定上述推测的合理性，笔者查阅了以产业集聚与经济增长关系为研究主题的相关文献，发现产业集聚对生产率影响的门限效应普遍存在。Futagami 和 Ohkusa（2003）构建了一个新的包含横向产品差异化和纵向产品差异化的混合 CES 生产函数模型，通过数值模拟发现用人口数量表征的市场规模对经济增长率具有"U"形影响，市场规模过大或者过小均不利于地区经济增长。Au 和 Henderson（2006）利用1990—1997 年中国城市层面面板数据实证检验了城市规模与人均实际工资的关系，结果发现二者呈现出显著的倒"U"形关系，经济集聚规模过大或者过小对经济增长均有负面影响,且在样本期里绝大多数中国城市规模并未发挥出最佳的经济集聚效应。

国内研究方面,谢品(2013)构建了 2006—2009 年江西省地级市面板数据,实证考察了产业集聚、地区专业化对地区经济增长的影响。考察发现,二者对地区经济增长均具有显著的倒"U"形影响,产业集聚和地区专业化程度过高或者过低都不利于地区经济增长。张云飞(2014)构建了 2003—2011 年山东半岛城市群制造业行业面板数据,采用系统广义矩估计方法对城市群内产业集聚和经济增长的关系进行了实证考察。研究发现,二者之间存在着显著的倒"U"形关系,随着集聚水平的提高,地区经济增长水平也会相应提升;但是当集聚水平超过临界值,进而产生拥挤效应时,地区经济增长反而会受其负向影响。于斌斌(2015)利用 2003—2011 年中国十大城市群的面板数据,采用动态 GMM 估计方法研究了产业集聚对经济效率的门槛效应,研究发现,产业专业化集聚对于没有跨越经济发展水平门限值的城市群经济效率具有明显的阻滞作用,而对其他门限作用下的城市群没有显著影响;产业多样化集聚对跨越城市群规模门限和处于所有经济发展水平阶段的城市群经济效率具有显著的正向影响,但对其他门限作用下的城市群的影响不显著。惠炜和韩先锋(2016)利用 2003—2013 年 30 个省份面板数据,研究生产性服务业集聚对劳动生产率的影响,结果表明,生产性服务业集聚效应对劳动生产率有着显著的正向边际效率递减。马昱等(2020)基于 2009—2017 年 30 个省市的面板数据,采用面板平滑转换回归模型探索了高技术产业集聚和技术创新效率与经济高质量发展的非线性关系,研究发现,高技术产业集聚对经济发展数量和经济发展质量的影响均具有门限效应,且在门限值前后,高技术产业集聚对经济发展数量和经济发展质量的影响由阻碍改为促进。

基于上述分析,提出如下研究假设:

假设 6-1:长江经济带城市群生产性服务业集聚影响经济增长具有门限效应。

假设 6-2：不同层级、不同行业、不同城市群的生产性服务业集聚影响经济增长的门限效应存在差异。

第二节 研究设计

一 研究方法

本章旨在分析长江经济带城市群生产性服务业集聚影响经济增长的非线性关系，并找出影响这种非线性关系的门限变量及其相应的门限值。为此，本章首先以 Hansen 提出的门限模型（Threshold Regression）为蓝本，并结合本章的研究对象来构建待检验的具体面板门限模型；其次，遵循 Hansen（1999）门限模型参数估计的基本思路，对构建的面板门限模型求解出门限估计值；最后，将求出的门限值代入改善的面板门限模型，选择合适的回归方法逐步进行回归。

在估计方法的选取上，结合本章的具体研究内容，将主要使用 NLS 和 GMM 两种估计方法。其中，NLS 主要用于估计门限模型的门限值，GMM 主要用于门限值求解后的门限模型参数估计。之所以使用 GMM 方法估计门限模型参数，主要是考虑到模型的内生性问题。由于本章构建的面板门限模型仍以第五章的模型为基础，而其内生性问题依然存在，且本章样本是 77 个城市 16 年的面板数据，异方差现象难以避免。所以，相对于 NLS 估计，GMM 更适用于本章模型。

二 模型构建

本章的主要目的是通过构建面板门限模型来检验长江经济带城市群生产性服务业集聚经济增长的门限效应，因此，面板门限模型的构建是研究的基础和关键，而门限效应的检验却是进一步实证分析的桥梁和纽带。

(一) 门限模型的构建

Hansen (1999) 正式提出并构建了门限模型,并对门限值的参数估计与假设检验进行了严格的统计推断。

对于面板数据 $\{y_{it}, x_{it}, q_{it}: 1 \leq i \leq n, 1 \leq t \leq T\}$,其中 i 表示个体,t 表示时间,Hansen (1999) 考虑了固定效应门限回归模型:

$$\begin{cases} y_{it} = \mu_i + \beta_1' x_{it} + \varepsilon_{it}, & 若 q_{it} \leq \gamma \\ y_{it} = \mu_i + \beta_2' x_{it} + \varepsilon_{it}, & 若 q_{it} > \gamma \end{cases} \quad (6-1)$$

其中,y_{it}、x_{it}、q_{it} 分别表示被解释变量、解释变量和门限变量(可以是解释变量 x_{it} 的一部分),γ 为待估的门限值,扰动项 ε_{it} 是独立同分布的。假设解释变量 x_{it} 为外生变量,与扰动项 ε_{it} 不相关,使用示性函数 $I(\cdot)$,可以将上述单一门限的固定效应回归模型更简洁地表示如下:

$$y_{it} = \mu_i + \beta_1' x_{it} \cdot 1(q_{it} \leq \gamma) + \beta_2' x_{it} \cdot 1(q_{it} > \gamma) + \varepsilon_{it} \quad (6-2)$$

类似地,如果需要同时考虑两个或两个以上的门限值,则可建立包含两个或两个以上门限值的更一般的门限模型。例如,假设两个门限值分别为 γ_1、γ_2,且 $\gamma_1 < \gamma_2$,则其门限方程为:

$$y_{it} = \mu_i + \beta_1' x_{it} \cdot 1(q_{it} \leq \gamma_1) + \beta_2' x_{it} \cdot 1(\gamma_1 < q_{it} \leq \gamma_2) \\ + \beta_3' x_{it} \cdot 1(\gamma_2 < q_{it}) + \varepsilon_{it} \quad (6-3)$$

对于上述模型,均可采用 NLS 来估计,并常需通过两步来实现残差平方和的最小化,但在估计前要对上述各式进行离差变换,即去除组内均值。首先,在变量值域范围内任意给定 γ 的取值(最多有 nT 个可能值),用 OLS 对去除组内均值的式 (6-1) 进行一致估计即可得到相应的估计系数 $\hat{\beta}(\gamma)$ 及残差平方和 $SSR(\gamma)$。其次,在所求系列残差平方和 $SSR(\gamma)$ 中,其值最小所对应的 γ 取值,即为门限估计值 $\hat{\gamma}$。如果存在两个或两个以上的门限值,则通常在固定第一个门限值的基础上再根据上述思路求解第二个门限值,并在固定第二个门限值的基础上反过来验证第一个门限值及求解第三个门限值,以此类推,理论上可求出三个及以上的门限值。最后,将求出的门限值代入式 (6-2),即可转化为一般的线性回归模型,进而可得到估计系数 $\hat{\beta}(\hat{\gamma})$。需要说明的是，上述面板数据模型仅适用于固定效应的情形，不适用于随机效应和动态面板，且该模型要求所有解释变量均为外生变量。

依据上述分析，本章以生产性服务业集聚作为门限变量，将第五章的经典回归模型转化为非线性模型，拓展形式如下：

$$\ln PGDP_{it} = \mu_i + \beta_1' aggI(agg \leq \gamma) + \beta_2' aggI(agg > \gamma)$$

$$+ \sum_{j=1}^{n} \gamma_j control_{it} + \varepsilon_{it} \quad (6-4)$$

式（6-4）中，$\ln PGDP_{it}$为被解释变量，表示实际人均地区生产总值的对数；$I(\cdot)$表示示性函数，γ表示所需要的估计的门限值；agg既是解释变量也是门限变量，$control_{it}$为系列控制变量，agg和$control_{it}$与第五章定义相同；下标i和t分别表示第i个城市和第t年（$2003 \leq t \leq 2018$）。

（二）门限效应的检验

对于采用上述两步法求解出的门限值，通常需要对其进行两个方面的检验，即门限效应的存在性与真实性检验。对于门限效应的存在性检验，可根据原假设"$H_0: \beta_1 = \beta_2$"及相应备择假设"$H_1: \beta_1 \neq \beta_2$"，对如下 F 统计量进行检验：

$$F = \frac{SSR^* - SSR(\hat{\gamma})}{\hat{\sigma}^2} \quad (6-5)$$

式（6-5）中，SSR^*、$SSR(\hat{\gamma})$分别为原假设H_0和备择假设H_1对应的残差平方和，$\hat{\sigma}^2 \equiv SSR(\hat{\gamma})/n(T-1)$为对扰动项的一致估计。但是，上述 F 统计量的渐近分布并非标准的χ^2分布，无法根据其样本矩求出对应的临界值。对此，Hansen（1999）指出，可采用自主抽样法（Bootstrap）来求解相应的临界值，并根据临界值计算出相应的 P 值（经验 P 值），从而可作出是否拒绝原假设的决定。例如，如果 P 值小于 0.05，则说明在 5% 的显著性水平上应该拒绝H_0而接受H_1，即存在门限效应。

门限效应的真实性检验建立在门限效应存在性检验的基础上，即如

果上述检验拒绝 H_0 而接受 H_1，则认为存在门限效应，因此应该进一步对其进行真实性检验。对此，可根据原假设 "$H_0: \hat{\gamma} = \gamma_0$" 及相应备择假设 "$H_1: \hat{\gamma} \neq \gamma_0$" 对如下似然比统计量进行检验：

$$LR(\gamma) = \frac{[SSR(\gamma) - SSR(\hat{\gamma})]}{\hat{\sigma}^2} \quad (6-6)$$

虽然 $LR(\gamma)$ 的渐进分布同样不是标准的 χ^2 分布，但可以根据其累积分布函数 $(1-e^{-x/2})^2$ 来直接计算其临界值。这样就可以进一步利用式（6-6）构建的统计量 $LR(\gamma)$ 来求出 $\hat{\gamma}$ 的置信区间。根据相应置信水平下的置信区间，可对门限值的真实性进行判断。一般来说，置信水平越高，且置信区间越小，门限值越有效。

（三）基于内生性视角的模型改善

门限变量的估计值通过上述存在性和真实性检验后，就可以代入面板门限模型进行参数估计。从既有文献来看，参数估计模型包括沿用原有门限模型回归、以门限为界分组回归以及以门限值生成虚拟变量后引入交乘项回归三种处理方法。为更好地解决变量的内生性问题，本章参考李梅和柳士昌（2012）和吴先福（2017）的思路，选择第三种方法进行参数估计，即根据前述所求的门限值，将式（6-4）调整为：

$$\ln PGDP_{it} = \mu_i + \beta_1' agg \cdot D + \beta_k \cdot IV(L.agg \quad L2.agg)$$
$$+ \sum_{j=1}^{n} \gamma_j control_{it} + \varepsilon_{it} \quad (6-7)$$

式（6-7）中，D 为存在一个门限值下依次生成的虚拟变量，假如只存在两个或三个门限变量则生成两个或三个虚拟变量，以此类推；IV 表示括号内为工具变量，$L.agg$、$L2.agg$ 分别表示核心解释变量 agg 的一阶、二阶滞后项；其他变量的含义同式（6-4）。

三 变量选取

本章关注长江经济带生产性服务业集聚对经济增长的非线性影响，

因此选择生产性服务业作为门限变量，在具体模型中包括：生产性服务业总体（APS）、高端生产性服务业（HPS）、低端生产性服务业（LPS）；批发和零售业（Raw），交通运输、仓储和邮政业（Twap），信息传输、计算机服务和软件业（Icas），金融业（Finance），房地产业（Rae），租赁和商务服务业（Lab）以及科学研究、技术服务和地质勘查业（Stag），共 10 个具体指标。

此外，本章被解释变量（经济增长）仍然延续第五章的做法，采用实际人均地区生产总值的对数作为代理变量，符号为 $\ln PGDP_{it}$，核心解释变量（生产性服务业）与门限变量相同，控制变量依然延续第五章的做法，包括人均资本存量（$\ln K_p$）、人力资本（$\ln Hum$）、产业结构（Nas）、政府规模（$\ln Gov$）、科技投入（$\ln RD$）、基础设施（$\ln Road$）、金融发展（$\ln Loan$）和外资依赖度（$\ln FDI$）等。本章研究样本依然为 2004—2018 年长江经济带城市群的 77 个地级市，使用数据与处理方法，与第五章一致，在此不再赘述。

第三节 实证结果与分析

本章的实证分析遵循如下思路：首先，采用 NLS 对式（6-4）进行门限值估计，并对门限估计值进行存在性和真实性检验。在估计过程中，将所有样本分成 400 个格栅，并针对式（6-4）的检验均采用自助抽样法（Bootstrap）抽样 1000 次；在门限值的备选值域中，一般从大到小或从小到大删除首尾 1% 的候选值，如果所求门限值偏高或偏低，则删除 2% 的候选值，以此类推，但最多不超过 5%。其次，根据门限值生成虚拟变量：当检验变量存在一个门限值时，生成一个虚拟变量；当检验变量存在两个门限值时，生成两个虚拟变量，并以此类推。最后，将虚拟变量与门限变量交乘项引入方程式（6-7），采用 GMM 进行参数估计，进一步结合门限估计值对回归结果进行分析。

一 生产性服务业集聚影响经济增长门限效应的全样本分析

(一) 不同层级生产性服务业集聚影响经济增长门限效应的全样本分析

表6-1展示了长江经济带城市群不同层级生产性服务业集聚影响经济增长的门限效应估计结果。该表中门限个数的确定以式 (6-3) 为估算依据，每重门限检验均采用自抽样法 (Bootstrap) 连续抽样1000次。由表6-1可知，生产性服务业总体 (APS)、低端生产性服务业 (LPS) 的单一门限检验分别在1%、5%的显著性水平上显著，双重门限和三重门限均未通过显著性检验，而高端生产性服务业 (HPS) 的单一门限、双重门限和三重门限均未通过显著性检验。这表明，生产性服务业总体和低端生产性服务业应该选择单一门限进行门限模型参数估计，而高端生产性服务业不存在门限效应，无须进行门限模型参数估计。

表6-1 长江经济带城市群不同层级生产性服务业集聚影响经济增长的门限效应估计

门限变量	门限数	F 值	P 值	临界值		
				10%	5%	1%
APS	单一门限	33.85***	0.0090	20.3909	23.6372	31.6310
	双重门限	14.83	0.213	18.3993	21.7665	28.6713
	三重门限	10.81	0.48	20.8912	26.1846	37.702
HPS	单一门限	13.46	0.29	18.9503	22.1976	28.1068
	双重门限	6.76	0.696	15.9212	18.4725	25.7153
	三重门限	6.16	0.682	13.6494	16.265	21.9613
LPS	单一门限	19.52**	0.0420	16.3998	18.9766	26.5573
	双重门限	10.08	0.2870	14.0551	17.0634	22.1992
	三重门限	3.79	0.8250	12.2235	14.3654	21.9096

注：P值与临界值均为采用Bootstrap法反复抽样1000次得到的结果。

表6-2展示了长江经济带城市群不同层级生产性服务业的全样本门限估计值及其置信区间。本章根据式(6-6)估算门限变量估计值的置信区间，在置信区间内，当 $LR(\gamma)=0$ 时，其所对应的门限变量取值即为门限变量估计值。进一步地，本章绘制了门限变量(横轴)与 $LR(\gamma)$ 统计量(纵轴)间的关系图，如图6-2所示。在该图中，门限变量置信区间是 $LR(\gamma)$ 曲线与水平虚线相交形成的线段，门限变量的估计值为 $LR(\gamma)$ 曲线与零值水平线相交对应的横轴值。

表6-2　长江经济带城市群不同层级生产性服务业全样本门限估计值及其置信区间

门限变量	模型	门限估计值	95%的置信区间	
			下限	上限
APS	单一门限	0.5641	0.5557	0.5656
LPS	单一门限	0.4569	0.4437	0.4604

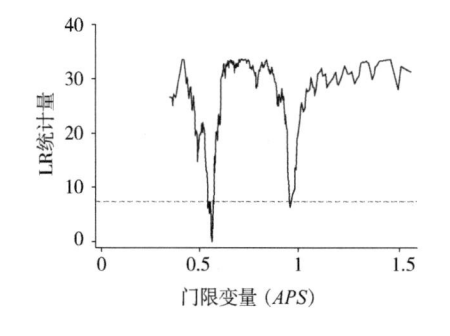

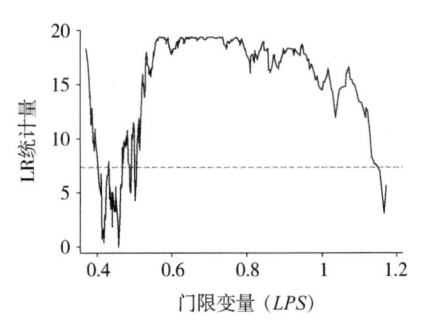

图6-2　长江经济带城市群 APS 和 LPS 的门限值及其置信区间

根据上述门限效应检验结果，将表6-2中估计的门限值分别代入式(6-7)，D1表示 APS 和 HPS 大于门限值取值为1的虚拟变量，D2表示 APS 和 HPS 小于门限值为1的虚拟变量。考虑到 APS 和 HPS 为内生变量，沿用第五章思路将滞后两阶变量 $L(1/2).APS$、$L(1/2).HPS$ 作为工具变量引入式(6-7)。最后，采用 IV-GMM 方法回归估计，结果如表 6-3 所示。Hansen 检验值表明模型使用的工具变量均是有效的，Sargan P 显示工具变量均没有过度识别，① 调整 R^2 显示模型拟合度较高。

模型（1）和模型（2）的估计结果显示，生产性服务业总体在 10% 显著性水平上对经济增长存在显著门限效应，当生产性服务业总体的区位熵跨越门限值时，其对经济增长的影响由促进转为阻碍。具体来看，当 $APS \leqslant 0.5641$ 时，生产性服务业总体区位熵每提高 1%，则长江经济带城市群人均 GDP 增加 0.2530%；当 $APS > 0.5641$ 时，生产性服务业总体区位熵每提高 1%，则长江经济带城市群人均 GDP 下降 0.0679%。结合表 5-4 模型（1）估计结果可知，尽管生产性服务业总体显著负向影响长江经济带城市群经济增长，但门限值前后对经济增长的作用却互为反向，且对经济增长的促进作用约为阻碍作用的 4 倍。

模型（3）和模型（4）的估计结果显示，低端生产性服务业影响经济增长的门限效应没有通过显著性检验，这表明低端生产性服务业跨越门限值时，其对经济增长的影响没有发生改变。结合表 5-4 模型（3）估计结果可知，低端生产性服务业对长江经济带经济增长没有影响。

模型（1）—模型（4）中控制变量系数符号基本一致，仅系数估计值或显著性有微小差异。这表明，对长江经济带城市群 APS、HPS 进行门限效应模型回归未显著影响控制变量影响经济增长的作用方向及影响程度。对比表 5-4 中模型估计结果可以看出，控制变量系数估计值、显著性以及符号方向基本一致，这表明门限效应的估计对控制变量并未造成显著影响。但考虑到门限效应的存在性已经得到验证，控制变量系数估计结果仍应以表 6-3 估计结果为准。有关控制变量的含义，可参考表 5-4 的说明，这里不再赘述。

---

① 模型（3）在 5% 显著性水平上不拒绝原假设。

表6-3 不同层级生产性服务业集聚影响经济增长门限效应的全样本回归结果

变量	模型（1）	模型（2）	模型（3）	模型（4）
$D1 \cdot agg$	-0.0679* (0.0336)		-0.0194 (0.0242)	
$D2 \cdot agg$		0.2530* (0.1249)		0.0990 (0.1053)
$\ln K_p$	0.0402* (0.0184)	0.0251 (0.0216)	0.0479** (0.0180)	0.0458* (0.0182)
$\ln Hum$	0.0561*** (0.0147)	0.0538*** (0.0148)	0.0558*** (0.0147)	0.0576*** (0.0148)
Nas	0.0244*** (0.0023)	0.0258*** (0.0025)	0.0239*** (0.0023)	0.0242*** (0.0023)
$\ln Gov$	0.1040*** (0.0220)	0.0972*** (0.0228)	0.1070*** (0.0221)	0.1040*** (0.0223)
$\ln RD$	0.0098 (0.0087)	0.0093 (0.0088)	0.0097 (0.0088)	0.0110 (0.0089)
$\ln Road$	0.0311* (0.0155)	0.0293 (0.0158)	0.0322* (0.0157)	0.0326* (0.0155)
$\ln Loan$	-0.0133 (0.0171)	0.0007 (0.0186)	-0.0140 (0.0172)	-0.0098 (0.0175)
$\ln FDI$	0.0344*** (0.0062)	0.0335*** (0.0062)	0.0329*** (0.0062)	0.0321*** (0.0061)
N	1078	1078	1078	1078
adj. R^2	0.9630	0.9623	0.9626	0.9632
AIC	-1821.4	-1803.2	-1812.1	-1826.9
BIC	-1711.8	-1693.6	-1702.5	-1717.3
Hansen 检验值	236.073***	41.179***	319.955***	76.697***
Sargan P	0.6199	0.6762	0.0956	0.1080

注：$D1 \cdot agg$ 表示虚拟变量与门限变量的交乘项，其他与此含义相同。

（二）不同行业生产性服务业集聚影响经济增长门限效应的全样本分析

表6-4展示了长江经济带城市群不同行业生产性服务业集聚影响

经济增长的门限效应估计结果。该表中门限个数的确定以式（6-3）为估算依据，每重门限检验均采用自抽样法（Bootstrap）连续抽样 1000 次。由表 6-4 可知，批发和零售业（Raw）、金融业（$Finance$）的单一门限检验分别在 5%、10% 的显著性水平上显著，但双重门限和三重门限均未通过显著性检验；其他生产性服务业单一门限、双重门限和三重门限均未通过显著性检验。这表明，批发和零售业、金融业应该选择单一门限进行门限模型参数估计，而其他生产性服务业不存在门限效应，无须进行门限模型参数估计。

表 6-4　长江经济带城市群不同行业生产性服务业集聚影响经济增长的门限效应估计

门限变量	门限数	F 值	P 值	临界值 10%	临界值 5%	临界值 1%
Raw	单一门限	24.02**	0.0250	16.3390	20.3348	28.0055
Raw	双重门限	13.58	0.119	14.0625	15.9855	21.5071
Raw	三重门限	5.02	0.845	16.4251	19.4886	24.0367
$Twap$	单一门限	8.02	0.56	18.5906	21.6607	27.5059
$Twap$	双重门限	4.65	0.769	12.9680	15.4044	20.7273
$Twap$	三重门限	4.57	0.78	12.4212	14.7347	19.5400
$Icas$	单一门限	7.68	0.582	16.1970	19.2843	25.8551
$Icas$	双重门限	6.52	0.473	11.4108	13.5220	18.4904
$Icas$	三重门限	4.87	0.775	14.6471	17.3447	23.9046
$Finance$	单一门限	19.11*	0.0900	18.5423	22.1030	32.0426
$Finance$	双重门限	2.91	0.965	15.1709	17.5615	23.5481
$Finance$	三重门限	4.97	0.754	14.3948	17.0756	23.3258
Rae	单一门限	3.39	0.961	18.6299	22.0158	31.3276
Rae	双重门限	5.38	0.705	13.0334	14.9648	18.6735
Rae	三重门限	3.21	0.923	13.0407	15.4445	20.0825
Lab	单一门限	5.17	0.863	18.5713	21.8985	28.9448
Lab	双重门限	12.14	0.112	12.4227	14.3831	20.8564
Lab	三重门限	7.60	0.503	14.2591	17.1151	22.2180

续表

门限变量	门限数	F 值	P 值	临界值 10%	5%	1%
Stag	单一门限	15.46	0.189	18.4493	21.8967	28.9704
	双重门限	4.83	0.864	15.2177	18.1008	23.9872
	三重门限	7.11	0.633	17.0574	20.7323	29.1987

注：P 值与临界值均为采用 Bootstrap 法反复抽样 1000 次得到的结果。

表 6-5 展示了长江经济带城市群不同层级生产性服务业的全样本门限估计值及其置信区间。根据式（6-6）估算门限变量估计值的置信区间，在置信区间内，当 $LR(\gamma)=0$ 时，其所对应的门限变量取值即为门限变量估计值。进一步地，本章绘制了门限变量（横轴）与 $LR(\gamma)$ 统计量（纵轴）间的关系图，如图 6-3 所示。在该图中，门限变量置信区间是 $LR(\gamma)$ 曲线与水平虚线相交形成的线段，门限变量的估计值为 $LR(\gamma)$ 曲线与零值水平线相交对应的横轴值。

表 6-5 长江经济带城市群不同行业生产性服务业门限估计值及其置信区间

门限变量	模型	门限估计值	95% 的置信区间 下限	上限
Raw	单一门限	1.1067	1.0783	1.1078
Finance	单一门限	0.5050	0.5048	0.5064

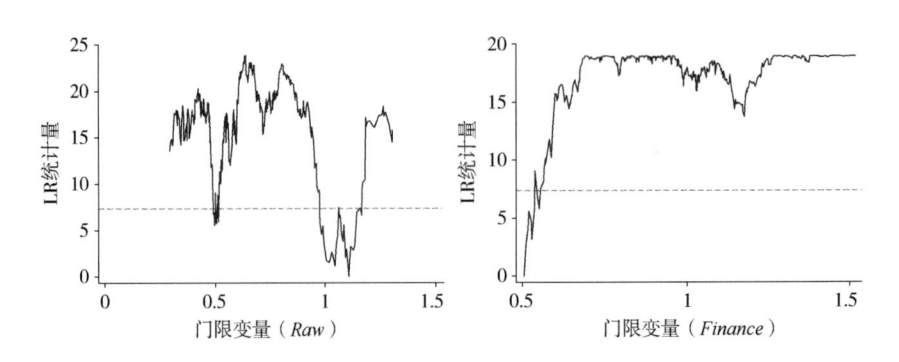

图 6-3 长江经济带城市群 Raw 和 Finance 的门限值及其置信区间

根据上述门限效应检验结果，将表6-5中估计的门限值分别代入式（6-7），D1表示 Raw 和 Finance 大于门限值取1的虚拟变量，D2表示 Raw 和 Finance 小于门限值取1的虚拟变量。考虑到 Raw 和 Finance 为内生变量，沿用第五章思路将滞后两阶变量 $L(1/2).Raw$、$L(1/2).Finance$ 作为工具变量引入式（6-7）。最后，采用IV-GMM方法回归估计，结果如表6-6所示。Hansen检验值表明模型使用的工具变量均是有效的，Sargan P显示工具变量均没有过度识别，调整 R^2 显示模型拟合度较高。

模型（1）和模型（2）的估计结果显示，批发和零售业影响经济增长的门限效应没有通过显著性检验，这表明批发和零售业跨越门限值时，其对经济增长影响没有发生改变。结合第五章表5-5模型（1）估计结果可知，批发和零售业对长江经济带经济增长没有影响。

模型（3）和模型（4）的估计结果显示，金融业在1%显著性水平上对经济增长存在显著门限效应，当金融业区位熵跨越门限值时，其对经济增长的影响由促进转为阻碍。具体来看，当 $Finance \leq 0.5050$ 时，金融业区位熵每提高1%，则长江经济带城市群人均GDP增加0.7250%；当 $Finance > 0.5050$ 时，金融业区位熵每提高1%，则长江经济带城市群人均GDP下降0.082%。结合表5-5模型（4）估计结果可知，尽管金融业显著负向影响长江经济带城市群经济增长，但门限值前后对经济增长的作用却互为反向，且对经济增长的促进作用约为阻碍作用的9倍。

模型（1）—模型（4）中控制变量系数估计值、显著性以及符号方向基本一致，这表明，对长江经济带城市群 Raw、Finance 进行门限效应模型回归未显著影响控制变量影响经济增长的作用方向及影响程度。对比表5-5相应模型估计结果可以看出，控制变量系数估计值、显著性以及符号方向基本一致，这表明门限效应的估计对控制变量并未造成显著影响。但考虑到门限效应的存在性已经得到验证，控制变量系数估计结果应以表6-6估计结果为准。有关控制变量的含义，可参考表5-5的说明，这里不再赘述。

表6-6　长江经济带城市群不同行业生产性服务业集聚
影响经济增长的门限效应回归结果

变量	模型（1）	模型（2）	模型（3）	模型（4）
$D1 \cdot agg$	-0.0149 (0.0206)		-0.0820*** (0.0221)	
$D2 \cdot agg$		0.0788 (0.1340)		0.7250*** (0.2179)
$\ln K_p$	0.0496** (0.0180)	0.0542** (0.0202)	0.0500** (0.0177)	0.0504** (0.0188)
$\ln Hum$	0.0546*** (0.0148)	0.0505** (0.0172)	0.0509*** (0.0146)	0.0515*** (0.0155)
Nas	0.0240*** (0.0024)	0.0240*** (0.0024)	0.0243*** (0.0023)	0.0241*** (0.0025)
$\ln Gov$	0.1080*** (0.0221)	0.1050*** (0.0232)	0.1040*** (0.0218)	0.1040*** (0.0232)
$\ln RD$	0.0097 (0.0088)	0.0094 (0.0090)	0.0082 (0.0087)	0.0147 (0.0094)
$\ln Road$	0.0318* (0.0158)	0.0338* (0.0160)	0.0292 (0.0154)	0.0444** (0.0167)
$\ln Loan$	-0.0177 (0.0183)	-0.0308 (0.0345)	-0.0170 (0.0170)	-0.0104 (0.0181)
$\ln FDI$	0.0321*** (0.0062)	0.0303*** (0.0076)	0.0377*** (0.0062)	0.0327*** (0.0065)
N	1078	1078	1078	1078
adj. R^2	0.9623	0.9606	0.9635	0.9588
AIC	-1803.3	-1754.2	-1838.1	-1705.7
BIC	-1693.6	-1644.6	-1728.5	-1596.1
Hansen 检验值	226.624***	15.228***	374.808***	52.630***
Sargan P	0.1552	0.1485	0.5340	0.2244

注：$D1 \cdot agg$ 表示虚拟变量与门限变量的交乘项，其他与此含义相同。

二 生产性服务业集聚影响经济增长门限效应的城市群差异分析

(一) 不同层级生产性服务业集聚影响经济增长的门限效应的城市群差异分析

1. 长三角城市群不同层级生产性服务业集聚影响经济增长的门限效应

表 6-7 展示了长三角城市群不同层级生产性服务业集聚影响经济增长的门限效应估计结果。该表中门限个数的确定以式 (6-3) 为估算依据，每重门限检验均采用自抽样法 (Bootstrap) 连续抽样 1000 次。由表 6-7 可知，生产性服务业总体 (APS)、高端生产性服务业 (HPS) 的单一门限检验均在 5% 的显著性水平上显著，双重门限和三重门限未通过显著性检验；而低端生产性服务业 (LPS) 的单一门限、双重门限分别在 1%、10% 的显著性水平上显著，但三重门限未通过显著性检验。这表明，生产性服务业总体和高端生产性服务业应该选择单一门限进行门限模型参数估计，而低端生产性服务业应该选择单一门限和双重门限分别进行门限模型参数估计。

表 6-7 长三角城市群不同层级生产性服务业集聚影响经济增长的门限效应估计

门限变量	门限数	F 值	P 值	临界值 10%	临界值 5%	临界值 1%
APS	单一门限	25.10**	0.0140	16.4809	19.3556	26.1246
APS	双重门限	5.66	0.7580	16.98	20.9037	29.571
APS	三重门限	6.72	0.5490	15.0234	18.4396	24.6549
HPS	单一门限	26.03**	0.0110	15.8791	18.9802	27.4215
HPS	双重门限	14.44	0.1040	14.6959	19.3487	28.3165
HPS	三重门限	6.71	0.8300	21.9907	24.9616	33.4203

续表

门限变量	门限数	F 值	P 值	临界值 10%	临界值 5%	临界值 1%
LPS	单一门限	29.07***	0.0010	15.1979	18.4544	24.1305
LPS	双重门限	14.51*	0.0810	13.8716	16.1984	22.5616
LPS	三重门限	4.08	0.9680	20.4427	24.4051	31.4109

注：P 值与临界值均为采用 Bootstrap 法反复抽样 1000 次得到的结果。

表 6-8 展示了长三角城市群不同层级生产性服务业的全样本门限估计值及其置信区间。根据式（6-6）估算门限变量估计值的置信区间，在置信区间内，当 $LR(\gamma)=0$ 时，其所对应的门限变量取值即为门限变量估计值。进一步，本章绘制了门限变量（横轴）与 $LR(\gamma)$ 统计量（纵轴）间的关系图，如图 6-4 所示。在该图中，门限变量置信区间是 $LR(\gamma)$ 曲线与水平虚线相交形成的线段，门限变量的估计值为 $LR(\gamma)$ 曲线与零值水平线相交对应的横轴值。

表 6-8 长三角城市群不同层级生产性服务业全样本门限估计值及其置信区间

门限变量	模型	门限估计值	95%的置信区间 下限	95%的置信区间 上限
APS	单一门限	0.4476	0.4367	0.4533
HPS	单一门限	0.5090	0.4860	0.5342
LPS	单一门限	0.4364	0.4315	0.4365
LPS	双重门限	0.4364	0.4315	0.4365
LPS	双重门限	0.7178	0.6907	0.7187

根据上述门限效应检验结果，将表 6-8 中估计的门限值分别代入式（6-7），D11 表示 APS、HPS 和 LPS 大于门限值取 1 的虚拟变量，D12 表示 APS、HPS 和 LPS 小于门限值取 1 的虚拟变量，D21 表示 LPS＞0.7178 时取 1 的虚拟变量，D22 表示 0.7178≥LPS＞0.4364 时取 1 的虚拟变量，D23 表示 LPS≤0.4364 时取 1 的虚拟变量。考虑到 APS、HPS

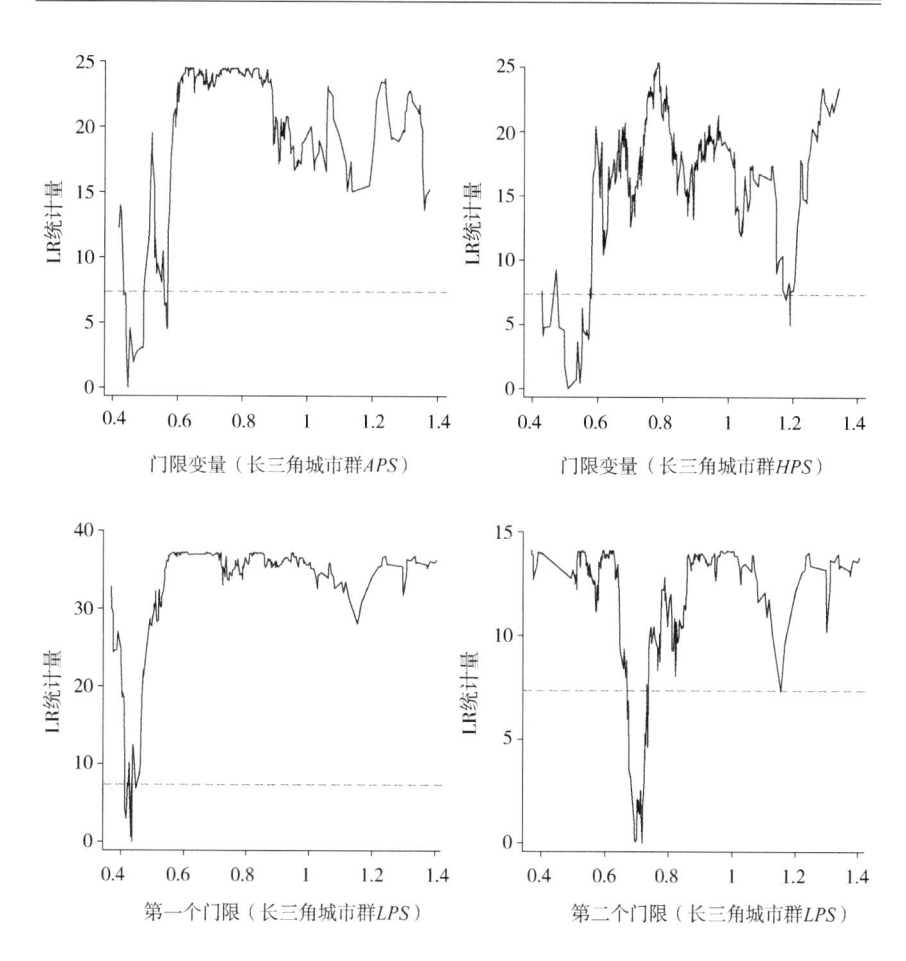

图 6-4 长三角城市群 APS、HPS 和 LPS 的门限

和 LPS 为内生变量，沿用第五章思路将滞后两阶变量 L（1/2）.APS、L（1/2）.HPS、L（1/2）.LPS 作为工具变量引入式(6-7)。最后，采用 IV-GMM 方法回归估计，结果如表 6-9 所示。Hansen 检验值表明模型使用的工具变量均是有效的，Sargan P 显示工具变量均没有过度识别[1]，调整 R^2 显示模型拟合度较高。

模型（1）和模型（2）的估计结果显示，生产性服务业总体在 10%

---

[1] 模型（3）—模型（5）以及模型（7）和模型（8）在5%显著性水平上不拒绝原假设。

表6-9 长三角城市群不同层级生产性服务业集聚影响经济增长的门限效应回归结果

	模型(1)	模型(2)	模型(3)	模型(4)	模型(5)	模型(6)	模型(7)	模型(8)	模型(9)
$D11 \cdot agg$	-0.0807* (0.0398)								
$D12 \cdot agg$		0.574* (0.2827)							
$D21 \cdot agg$			-0.0911** (0.0335)						
$D22 \cdot agg$				0.358* (0.1699)					
$D23 \cdot agg$					-0.0204 (0.0255)				
						0.1320 (0.1367)	-0.0157 (0.0216)	0.0447 (0.0694)	0.1320 (0.1367)
$\ln K_p$	0.0448* (0.0180)	0.0392* (0.0189)	0.0455* (0.0179)	0.0485** (0.0187)	0.0480** (0.0180)	0.0457* (0.0182)	0.0484** (0.0180)	0.0483** (0.0180)	0.0457* (0.0182)
$\ln Hum$	0.0571*** (0.0148)	0.0577*** (0.0151)	0.0587*** (0.0148)	0.0552*** (0.0154)	0.0552*** (0.0147)	0.0549*** (0.0146)	0.0560*** (0.0148)	0.0573*** (0.0151)	0.0549*** (0.0146)
Nas	0.0238*** (0.0024)	0.0233*** (0.0024)	0.0241*** (0.0023)	0.0231*** (0.0025)	0.0239*** (0.0023)	0.0243*** (0.0024)	0.0237*** (0.0024)	0.0234*** (0.0025)	0.0243*** (0.0024)
$\ln Gov$	0.1060*** (0.0221)	0.1050*** (0.0225)	0.1020*** (0.0222)	0.1090*** (0.0230)	0.1070*** (0.0221)	0.1020*** (0.0227)	0.1090*** (0.0222)	0.1110*** (0.0228)	0.1020*** (0.0227)

续表

	模型（1）	模型（2）	模型（3）	模型（4）	模型（5）	模型（6）	模型（7）	模型（8）	模型（9）
lnRD	0.00987 (0.0088)	0.00879 (0.0089)	0.0108 (0.0088)	0.012 (0.0093)	0.00973 (0.0088)	0.0117 (0.0091)	0.00936 (0.0088)	0.00935 (0.0088)	0.0117 (0.0091)
lnRoad	0.0305 (0.0156)	0.0229 (0.0167)	0.0343* (0.0156)	0.0308 (0.0163)	0.0321* (0.0157)	0.0316* (0.0156)	0.0329* (0.0156)	0.0343* (0.0156)	0.0316* (0.0156)
lnLoan	-0.0183 (0.0174)	-0.0171 (0.0176)	-0.0168 (0.0172)	-0.0135 (0.0180)	-0.014 (0.0172)	-0.00887 (0.0177)	-0.0158 (0.0176)	-0.0172 (0.0183)	-0.00887 (0.0177)
lnFDI	0.0356*** (0.0063)	0.0406*** (0.0074)	0.0366*** (0.0063)	0.0379*** (0.0069)	0.0331*** (0.0062)	0.0331*** (0.0061)	0.0331*** (0.0062)	0.0331*** (0.0062)	0.0331*** (0.0061)
N	1078	1078	1078	1078	1078	1078	1078	1078	1078
adj. R²	0.9626	0.9611	0.9627	0.9592	0.9626	0.9631	0.9625	0.9625	0.9631
AIC	-1809.8	-1768.9	-1812.5	-1717.2	-1811.3	-1824.4	-1808.2	-1806.9	-1824.4
BIC	-1700.2	-1659.2	-1702.9	-1607.5	-1701.7	-1714.8	-1698.5	-1697.3	-1714.8
Hansen 检验值	355.731***	43.353***	308.127***	50.188***	226.061***	56.409***	234.429***	56.248***	56.409***
Sargan P	0.6598	0.9545	0.0967	0.028	0.0955	0.1114	0.0896	0.0838	0.1114

注：D11·agg 表示虚拟变量与门限变量的交乘项，其他与此含义相同。

显著性水平上对长三角城市群经济增长存在显著门限效应,当生产性服务业总体的区位熵跨越门限值时,其对长三角城市群经济增长的影响由促进转为阻碍。具体来看,当 $APS \leqslant 0.4476$ 时,生产性服务业总体区位熵每提高1%,则长三角城市群人均 GDP 增加0.5740%;当 $APS > 0.4476$ 时,生产性服务业总体区位熵每提高1%,则长三角城市群人均 GDP 下降0.0807%。结合第五章表5-6模型(1)估计结果可知,尽管生产性服务业总体显著负向影响长三角城市群经济增长,但门限值前后对经济增长的作用却互为反向,且对经济增长的促进作用约为阻碍作用的5.5倍。

模型(3)和模型(4)的估计结果显示,高端生产性服务业至少在10%显著性水平上对长三角城市群经济增长存在显著门限效应,当高端生产性服务业的区位熵跨越门限值时,其对长三角城市群经济增长的影响由促进转为阻碍。具体来看,当 $HPS \leqslant 0.5090$ 时,高端生产性服务业区位熵每提高1%,则长三角城市群人均 GDP 增加0.3580%;当 $HPS > 0.5090$ 时,高端生产性服务业区位熵每提高1%,则长三角城市群人均 GDP 下降0.0911%。结合表5-6模型(2)估计结果可知,尽管高端生产性服务业显著负向影响长三角城市群经济增长,但门限值前后对经济增长的作用却互为反向,且对经济增长的促进作用约为阻碍作用的3倍。

模型(5)—模型(9)的估计结果显示,低端生产性服务业影响经济增长的单一门限效应、双重门限效应都没有通过显著性检验。这表明,低端生产性服务业跨越门限值时,其对经济增长影响没有发生改变。结合第五章表5-6模型(3)可知,低端生产性服务业对长三角城市群经济增长存在显著负向影响,但没有门限效应。

模型(1)—模型(9)中的控制变量系数符号保持一致,仅系数估计值或显著性有所差异。这表明,对长江经济带城市群 APS、HPS、LPS 进行门限效应模型回归未显著影响控制变量影响经济增长的作用方向,但在不同门限值区间控制变量对经济增长的影响程度有所差异。对比表 5-6 相应模型估计结果可以看出，大部分控制变量的显著性以及符号方向基本一致，仅系数估计值有所差异，仅个别控制变量的显著性甚至符号方向存在差异，这表明门限效应的估计对控制变量有所影响，甚至改变了个别控制变量对经济增长的作用方向。但考虑到门限效应的存在性已经得到验证，控制变量系数估计结果应以表 6-9 估计结果为准。有关控制变量的含义，可参考表 5-6 的说明，这里不再赘述。

2. 长江中游城市群不同层级生产性服务业集聚影响经济增长的门限效应

表 6-10 展示了长江中游城市群不同层级生产性服务业集聚影响经济增长的门限效应估计结果。该表中门限个数的确定以式（6-3）为估算依据，每重门限检验均采用自抽样法（Bootstrap）连续抽样 1000 次。由表 6-10 可知，生产性服务业总体（APS）、高端生产性服务业（HPS）的单一门限检验分别在 5%、10% 的显著性水平上显著，双重门限和三重门限均未通过显著性检验；而低端生产性服务业（LPS）的单一门限、双重门限和三重门限均未通过显著性检验。这表明，生产性服务业总体和高端生产性服务业应该选择单一门限进行门限模型参数估计，而低端生产性服务业不存在门限效应，无须进行门限模型参数估计。

表 6-10　　长江中游城市群不同层级生产性服务业集聚影响经济增长的门限效应估计

门限变量	门限数	F 值	P 值	临界值 10%	临界值 5%	临界值 1%
APS	单一门限	30.07**	0.0030	14.9782	17.9594	22.9216
APS	双重门限	14.35	0.1030	14.4253	17.2437	25.2378
APS	三重门限	1.94	0.986	21.036	26.7932	39.0373
HPS	单一门限	9.9	0.263	13.6631	16.0254	21.1022
HPS	双重门限	12.29*	0.0790	11.6103	13.6664	18.0843
HPS	三重门限	9.79	0.392	15.3167	17.7439	21.5562

续表

门限变量	门限数	F 值	P 值	临界值		
				10%	5%	1%
LPS	单一门限	4.54	0.81	15.8619	18.5669	24.5506
	双重门限	5.76	0.474	9.9229	11.419	14.8702
	三重门限	4.81	0.711	12.0567	13.9593	18.9135

注：P 值与临界值均为采用 Bootstrap 法反复抽样 1000 次得到的结果。

表 6-11 展示了长江中游城市群不同层级生产性服务业的全样本门限估计值及其置信区间。根据式（6-6）估算门限变量估计值的置信区间，在置信区间内，当 $LR(\gamma)=0$ 时，其所对应的门限变量取值即为门限变量估计值。进一步，本章绘制了门限变量（横轴）与 $LR(\gamma)$ 统计量（纵轴）间的关系图，如图 6-5 所示。在该图中，门限变量置信区间是 $LR(\gamma)$ 曲线与水平虚线相交形成的线段，门限变量的估计值为 $LR(\gamma)$ 曲线与零值水平线相交对应的横轴值。

表 6-11　长江中游城市群不同层级生产性服务业的全样本门限估计值及其置信区间

门限变量	模型	门限估计值	95% 的置信区间	
			下限	上限
APS	单一门限	1.0234	0.9862	1.0392
HPS	双重门限	0.7199	0.7041	0.7203
		0.5258	0.5157	0.5263

根据上述门限效应检验结果，将表 6-11 中估计的门限值分别代入式（6-7），D11 表示 APS 大于门限值取 1 的虚拟变量，D12 表示 APS 小于门限值取 1 的虚拟变量，D21 表示 HPS>0.7199 时取 1 的虚拟变量，D22 表示 0.7199≥HPS>0.5258 时取 1 的虚拟变量，D23 表示 HPS≤0.5258 时取 1 的虚拟变量。考虑到 APS、HPS 为内生变量，沿用第五章思路将滞后两阶变量 L（1/2）.APS、L（1/2）.HPS 作为工具变量引入

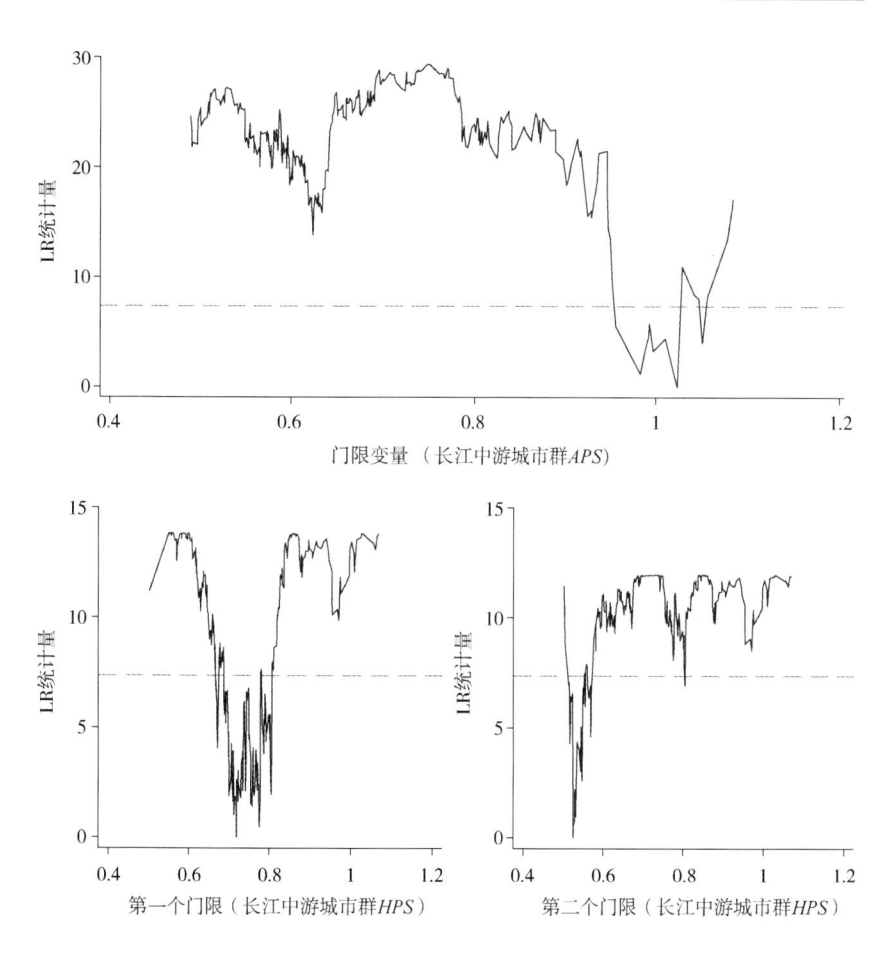

图 6-5　长江中游城市群 APS 和 HPS 的门限取值及其置信区间

式 (6-7)。最后，采用 IV-GMM 方法回归估计，结果如表 6-12 所示。Hansen 检验值表明模型使用的工具变量均是有效的，Sargan P 显示工具变量均没有过度识别①，调整 R^2 显示模型拟合度较高。

模型 (1) 和模型 (2) 的估计结果显示，生产性服务业总体在 10% 显著性水平上对长江中游城市群经济增长存在显著门限效应，当生产性服务业总体的区位熵跨越门限值时，其对长江中游城市群经济增长的影

---

① 模型 (3)—模型 (5) 在 5% 显著性水平上不拒绝原假设。

响由不显著转为阻碍。具体来看，当 $APS \leq 1.0234$ 时，生产性服务业总体对长江中游城市群人均 GDP 没有显著影响；当 $APS > 1.0234$ 时，生产性服务业总体区位熵每提高 1%，则长江中游城市群人均 GDP 下降 0.0801%。结合表 5-7 模型（1）估计结果可知，尽管生产性服务业总体没有显著影响长江中游城市群经济增长，但跨越门限值后对长江中游城市群经济增长存在显著阻碍作用。

模型（3）—模型（5）的估计结果显示，高端生产性服务业至少在 10% 显著性水平上对长江中游城市群经济增长存在显著门限效应，当高端生产性服务业的区位熵跨越门限值时，其对长江中游城市群经济增长的影响从促进作用降低并转换为阻碍作用。具体来看，当 $HPS \leq 0.5258$ 时，高端生产性服务业区位熵每提高 1%，则长江中游市群人均 GDP 增加 0.3490%；当 $0.7199 \geq HPS > 0.5258$ 时，高端生产性服务业区位熵每提高 1%，则长江中游城市群人均 GDP 增加 0.1230%；当 $HPS > 0.7199$ 时，高端生产性服务业区位熵每提高 1%，则长江中游城市群人均 GDP 下降 0.0609%。结合表 5-7 模型（2）估计结果可知，尽管高端生产性服务业整体对长江中游城市群经济增长没有显著影响，但通过双重门限效应估计后发现，高端生产性服务业分段显著影响长江中游城市群经济增长，且随着 HPS 的增加，影响程度从促进作用逐步下降后转为阻碍作用。

模型（1）—模型（5）中控制变量系数符号保持一致，仅系数估计值或显著性有所差异。这表明，对长江中游城市群 APS、HPS 进行门限效应模型回归未显著影响控制变量影响经济增长的作用方向，但在不同门限值区间控制变量对经济增长的影响程度有所差异。对比表 5-7 中模型估计结果可以看出，大部分控制变量的显著性以及符号方向基本一致，仅系数估计值有所差异，仅个别控制变量的显著性甚至符号方向存在差异，这表明门限效应的估计对控制变量有所影响，甚至改变了个别控制变量对经济增长的作用方向。考虑到门限效应的存在性已经得到验证，控制变量系数估计结果应以表 6-12 估计结果为准。有关控制变量的含义，可参考表5-7的说明，这里不再赘述。

表6-12 长江中游城市群不同层级生产性服务业集聚影响经济增长的门限效应回归结果

变量	模型（1）	模型（2）	模型（3）	模型（4）	模型（5）
$D11 \cdot agg$	-0.0801* (0.0407)				
$D12 \cdot agg$		0.5870 (0.4147)			
$D21 \cdot agg$			-0.0609** (0.0226)		
$D22 \cdot agg$				0.1230* (0.0498)	
$D23 \cdot agg$					0.3490* (0.1525)
$\ln K_p$	0.0502** (0.0183)	0.0781* (0.0325)	0.0409* (0.0180)	0.0372* (0.0186)	0.0514** (0.0187)
$\ln Hum$	0.0589*** (0.0151)	0.0713** (0.0237)	0.0607*** (0.0147)	0.0615*** (0.0149)	0.0552*** (0.0154)
Nas	0.0235*** (0.0024)	0.0211*** (0.0039)	0.0242*** (0.0023)	0.0239*** (0.0024)	0.0242*** (0.0025)
$\ln Gov$	0.1060*** (0.0225)	0.1020** (0.0315)	0.1020*** (0.0220)	0.1060*** (0.0221)	0.1050*** (0.0231)
$\ln RD$	0.0112 (0.0090)	0.0186 (0.0141)	0.0070 (0.0087)	0.0036 (0.0091)	0.0093 (0.0092)
$\ln Road$	0.0355* (0.0159)	0.0591* (0.0285)	0.0381* (0.0155)	0.0408* (0.0159)	0.0277 (0.0165)
$\ln Loan$	-0.0240 (0.0184)	-0.0591 (0.0405)	-0.0121 (0.0171)	-0.0062 (0.0175)	-0.0076 (0.0182)
$\ln FDI$	0.0326*** (0.0063)	0.0186 (0.0132)	0.0366*** (0.0063)	0.0370*** (0.0064)	0.0385*** (0.0069)
N	1078	1078	1078	1078	1078

续表

变量	模型（1）	模型（2）	模型（3）	模型（4）	模型（5）
adj. R²	0.9611	0.9249	0.9632	0.9625	0.9592
AIC	-1767.6	-1059.6	-1828.8	-1808.3	-1715.7
BIC	-1657.9	-950	-1719.2	-1698.7	-1606.1
Hansen 检验值	155.955***	4.575*	238.605***	95.882***	58.898***
Sargan P	0.6093	0.7118	0.0813	0.0949	0.0951

注：$D11 \cdot agg$ 表示虚拟变量与门限变量的交乘项，其他与此含义相同。

3. 成渝城市群不同层级生产性服务业集聚影响经济增长的门限效应

表6-13展示了成渝城市群不同层级生产性服务业集聚影响经济增长的门限效应估计结果。该表中门限个数的确定以式（6-3）为估算依据，每重门限检验均采用自抽样法（Bootstrap）连续抽样1000次。由表6-13可知，生产性服务业总体（APS）、低端生产性服务业（LPS）的单一门限检验分别在5%、10%的显著性水平上显著，双重门限和三重门限均未通过显著性检验；而高端生产性服务业（HPS）的单一门限、双重门限和三重门限均未通过显著性检验。这表明，生产性服务业总体和低端生产性服务业应该选择单一门限进行门限模型参数估计，而高端生产性服务业不存在门限效应，无须进行门限模型参数估计。

表6-13 成渝城市群不同层级生产性服务业集聚影响经济增长的门限效应估计

门限变量	门限数	F值	P值	临界值 10%	临界值 5%	临界值 1%
APS	单一门限	25.68**	0.0050	14.7112	18.0270	24.0803
	双重门限	12.63	0.107	12.9396	15.9905	20.6043
	三重门限	9.22	0.807	31.8574	37.1332	47.5014
HPS	单一门限	5.46	0.709	14.7248	17.4242	24.5229
	双重门限	6.31	0.456	11.8237	13.9746	19.7964
	三重门限	2.3	0.952	11.5896	14.0119	20.7165

续表

门限变量	门限数	F值	P值	临界值 10%	临界值 5%	临界值 1%
LPS	单一门限	14.18*	0.0630	11.9617	15.0889	22.5627
	双重门限	8.29	0.216	10.5821	12.4336	17.6398
	三重门限	4.78	0.86	21.2808	25.669	32.0796

注：P值与临界值均为采用Bootstrap法反复抽样1000次得到的结果。

表6-14展示了成渝城市群不同层级生产性服务业的全样本门限估计值及其置信区间。根据式（6-6）估算门限变量估计值的置信区间，在置信区间内，当$LR(\gamma)=0$时，其所对应的门限变量取值即为门限变量估计值。进一步，本章绘制了门限变量（横轴）与$LR(\gamma)$统计量（纵轴）间的关系图，如图6-6所示。在该图中，门限变量置信区间是$LR(\gamma)$曲线与水平虚线相交形成的线段，门限变量的估计值为$LR(\gamma)$曲线与零值水平线相交对应的横轴值。

表6-14 成渝城市群不同层级生产性服务业全样本门限估计值及其置信区间

门限变量	模型	门限估计值	95%的置信区间 下限	95%的置信区间 上限
APS	单一门限	0.7338	0.7311	0.7343
LPS	单一门限	0.5956	0.5752	0.5968

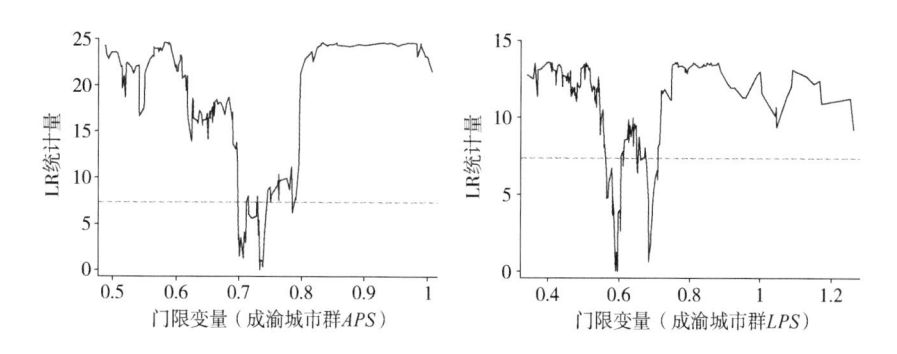

图6-6 成渝城市群APS和LPS的门限取值及其置信区间

根据上述门限效应检验结果，将表 6-14 中估计的门限值分别代入式（6-7），D1 表示 APS 和 LPS 大于门限值取值为 1 的虚拟变量，D2 表示 APS 和 LPS 小于门限值取 1 的虚拟变量。考虑到 APS 和 LPS 为内生变量，沿用第五章思路将滞后两阶变量 $L(1/2).APS$、$L(1/2).LPS$ 作为工具变量引入式（6-7）。最后，采用 IV-GMM 方法回归估计，结果如表 6-15 所示。Hansen 检验值表明模型使用的工具变量均是有效的，Sargan P 显示工具变量均没有过度识别[①]，调整 R^2 显示模型拟合度较高。

模型（1）和模型（2）的估计结果显示，生产性服务业总体在 10% 显著性水平上对成渝城市群经济增长存在显著门限效应，当生产性服务业总体的区位熵跨越门限值时，其对经济增长的影响由促进转为阻碍。具体来看，当 $APS \leq 0.7338$ 时，生产性服务业总体区位熵每提高 1%，则成渝城市群人均 GDP 增加 0.0935%；当 $APS > 0.7338$ 时，生产性服务业总体区位熵每提高 1%，则成渝城市群人均 GDP 下降 0.0468%。结合表 5-8 模型（1）估计结果可知，尽管生产性服务业总体没有显著影响成渝城市群经济增长，但门限值前后对经济增长的作用却互为反向，且对经济增长的促进作用约为阻碍作用的 2 倍。

模型（3）和模型（4）的估计结果显示，低端生产性服务业影响成渝城市群经济增长的门限效应没有通过显著性检验，这表明低端生产性服务业跨越门限值时，其对经济增长的影响没有发生改变。结合表 5-8 模型（3）估计结果可知，低端生产性服务业对成渝城市群经济增长没有影响。

模型（1）—模型（4）中控制变量系数符号保持一致，仅系数估计值或显著性有所差异。这表明，对成渝城市群 APS、LPS 进行门限效应模型回归未显著影响控制变量影响经济增长的作用方向，但在不

---

① 模型（3）—模型（4）在 5% 显著性水平上不拒绝原假设。

同门限值区间控制变量对经济增长的影响程度有所差异。对比表 5-8 中模型估计结果可以看出,大部分控制变量的显著性以及符号方向基本一致,仅系数估计值有所差异,仅个别控制变量的显著性甚至符号方向存在差异,这表明门限效应的估计对控制变量有所影响,甚至改变了个别控制变量对经济增长的作用方向。考虑到门限效应的存在性已经得到验证,控制变量系数估计结果应以表 6-15 估计结果为准。有关控制变量的含义,可参考表 5-8 的说明,这里不再赘述。

表 6-15　成渝城市群不同层级生产性服务业集聚影响经济增长的门限效应回归结果

	模型（1）	模型（2）	模型（3）	模型（4）
$D1 \cdot agg$	-0.0468* (0.0231)		-0.0158 (0.0206)	
$D2 \cdot agg$		0.0935* (0.0461)		0.0467 (0.0599)
$\ln K_p$	0.0460* (0.0181)	0.0463* (0.0182)	0.0478** (0.0180)	0.0465* (0.0183)
$\ln Hum$	0.0582*** (0.0149)	0.0594*** (0.0151)	0.0560*** (0.0148)	0.0573*** (0.0150)
Nas	0.0239*** (0.0024)	0.0239*** (0.0024)	0.0238*** (0.0024)	0.0237*** (0.0024)
$\ln Gov$	0.1080*** (0.0222)	0.1100*** (0.0224)	0.1070*** (0.0221)	0.1060*** (0.0223)
$\ln RD$	0.0106 (0.0089)	0.0111 (0.0090)	0.0096 (0.0088)	0.0100 (0.0089)
$\ln Road$	0.0301 (0.0158)	0.0283 (0.0160)	0.0318* (0.0158)	0.0312* (0.0159)
$\ln Loan$	-0.0183 (0.0175)	-0.0181 (0.0177)	-0.0142 (0.0173)	-0.0128 (0.0173)

续表

	模型（1）	模型（2）	模型（3）	模型（4）
lnFDI	0.0346*** (0.0063)	0.0345*** (0.0063)	0.0330*** (0.0062)	0.0329*** (0.0062)
N	1078	1078	1078	1078
adj. R^2	0.9621	0.9614	0.9625	0.9625
AIC	-1796.8	-1775.7	-1808.0	-1806.8
BIC	-1687.2	-1666.1	-1698.4	-1697.1
Hansen检验值	249.374***	112.194***	264.856***	85.942***
Sargan P	0.7111	0.8247	0.0932	0.0945

注：$D1 \cdot agg$ 表示虚拟变量与门限变量的交乘项，其他与此含义相同。

4. 滇中城市群不同层级生产性服务业集聚影响经济增长的门限效应

表6-16展示了滇中城市群不同层级生产性服务业集聚影响经济增长的门限效应估计结果。该表中门限个数的确定以式（6-3）为估算依据，每重门限检验均采用自抽样法（Bootstrap）连续抽样1000次。由表6-16可知，生产性服务业总体（APS）、高端生产性服务业（HPS）、低端生产性服务业（LPS）的单一门限检验分别在1%、1%、5%的显著性水平上显著，双重门限和三重门限均未通过显著性检验。这表明，生产性服务业总体、高端生产性服务业、低端生产性服务业应该选择单一门限进行门限模型参数估计。

表6-16　滇中城市群不同层级生产性服务业集聚影响经济增长的门限效应估计

门限变量	门限数	F值	P值	临界值 10%	临界值 5%	临界值 1%
APS	单一门限	16.89***	0.0000	10.2300	10.8994	12.2467
	双重门限	8.79	0.3040	28.0880	31.3438	39.8937
	三重门限	8.30	0.6320	28.2395	35.4919	45.7618

续表

门限变量	门限数	F值	P值	临界值 10%	临界值 5%	临界值 1%
HPS	单一门限	9.46***	0.0000	4.5291	6.1638	7.1857
HPS	双重门限	2.06	0.6160	9.8367	11.8514	18.4256
HPS	三重门限	1.53	0.7960	4.7743	4.9184	7.8753
LPS	单一门限	15.62**	0.0360	8.6264	12.5023	16.1004
LPS	双重门限	2.94	0.4540	4.9514	6.6010	19.1805
LPS	三重门限	4.26	0.5380	9.2976	9.7919	10.4890

注：P值与临界值均为采用Bootstrap法反复抽样1000次得到的结果。

表6-17展示了滇中城市群不同层级生产性服务业的全样本门限估计值及其置信区间。根据式（6-6）估算门限变量估计值的置信区间，在置信区间内，当$LR(\gamma)=0$时，其所对应的门限变量取值即为门限变量估计值。进一步，本章绘制了门限变量（横轴）与$LR(\gamma)$统计量（纵轴）间的关系图，如图6-7所示。在该图中，门限变量置信区间是$LR(\gamma)$曲线与水平虚线相交形成的线段，门限变量的估计值为$LR(\gamma)$曲线与零值水平线相交对应的横轴值。

表6-17 滇中城市群不同层级生产性服务业的全样本门限估计值及其置信区间

门限变量	模型	门限估计值	95%的置信区间 下限	95%的置信区间 上限
APS	单一门限	1.4730	1.4071	1.5073
HPS	单一门限	0.5239	0.5193	0.5398
LPS	单一门限	1.5033	1.4403	1.6971

根据上述门限效应检验结果，将表6-17中估计的门限值分别代入式（6-7），D1表示APS、HPS和LPS大于门限值取1的虚拟变量，D2表示APS、HPS和LPS小于门限值取1的虚拟变量。考虑到APS、HPS和LPS为内生变量，沿用第五章思路将滞后两阶变量$L(1/2).APS$、

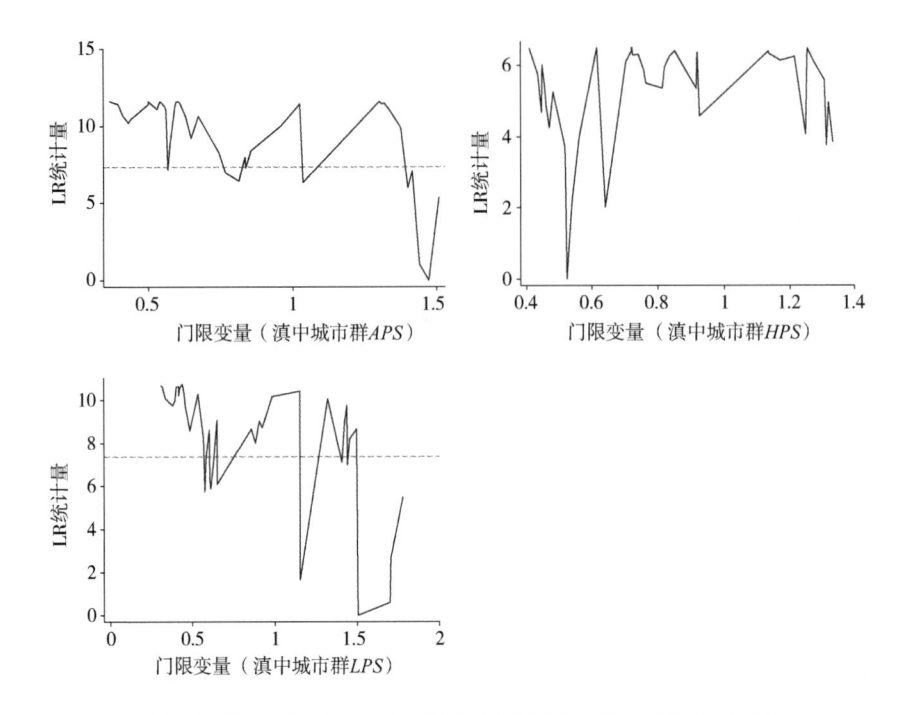

图 6-7　滇中城市群 APS、HPS、LPS 的门限取值及其置信区间

L（1/2）.HPS、L（1/2）.LPS 作为工具变量引入式（6-7）。最后，采用 IV-GMM 方法回归估计，结果如表 6-18 所示。Hansen 检验值表明模型使用的工具变量均是有效的，Sargan P 显示工具变量均没有过度识别①，调整 R^2 显示模型拟合度较高。

模型（1）和模型（2）的估计结果显示，生产性服务业总体在 10% 的显著性水平上对滇中城市群经济增长存在显著门限效应，当生产性服务业总体的区位熵跨越门限值时，其对经济增长的影响阻碍转为不显著。具体来看，当 $APS>1.4730$ 时，生产性服务业对滇中城市群经济增长没有显著影响；当 $APS⩽1.4730$ 时，生产性服务业总体区位熵每提高 1%，则滇中城市群人均 GDP 下降 0.1840%。结合表 5-9 模型（1）估计结果可知，尽管生产性服务业总体没有显著影响滇中城

---

①　模型（4）在 5% 显著性水平上不拒绝原假设。

市群经济增长,但未跨越门限值时,对滇中城市群经济增长存在显著负向影响。

模型(3)和模型(4)的估计结果显示,高端生产性服务业在至少10%的显著性水平上对滇中城市群经济增长存在显著门限效应,当高端生产性服务业区位熵跨越门限值时,其对经济增长的影响由促进转为阻碍。具体来看,当 $HPS \leqslant 0.5239$ 时,高端生产性服务业总体区位熵每提高1%,则滇中城市群人均GDP增加0.3500%;当 $HPS > 0.5239$ 时,高端生产性服务业总体区位熵每提高1%,则滇中城市群人均GDP下降0.0895%。结合表5-9模型(1)估计结果可知,尽管高端生产性服务业整体对滇中城市群经济增长没有显著影响,但门限值前后对经济增长的作用却互为反向,且对经济增长的促进作用约为阻碍作用的4.5倍。

模型(5)和模型(6)的估计结果显示,低端生产性服务业影响滇中城市群经济增长的门限效应没有通过显著性检验,这表明低端生产性服务业跨越门限值时,其对经济增长的影响没有发生改变。

模型(1)—模型(6)中控制变量系数符号保持一致,仅系数估计值或显著性有所差异。这表明,对滇中城市群 APS、LPS 进行门限效应模型回归未显著影响控制变量影响经济增长的作用方向,但在不同门限值区间控制变量对经济增长的影响程度有所差异。对比表5-9中模型估计结果可以看出,大部分控制变量的显著性以及符号方向基本一致,仅系数估计值有所差异,仅个别控制变量的显著性甚至符号方向存在差异,这表明门限效应的估计对控制变量有所影响,甚至改变了个别控制变量对经济增长的作用方向。考虑到门限效应的存在性已经得到验证,控制变量系数估计结果应以表6-18估计结果为准。有关控制变量的含义,可参考表5-9的说明,这里不再赘述。

表 6-18　滇中城市群不同层级生产性服务业集聚影响经济增长的门限效应回归结果

	模型（1）	模型（2）	模型（3）	模型（4）	模型（5）	模型（6）
$D1 \cdot agg$	-0.1800 (0.0990)		-0.0895** (0.0327)		-0.0317 (0.0493)	
$D2 \cdot agg$		-0.1840* (0.0930)		0.3500* (0.1534)		-0.0813 (0.0864)
$\ln K_p$	0.0475* (0.0189)	0.0441* (0.0188)	0.0461* (0.0179)	0.0505** (0.0187)	0.0493** (0.0179)	0.0465* (0.0185)
$\ln Hum$	0.0419* (0.0171)	0.0722*** (0.0176)	0.0590*** (0.0148)	0.0565*** (0.0154)	0.0537*** (0.0149)	0.0594*** (0.0156)
Nas	0.0247*** (0.0025)	0.0231*** (0.0025)	0.0243*** (0.0024)	0.0239*** (0.0025)	0.0242*** (0.0024)	0.0231*** (0.0026)
$\ln Gov$	0.0984*** (0.0238)	0.1140*** (0.0232)	0.1010*** (0.0222)	0.1050*** (0.0231)	0.1100*** (0.0223)	0.1040*** (0.0228)
$\ln RD$	0.00924 (0.0092)	0.0108 (0.0092)	0.00999 (0.0088)	0.00905 (0.0092)	0.00937 (0.0088)	0.0093 (0.0089)
$\ln Road$	0.0294 (0.0166)	0.0343* (0.0162)	0.0338* (0.0155)	0.0288 (0.0164)	0.0305 (0.0163)	0.0367* (0.0162)
$\ln Loan$	-0.0121 (0.0181)	-0.0247 (0.0188)	-0.0156 (0.0172)	-0.0092 (0.0181)	-0.0160 (0.0177)	-0.0121 (0.0176)
$\ln FDI$	0.0348*** (0.0066)	0.0347*** (0.0065)	0.0367*** (0.0063)	0.0383*** (0.0069)	0.0331*** (0.0062)	0.0332*** (0.0063)
N	1078	1078	1078	1078	1078	1078
adj. R^2	0.9585	0.9596	0.9627	0.9591	0.9624	0.9613
AIC	-1699.2	-1726.6	-1814.0	-1714.0	-1805.8	-1773.6
BIC	-1589.6	-1616.9	-1704.3	-1604.4	-1696.2	-1664.0
Hansen 检验值	34.965***	46.682***	304.511***	52.079***	80.813***	34.600***
Sargan P	0.4557	0.8020	0.1037	0.0745	0.0839	0.1201

注：$D1 \cdot agg$ 表示虚拟变量与门限变量的交乘项，其他与此含义相同。

5. 黔中城市群不同层级生产性服务业集聚影响经济增长的门限效应

表6-19展示了黔中城市群不同层级生产性服务业集聚影响经济增长的门限效应估计结果。该表中门限个数的确定以式（6-3）为估算依据，每重门限检验均采用自抽样法（Bootstrap）连续抽样1000次。由表6-19可知，生产性服务业总体（APS）、高端生产性服务业（HPS）、低端生产性服务业（LPS）的单一门限、双重门限和三重门限均未通过显著性检验。这表明，生产性服务业总体、高端生产性服务业、低端生产性服务业不存在门限效应，无须进行门限模型参数估计。

表6-19　黔中城市群不同层级生产性服务业集聚影响经济增长的门限效应估计

门限变量	门限数	F值	P值	临界值 10%	临界值 5%	临界值 1%
APS	单一门限	3.32	0.708	8.8109	11.6094	13.4086
APS	双重门限	6.66	0.114	6.8799	8.4513	10.7132
APS	三重门限	4.54	0.561	11.361	14.6547	18.6265
HPS	单一门限	3.45	0.839	13.599	15.7783	21.6736
HPS	双重门限	2.97	0.934	9.8406	11.3758	13.8847
HPS	三重门限	2.69	0.922	10.0428	12.1808	17.6067
LPS	单一门限	2.55	0.970	12.2673	14.7371	22.7853
LPS	双重门限	-0.45	0.999	13.6728	16.5493	19.2878
LPS	三重门限	1.45	0.943	7.6317	9.0813	12.3895

注：P值与临界值均为采用Bootstrap法反复抽样1000次得到的结果。

（二）不同行业生产性服务业集聚影响经济增长门限效应的城市群差异分析

1. 长三角城市群不同行业生产性服务业集聚影响经济增长的门限效应

表6-20展示了长三角城市群不同行业生产性服务业集聚影响经济增长的门限效应估计结果。该表中门限个数的确定以式（6-3）为估

算依据，每重门限检验均采用自抽样法（Bootstrap）连续抽样1000次。由表6-20可知，金融业（Finance）、房地产业（Rae）的单一门限检验均在5%的显著性水平上显著，双重门限和三重门限均未通过显著性检验；其他生产性服务业单一门限、双重门限和三重门限均未通过显著性检验。这表明，金融业、房地产业应该选择单一门限进行门限模型参数估计，其他生产性服务业不存在门限效应，无须进行门限模型参数估计。

表6-20　长三角城市群不同行业生产性服务业集聚影响经济增长的门限效应估计

门限变量	门限数	F值	P值	临界值 10%	5%	1%
Raw	单一门限	11.57	0.301	16.6992	20.4243	26.092
	双重门限	6.10	0.559	11.9729	14.3954	19.5358
	三重门限	8.28	0.288	11.5486	13.7887	17.3044
Twap	单一门限	15.75	0.220	20.8717	25.2006	38.0213
	双重门限	17.54	0.114	18.5753	22.4335	30.6914
	三重门限	13.57	0.594	30.9315	35.4800	46.8216
Icas	单一门限	10.11	0.311	15.2466	17.2839	24.3974
	双重门限	4.41	0.722	11.7791	13.8069	19.0228
	三重门限	9.17	0.429	16.4972	19.4767	25.9694
Finance	单一门限	20.56**	0.030	15.2042	18.5273	26.3458
	双重门限	6.01	0.587	12.5138	15.3598	20.6885
	三重门限	5.36	0.591	11.7705	13.7107	19.5095
Rae	单一门限	20.98**	0.015	14.5529	16.3569	22.5857
	双重门限	12.07	0.141	12.9132	15.0449	21.3321
	三重门限	3.39	0.890	11.8822	14.2229	19.1468
Lab	单一门限	6.48	0.616	13.8909	15.9274	21.7321
	双重门限	4.46	0.740	11.2154	13.3429	17.2741
	三重门限	7.67	0.524	14.9582	17.6703	24.0696

续表

门限变量	门限数	F 值	P 值	临界值 10%	5%	1%
Stag	单一门限	8.76	0.466	15.3030	18.4709	25.4036
	双重门限	4.00	0.870	12.4663	14.4086	19.7070
	三重门限	2.76	0.959	12.8298	15.6397	21.1508

注：P 值与临界值均为采用 Bootstrap 法反复抽样 1000 次得到的结果。

表 6-21 展示了长三角城市群不同行业生产性服务业的全样本门限估计值及其置信区间。根据式（6-6）估算门限变量估计值的置信区间，在置信区间内，当 $LR(\gamma)=0$ 时，其所对应的门限变量取值即为门限变量估计值。进一步，本章绘制了门限变量（横轴）与 $LR(\gamma)$ 统计量（纵轴）间的关系图，如图 6-8 所示。在该图中，门限变量置信区间是 $LR(\gamma)$ 曲线与水平虚线相交形成的线段，门限变量的估计值为 $LR(\gamma)$ 曲线与零值水平线相交对应的横轴值。

表 6-21　长三角城市群不同行业生产性服务业的全样本门限估计值及其置信区间

门限变量	模型	门限估计值	95%的置信区间 下限	上限
Finance	单一门限	0.6649	0.6470	0.6678
Rae	单一门限	0.4456	0.4417	0.4462

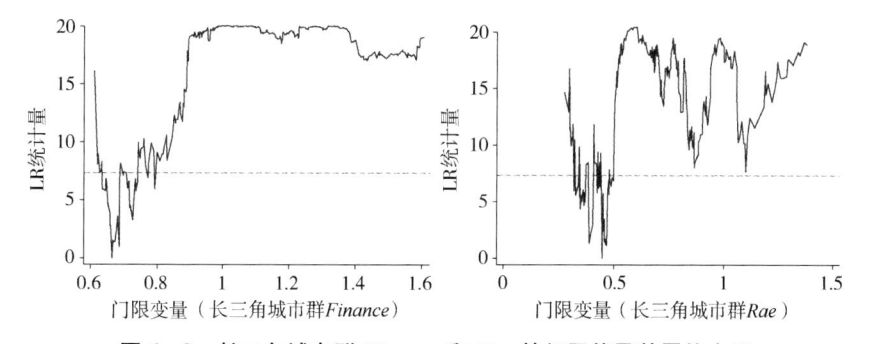

图 6-8　长三角城市群 *Finance* 和 *Rae* 的门限值及其置信水平

根据上述门限效应检验结果,将表 6-21 中估计的门限值分别代入式 (6-7), D1 表示 Finance 和 Rae 大于门限值取 1 的虚拟变量, D2 表示 Finance 和 Rae 小于门限值取 1 的虚拟变量。考虑到 Finance 和 Rae 为内生变量,沿用第五章思路将滞后两阶变量 $L(1/2).Finance$、$L(1/2).Rae$ 作为工具变量引入式 (6-7)。最后,采用 IV-GMM 方法回归估计,结果如表 6-22 所示。Hansen 检验值表明模型使用的工具变量均是有效的,Sargan P 显示工具变量均没有过度识别,调整 R^2 显示模型拟合度较高。

模型 (1) 和模型 (2) 的估计结果显示,金融业在 1% 的显著性水平上对长三角城市群经济增长存在显著门限效应,当金融业区位熵跨越门限值时,其对长三角城市群经济增长的影响由促进转为阻碍。具体来看,当 $Finance \leq 0.6649$ 时,金融业区位熵每提高 1%,则长三角城市群人均 GDP 增加 0.2720%;当 $Finance > 0.6649$ 时,金融业区位熵每提高 1%,则长三角城市群人均 GDP 下降 0.0692%。结合第五章表 5-11 模型 (4) 估计结果可知,尽管金融业显著负向影响长三角城市群经济增长,但门限值前后对经济增长的作用却互为反向,且对经济增长的促进作用约为阻碍作用的 4.5 倍。

模型 (3) 和模型 (4) 的估计结果显示,房地产业影响经济增长的门限效应没有通过显著性检验,这表明房地产业跨越门限值时,其对经济增长的影响没有发生改变。结合表 5-11 模型 (5) 估计结果可知,房地产业对长三角城市群经济增长没有影响。

模型 (1)—模型 (4) 中控制变量系数符号保持一致,仅系数估计值或显著性有所差异。这表明,对长三角城市群 Finance、Rae 进行门限效应模型回归未显著影响控制变量影响经济增长的作用方向,但在不同门限值区间控制变量对经济增长的影响程度有所差异。对比表 5-11 中模型估计结果可以看出,大部分控制变量的显著性以及符号方向基本一致,仅系数估计值有所差异,仅个别控制变量的显著性甚至符号方向存在差异,这表明门限效应的估计对控制变量有所影响,甚至改变了个别控制变量对经济增长的作用方向。考虑到门限效应的存在性已经得到验证，控制变量系数估计结果应以表6－22估计结果为准。有关控制变量的含义，可参考表5－11的说明，这里不再赘述。

表6－22　长三角城市群不同行业生产性服务业集聚影响经济增长的门限效应回归结果

	模型（1）	模型（2）	模型（3）	模型（4）
$D1·agg$	－0.0692*** (0.0188)		－0.0208 (0.0194)	
$D2·agg$		0.272*** (0.0803)		0.0944 (0.0957)
$\ln K_p$	0.0516** (0.0178)	0.0567** (0.0188)	0.0474** (0.0179)	0.0459* (0.0182)
$\ln Hum$	0.0522*** (0.0147)	0.0564*** (0.0154)	0.0588*** (0.0151)	0.0603*** (0.0156)
Nas	0.0244*** (0.0023)	0.0244*** (0.0025)	0.0236*** (0.0024)	0.0238*** (0.0023)
$\ln Gov$	0.1070*** (0.0219)	0.1170*** (0.0232)	0.1060*** (0.0221)	0.1050*** (0.0223)
$\ln RD$	0.00694 (0.0087)	0.00562 (0.0092)	0.0104 (0.0088)	0.0108 (0.0089)
$\ln Road$	0.0264 (0.0156)	0.0239 (0.0165)	0.0367* (0.0158)	0.0371* (0.0159)
$\ln Loan$	－0.0154 (0.0171)	－0.00816 (0.0180)	－0.0155 (0.0173)	－0.0149 (0.0173)
$\ln FDI$	0.0385*** (0.0063)	0.0391*** (0.0067)	0.0325*** (0.0062)	0.0325*** (0.0062)
N	1078	1078	1078	1078
adj. R^2	0.963	0.9592	0.9628	0.9627
AIC	－1822.3	－1717.8	－1815.4	－1813.3
BIC	－1712.7	－1608.2	－1705.7	－1703.7
Hansen检验值	346.201***	96.196***	304.144***	78.119***
Sargan P	0.4916	0.2742	0.2679	0.2377

注：$D1·agg$表示虚拟变量与门限变量的交乘项，其他与此含义相同。

2. 长江中游城市群不同行业生产性服务业集聚影响经济增长的门限效应

表6-23展示了长江中游城市群不同行业生产性服务业集聚影响经济增长的门限效应估计结果。该表中门限个数的确定以式（6-3）为估算依据，每重门限检验均采用自抽样法（Bootstrap）连续抽样1000次。由表6-23可知，房地产业（Rae）的双重门限检验均在5%的显著性水平上显著，单一门限和三重门限均未通过显著性检验；其他生产性服务业单一门限、双重门限和三重门限均未通过显著性检验。这表明，房地产业应该选择双重门限进行门限模型参数估计，其他生产性服务业不存在门限效应，无须进行门限模型参数估计。

表6-23　长江中游城市群不同行业生产性服务业集聚影响经济增长的门限效应估计

门限变量	门限数	F值	P值	临界值 10%	临界值 5%	临界值 1%
Raw	单一门限	6.97	0.565	14.6186	17.6273	23.5326
	双重门限	7.54	0.378	12.5631	14.8395	20.0646
	三重门限	3.73	0.802	12.1907	15.7362	26.4911
$Twap$	单一门限	6.54	0.456	11.4736	13.6417	19.8399
	双重门限	7.92	0.206	9.9058	11.7378	15.9290
	三重门限	4.58	0.758	15.3485	18.0878	23.6840
$Icas$	单一门限	6.03	0.624	14.5464	16.6248	21.4664
	双重门限	6.54	0.426	10.9199	13.0487	17.0453
	三重门限	7.08	0.726	20.7102	24.6467	33.3286
$Finance$	单一门限	4.49	0.861	16.5003	19.2086	25.1347
	双重门限	5.36	0.571	10.7196	12.7731	17.0254
	三重门限	4.06	0.813	12.3380	14.2216	19.8354
Rae	单一门限	8.67	0.355	14.3207	16.6219	21.2587
	双重门限	16.63**	0.031	12.0537	14.4753	18.9876
	三重门限	4.82	0.866	16.2380	19.2909	26.1830

续表

门限变量	门限数	F值	P值	临界值 10%	临界值 5%	临界值 1%
Lab	单一门限	13.50	0.118	14.2475	16.6951	23.6407
Lab	双重门限	6.86	0.482	13.7238	17.5449	25.0138
Lab	三重门限	5.01	0.827	18.0333	22.1670	29.9320
Stag	单一门限	11.43	0.353	18.0889	21.1624	26.8833
Stag	双重门限	9.22	0.369	14.0343	16.4838	21.9128
Stag	三重门限	7.02	0.641	15.3926	18.0462	24.8121

注：P值与临界值均为采用Bootstrap法反复抽样1000次得到的结果。

表6-24展示了长江中游城市群不同行业生产性服务业的全样本门限估计值及其置信区间。根据式（6-6）估算门限变量估计值的置信区间，在置信区间内，当 $LR(\gamma)=0$ 时，其所对应的门限变量取值即为门限变量估计值。进一步，本章绘制了门限变量（横轴）与 $LR(\gamma)$ 统计量（纵轴）间的关系图，如图6-9所示。在该图中，门限变量置信区间是 $LR(\gamma)$ 曲线与水平虚线相交形成的线段，门限变量的估计值为 $LR(\gamma)$ 曲线与零值水平线相交对应的横轴值。

表6-24 长江中游城市群不同行业生产性服务业的全样本门限估计值及其置信区间

门限变量	模型	门限估计值	95%的置信区间 下限	95%的置信区间 上限
Rae	双重门限	0.9913	0.9750	1.0119
Rae	双重门限	0.5637	0.5398	0.5647

根据上述门限效应检验结果，将表6-24中估计的门限值分别代入式（6-7），D21表示 $Rae>0.9913$ 时取1的虚拟变量，D22表示 $0.9913 \geqslant LPS>0.5637$ 时取1的虚拟变量，D23表示 $Rae \leqslant 0.5637$ 时取1的虚拟变量。考虑到 Rae 为内生变量，沿用第五章思路将滞后两阶变

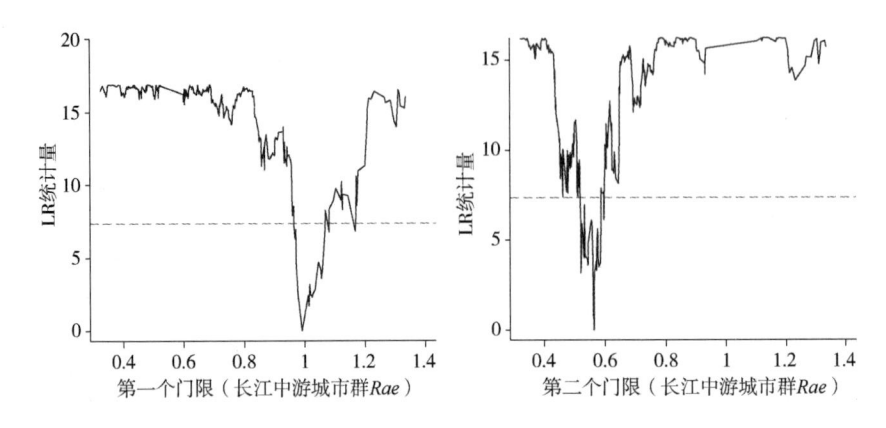

图 6-9 长江中游城市群 Rae 的门限值及其置信区间

量 $L(1/2) \cdot Rae$ 作为工具变量引入式 (6-7)。最后，采用 IV-GMM 方法回归估计，结果如表 6-25 所示。Hansen 检验值表明模型使用的工具变量均是有效的，Sargan P 显示工具变量均没有过度识别，调整 R^2 显示模型拟合度较高。

模型 (1) —模型 (3) 的估计结果显示，房地产业影响长江中游城市群经济增长的双重门限效应没有通过显著性检验。这表明，房地产业跨越门限值时，其对长江中游城市群经济增长的影响没有发生改变。结合第五章表 5-12 模型 (5) 可知，房地产业对长江中游城市群经济增长没有显著影响，也不存在门限效应。

模型 (1) —模型 (3) 中控制变量系数符号保持一致，仅系数估计值或显著性有所差异。这表明，对长江中游城市群 Rae 进行门限效应模型回归未显著影响控制变量影响经济增长的作用方向，但在不同门限值区间控制变量对经济增长的影响程度有所差异。对比表 5-12 中模型估计结果可以看出，大部分控制变量的显著性以及符号方向基本一致，仅系数估计值有所差异，仅个别控制变量的显著性甚至符号方向存在差异，这表明门限效应的估计对控制变量有所影响，甚至改变了个别控制变量对经济增长的作用方向。考虑到门限效应的存在性已经得到验证，控制变量系数估计结果应以表 6-25 估计结果为准。有关控制变量的含义，可参考表 5-12 的说明，这里不再赘述。

表 6-25 长江中游城市群不同行业生产性服务业集聚影响经济增长的门限效应回归结果

	模型（1）	模型（2）	模型（3）
$D21 \cdot agg$	-0.0253 (0.0213)		
$D22 \cdot agg$		0.2070 (0.1494)	
$D23 \cdot agg$			0.0733 (0.0754)
$\ln K_p$	0.0473** (0.0180)	0.0443* (0.0200)	0.0489** (0.0179)
$\ln Hum$	0.0556*** (0.0147)	0.0335 (0.0225)	0.0587*** (0.0152)
Nas	0.0233*** (0.0024)	0.0218*** (0.0030)	0.0240*** (0.0024)
$\ln Gov$	0.1060*** (0.0221)	0.1050*** (0.0243)	0.1070*** (0.0221)
$\ln RD$	0.0097 (0.0088)	0.0047 (0.0101)	0.0087 (0.0088)
$\ln Road$	0.0374* (0.0159)	0.0413* (0.0180)	0.0363* (0.0158)
$\ln Loan$	-0.0133 (0.0172)	0.0052 (0.0231)	-0.0122 (0.0173)
$\ln FDI$	0.0328*** (0.0062)	0.0354*** (0.0071)	0.0325*** (0.0062)
N	1078	1078	1078
adj. R^2	0.9626	0.9549	0.9624
AIC	-1809.6	-1608.7	-1805.5
BIC	-1700.0	-1499.1	-1695.9
Hansen 检验值	184.386***	10.869**	77.667***
Sargan P	0.3292	0.8635	0.2363

注：$D21 \cdot agg$ 表示虚拟变量与门限变量的交乘项，其他与此含义相同。

3. 成渝城市群不同行业生产性服务业集聚影响经济增长的门限效应

表 6-26 展示了成渝城市群不同行业生产性服务业集聚影响经济增长的门限效应估计结果。该表中门限个数的确定以式（6-3）为估算依据，每重门限检验均采用自抽样法（Bootstrap）连续抽样 1000 次。由表 6-26 可知，批发和零售业（Raw）的双重门限检验均在 10% 的显著性水平上显著，单一门限和三重门限均未通过显著性检验；交通运输、仓储和邮政业（Twap），科学研究、技术服务和地质勘查业（Stag）的单一门限检验均在 10% 的显著性水平上显著，双重门限和三重门限均未通过显著性检验；其他生产性服务业单一门限、双重门限和三重门限均未通过显著性检验。这表明，批发和零售业应该选择双重门限进行门限模型参数估计，交通运输、仓储和邮政业，科学研究、技术服务和地质勘查业应该选择单一门限进行门限模型参数估计。

表 6-26　成渝城市群不同行业生产性服务业集聚影响经济增长的门限效应估计

门限变量	门限数	F 值	P 值	临界值 10%	临界值 5%	临界值 1%
Raw	单一门限	5.92	0.480	11.1990	13.1114	17.7866
Raw	双重门限	11.66*	0.054	9.5013	11.8142	15.5884
Raw	三重门限	5.19	0.836	16.5094	20.0734	25.8281
Twap	单一门限	15.26*	0.080	14.4217	16.5436	23.4290
Twap	双重门限	4.16	0.700	11.1626	13.7417	19.9679
Twap	三重门限	6.03	0.390	11.1864	13.376	21.2438
Icas	单一门限	4.50	0.808	14.0354	16.1148	22.6428
Icas	双重门限	6.60	0.507	12.2359	14.1088	19.9533
Icas	三重门限	3.89	0.814	12.6642	15.8554	21.2832
Finance	单一门限	4.01	0.851	17.2942	22.2703	34.1858
Finance	双重门限	4.95	0.584	11.5286	14.237	18.4102
Finance	三重门限	7.30	0.375	14.0947	17.5768	24.5187

续表

门限变量	门限数	F 值	P 值	临界值 10%	临界值 5%	临界值 1%
Rae	单一门限	12.17	0.261	16.2887	18.9946	25.4011
Rae	双重门限	6.67	0.570	14.6521	16.8904	22.1610
Rae	三重门限	4.53	0.819	16.2244	18.9560	25.3010
Lab	单一门限	13.37	0.147	15.0169	17.5840	24.8453
Lab	双重门限	4.74	0.731	12.7469	16.1164	24.4700
Lab	三重门限	4.71	0.765	13.5004	16.5383	22.6920
Stag	单一门限	24.39*	0.008	15.2156	18.1968	24.1009
Stag	双重门限	7.61	0.441	12.8623	14.9467	22.0521
Stag	三重门限	6.46	0.480	13.9501	17.1373	24.0729

注：P 值与临界值均为采用 Bootstrap 法反复抽样 1000 次得到的结果。

表 6-27 展示了成渝城市群不同行业生产性服务业的全样本门限估计值及其置信区间。根据式 (6-6) 估算门限变量估计值的置信区间，在置信区间内，当 $LR(\gamma)=0$ 时，其所对应的门限变量取值即为门限变量估计值。进一步，本章绘制了门限变量（横轴）与 $LR(\gamma)$ 统计量（纵轴）间的关系图，如图 6-10 所示。在该图中，门限变量置信区间是 $LR(\gamma)$ 曲线与水平虚线相交形成的线段，门限变量的估计值为 $LR(\gamma)$ 曲线与零值水平线相交对应的横轴值。

表 6-27　成渝城市群不同行业生产性服务业全样本门限估计值及其置信区间

门限变量	模型	门限估计值	95%的置信区间 下限	95%的置信区间 上限
Raw	双重门限	0.6405	0.6294	0.6503
Raw	双重门限	0.5895	0.5646	0.5958
Twap	单一门限	0.4864	0.4705	0.4877
Stag	单一门限	0.3555	0.3536	0.3584

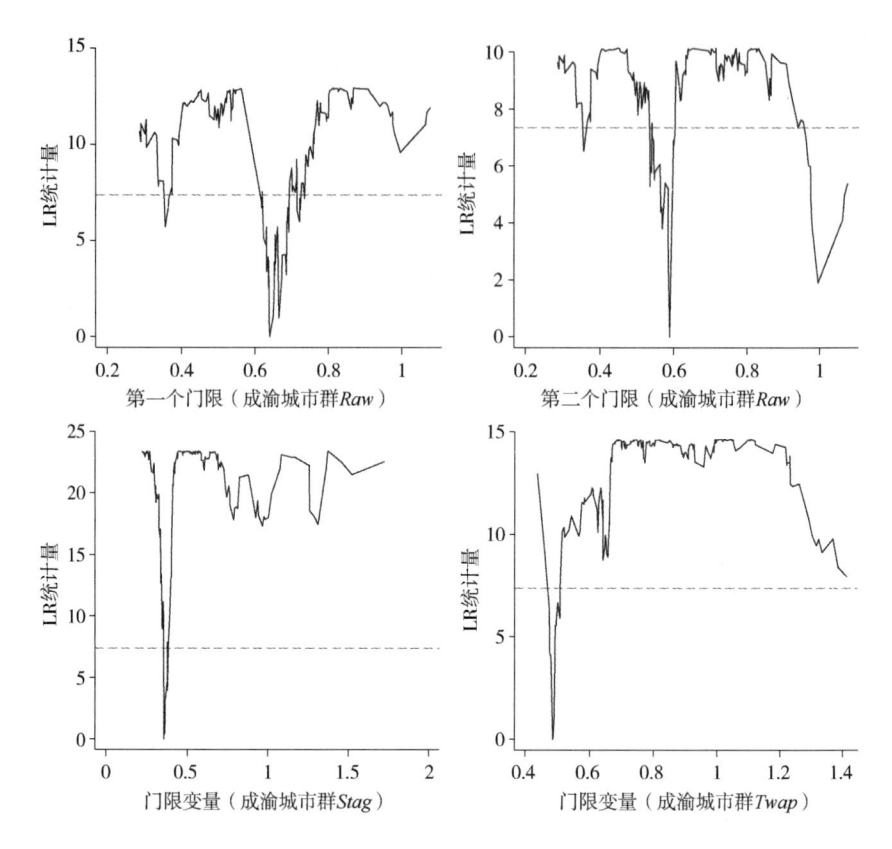

图 6-10 成渝城市群 *Raw*、*Twap* 和 *Stag* 的
门限值及其置信区间

根据上述门限效应检验结果，将表 6-27 中估计的门限值分别代入式 (6-7)，D11 表示 *Twap* 和 *Stag* 大于门限值取 1 的虚拟变量，D12 表示 *Twap* 和 *Stag* 小于门限值取 1 的虚拟变量，D21 表示 *Raw* > 0.6405 时取 1 的虚拟变量，D22 表示 0.6405 ≥ *Raw* > 0.3555 时取 1 的虚拟变量，D23 表示 *Raw* ≤ 0.3555 时取 1 的虚拟变量。考虑到 *Raw*、*Twap* 和 *Stag* 为内生变量，沿用第五章思路将滞后两阶变量 $L(1/2).Raw$、$L(1/2).Twap$、$L(1/2).Stag$ 作为工具变量引入式 (6-7)。最后，采用 IV-GMM 方法回归估计，结果如表 6-28 所示。Hansen 检验值表明模型使用的工具变量均是有效的，Sargan P 显示工具变量均没有过度识

别①，调整 R^2 显示模型拟合度较高。

模型（1）—模型（3）的估计结果显示，批发和零售业影响成渝城市群经济增长的双重门限效应都没有通过显著性检验。这表明，批发和零售业跨越门限值时，其对成渝城市群经济增长的影响没有发生改变。结合表5-13模型（1）可知，批发和零售业对成渝城市群经济增长没有显著影响，也没有门限效应。

模型（4）—模型（7）的估计结果显示，交通运输、仓储和邮政业，科学研究、技术服务和地质勘查业影响成渝城市群经济增长的单一门限效应都没有通过显著性检验。这表明，交通运输、仓储和邮政业，科学研究、技术服务和地质勘查业跨越门限值时，其对成渝城市群经济增长的影响没有发生改变。结合表5-13模型（2）和模型（7）可知，交通运输、仓储和邮政业，科学研究、技术服务和地质勘查业对成渝城市群经济增长没有显著影响，也没有门限效应。

模型（1）—模型（7）中控制变量系数符号保持一致，仅系数估计值或显著性有所差异。这表明，对成渝城市群 APS、HPS、LPS 进行门限效应模型回归未显著影响控制变量影响经济增长的作用方向，但在不同门限值区间控制变量对经济增长的影响程度有所差异。对比表5-13中模型估计结果可以看出，大部分控制变量的显著性以及符号方向基本一致，仅系数估计值有所差异，仅个别控制变量的显著性甚至符号方向存在差异，这表明门限效应的估计对控制变量有所影响，甚至改变了个别控制变量对经济增长的作用方向。考虑到门限效应的存在性已经得到验证，控制变量系数估计结果应以表6-28估计结果为准。有关控制变量的含义，可参考表5-13的说明，这里不再赘述。

---

① 模型（3）—模型（5）以及模型（7）—模型（8）在5%显著性水平上不拒绝原假设，其他模型在10%显著性水平上不拒绝原假设。

表 6-28　成渝城市群不同行业生产性服务业集聚影响
经济增长的门限效应回归结果

	模型（1）	模型（2）	模型（3）	模型（4）	模型（5）	模型（6）	模型（7）
$D11 \cdot agg$				-0.0239 (0.0174)		0.00808 (0.0256)	
$D12 \cdot agg$					0.184 (0.1517)		-0.0776 (0.2410)
$D21 \cdot agg$	-0.0142 (0.0194)						
$D22 \cdot agg$		0.063 (0.0962)					
$D23 \cdot agg$			0.0637 (0.0825)				
$\ln K_p$	0.0485** (0.0179)	0.0483** (0.0181)	0.0469** (0.0181)	0.0487** (0.0180)	0.0491** (0.0182)	0.0495** (0.0179)	0.0494** (0.0179)
$\ln Hum$	0.0562*** (0.0148)	0.0582*** (0.0154)	0.0542*** (0.0147)	0.0522*** (0.0150)	0.0550*** (0.0149)	0.0550*** (0.0147)	0.0554*** (0.0147)
Nas	0.0239*** (0.0024)	0.0236*** (0.0024)	0.0238*** (0.0023)	0.0232*** (0.0024)	0.0231*** (0.0025)	0.0239*** (0.0023)	0.0242*** (0.0025)
$\ln Gov$	0.109*** (0.0221)	0.109*** (0.0222)	0.110*** (0.0221)	0.106*** (0.0222)	0.0982*** (0.0238)	0.109*** (0.0222)	0.111*** (0.0242)
$\ln RD$	0.00962 (0.0088)	0.00935 (0.0088)	0.00893 (0.0087)	0.00842 (0.0088)	0.00998 (0.0089)	0.00912 (0.0088)	0.00826 (0.0092)
$\ln Road$	0.0306 (0.0161)	0.0279 (0.0179)	0.028 (0.0171)	0.0296 (0.0159)	0.0243 (0.0175)	0.0338* (0.0156)	0.0316 (0.0167)
$\ln Loan$	-0.014 (0.0172)	-0.0116 (0.0175)	-0.00903 (0.0180)	-0.0153 (0.0174)	-0.0145 (0.0175)	-0.0125 (0.0174)	-0.0112 (0.0185)
$\ln FDI$	0.0325*** (0.0062)	0.0324*** (0.0062)	0.0325*** (0.0061)	0.0341*** (0.0063)	0.0328*** (0.0063)	0.0324*** (0.0062)	0.0313*** (0.0075)

续表

	模型（1）	模型（2）	模型（3）	模型（4）	模型（5）	模型（6）	模型（7）
N	1078	1078	1078	1078	1078	1078	1078
adj. R^2	0.9626	0.9622	0.9629	0.9621	0.9615	0.9627	0.9627
AIC	-1810	-1799.7	-1819.9	-1796	-1779.1	-1813	-1813.4
BIC	-1700.4	-1690.1	-1710.3	-1686.4	-1669.5	-1703.4	-1703.8
Hansen 检验值	218.851***	31.914***	50.026***	227.693***	34.550***	329.632***	27.864***
Sargan P	0.1545	0.1464	0.1583	0.3713	0.2787	0.9472	0.9810

注：D11·agg 表示虚拟变量与门限变量的交乘项，其他与此含义相同。

4. 滇中城市群不同行业生产性服务业集聚影响经济增长的门限效应

表6-29展示了滇中城市群不同行业生产性服务业集聚影响经济增长的门限效应估计结果。该表中门限个数的确定以式（6-3）为估算依据，每重门限检验均采用自抽样法（Bootstrap）连续抽样1000次。由表6-29可知，金融业（Finance）、房地产业（Rae）、租赁和商务服务业（Lab）的单一门限检验均在1%的显著性水平上显著，双重门限和三重门限均未通过显著性检验；科学研究、技术服务和地质勘查业（Stag）的双重门限检验在1%的显著性水平上显著，单一门限和三重门限均未通过显著性检验；其他生产性服务业单一门限、双重门限和三重门限均未通过显著性检验。这表明，金融业、房地产业应该选择单一门限进行门限模型参数估计，科学研究、技术服务和地质勘查业应该选择双重门限进行门限模型参数估计。

表6-29 滇中城市群不同行业生产性服务业集聚影响经济增长的门限效应估计

门限变量	门限数	F值	P值	临界值		
				10%	5%	1%
Raw	单一门限	8.20	0.152	9.7563	10.1071	11.5556
	双重门限	7.63	0.129	8.4576	8.9331	9.3495
	三重门限	3.50	0.528	32.6575	42.9546	47.2575

续表

门限变量	门限数	F 值	P 值	临界值 10%	临界值 5%	临界值 1%
Twap	单一门限	8.96	0.114	10.2316	12.3392	13.1302
Twap	双重门限	8.29	0.15	8.9485	9.7427	11.9259
Twap	三重门限	4.34	0.647	11.4761	11.6786	11.7173
Icas	单一门限	16.13	0.146	17.8519	18.5606	18.9458
Icas	双重门限	7.18	0.795	43.0052	47.8349	62.5659
Icas	三重门限	12.42	0.216	27.1970	29.4629	38.2485
Finance	单一门限	11.53***	0.000	4.7822	5.7898	7.2152
Finance	双重门限	6.11	0.268	6.9260	7.2902	8.1440
Finance	三重门限	9.69	0.361	15.5230	17.6528	26.4665
Rae	单一门限	14.92***	0.000	10.2574	12.2749	12.7493
Rae	双重门限	6.05	0.587	9.9075	10.0296	58.0425
Rae	三重门限	12.40	0.419	34.5257	35.1023	49.6729
Lab	单一门限	13.84***	0.000	9.3401	10.6252	11.3370
Lab	双重门限	3.60	0.455	21.0394	24.3618	33.1945
Lab	三重门限	3.59	0.656	11.3472	12.6325	13.3935
Stag	单一门限	5.84	0.306	8.7670	9.2618	10.3553
Stag	双重门限	25.26**	0.032	18.8091	19.8663	26.5464
Stag	三重门限	4.57	0.144	14.1820	30.4523	53.7429

注：P 值与临界值均为采用 Bootstrap 法反复抽样 1000 次得到的结果。

表 6-30 展示了滇中城市群不同行业生产性服务业的全样本门限估计值及其置信区间。根据式（6-6）估算门限变量估计值的置信区间，在置信区间内，当 $LR(\gamma)=0$ 时，其所对应的门限变量取值即为门限变量估计值。进一步，本章绘制了门限变量（横轴）与 $LR(\gamma)$ 统计量（纵轴）间的关系图，如图 6-11 和图 6-12 所示。在该图中，门限变量置信区间是 $LR(\gamma)$ 曲线与水平虚线相交形成的线段，门限变量的估计值为 $LR(\gamma)$ 曲线与零值水平线相交对应的横轴值。在图 6-12 中，可以明显看出滇中城市群的 Stag 虽然有两个门限值，但第二个门限值并未与 95% 的置信水平虚线相交，进一步观察发现，门限值 1 和

门限值2非常相近，可能是造成门限值2没有与95%置信水平线相交的原因，这提示我们在进行门限模型回归时，只需引入门限值1进行估计即可。

表6-30　滇中城市群不同行业生产性服务业的全样本门限估计值及其置信区间

门限变量	模型	门限估计值	95%的置信区间	
			下限	上限
Finance	单一门限	0.8279	0.8135	0.8460
Rae	单一门限	0.3413	0.3254	0.8553
Lab	单一门限	0.3088	0.2515	0.3461
Stag	双重门限1	1.8034	1.7499	1.8245
	双重门限2	1.8245	1.8034	1.9331

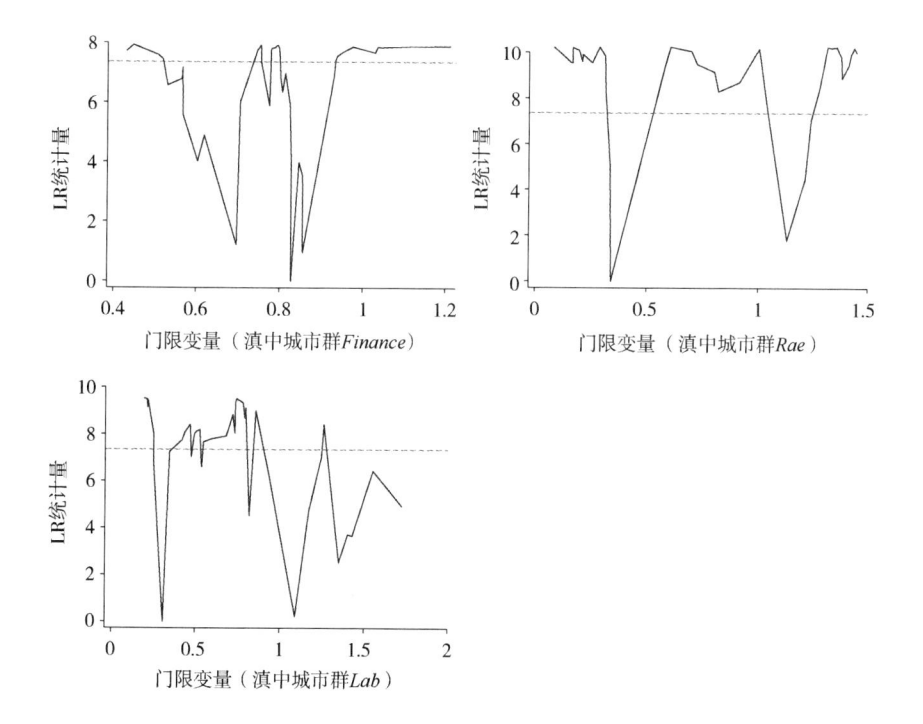

图6-11　滇中城市群 Finance、Rae 和 Lab 的门限值及其置信区间

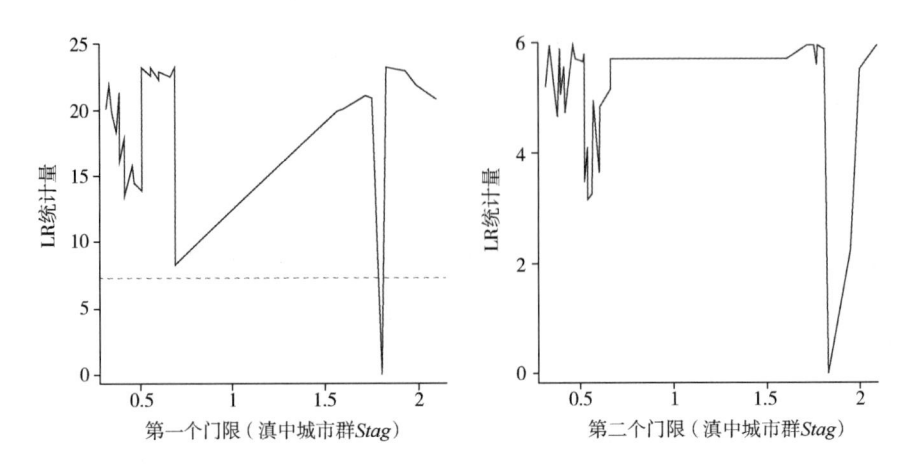

图 6−12　滇中城市群 *Stag* 的门限值及其置信区间

根据上述门限效应检验结果，将表 6−30 中估计的门限值分别代入式（6−7），D1 表示 *Finance*、*Rae*、*Stag* 和 *Lab* 大于门限值取 1 的虚拟变量，D2 表示 *Finance*、*Rae*、*Stag* 和 *Lab* 小于门限值取 1 的虚拟变量。考虑到 *Finance*、*Rae*、*Stag* 和 *Lab* 为内生变量，沿用第五章思路将滞后两阶变量 L（1/2）.*Finance*、L（1/2）.*Rae*、L（1/2）.*Lab*、L（1/2）.*Stag* 作为工具变量引入式（6−7）。最后，采用 IV-GMM 方法回归估计，结果如表 6−31 所示。Hansen 检验值表明模型使用的工具变量均是有效的，Sargan P 显示工具变量均没有过度识别，调整 R^2 显示模型拟合度较高。

模型（1）和模型（2）的估计结果显示，金融业在 1% 显著性水平上对滇中城市群经济增长存在显著门限效应，当金融业区位熵跨越门限值时，其对滇中城市群经济增长的影响由促进转为阻碍。具体来看，当 *Finance* ≤ 0.8279 时，金融业区位熵每提高 1%，则滇中城市群人均 GDP 增加 0.1770%；当 *Finance* > 0.8279 时，金融业区位熵每提高 1%，则滇中城市群人均 GDP 下降 0.0607%。结合第五章表 5−14 模型（4）估计结果可知，尽管金融业整体对滇中城市群经济增长不存在显著影响，但门限估计模型显示，门限值前后对经济增长的作用却互为反向，且对经济增长的促进作用约为阻碍作用的12.5倍。

模型（3）—模型（8）的估计结果显示，房地产业，租赁和商务服务业，科学研究、技术服务和地质勘查业影响滇中城市群经济增长的单一门限效应没有通过显著性检验。这表明，房地产业，租赁和商务服务业，科学研究、技术服务和地质勘查业跨越门限值时，其对滇中城市群经济增长的影响没有发生改变。结合第五章表5-14模型（5）可知，房地产业对滇中城市群经济增长存在显著负向影响，但没有门限效应，而租赁和商务服务业，科学研究、技术服务和地质勘查业对滇中城市群经济增长没有显著影响，也没有门限效应。

模型（1）—模型（8）中控制变量系数符号保持一致，仅系数估计值或显著性有所差异。这表明，对滇中城市群APS、HPS、LPS进行门限效应模型回归未显著影响控制变量影响经济增长的作用方向，但在不同门限值区间控制变量对经济增长的影响程度有所差异。对比表5-14中模型估计结果可以看出，大部分控制变量的显著性以及符号方向基本一致，仅系数估计值有所差异，仅个别控制变量的显著性甚至符号方向存在差异，这表明门限效应的估计对控制变量有所影响，甚至改变了个别控制变量对经济增长的作用方向。考虑到门限效应的存在性已经得到验证，控制变量系数估计结果应以表6-31估计结果为准。有关控制变量的含义，可参考表5-14的说明，这里不再赘述。

表6-31　　滇中城市群不同行业生产性服务业集聚影响

经济增长的门限效应回归结果

	模型（1）	模型（2）	模型（3）	模型（4）	模型（5）	模型（6）	模型（7）	模型（8）
$D1 \cdot agg$	-0.0607*** (0.0166)		-0.0241 (0.0222)		0.0148 (0.0220)		0.0137 (0.0461)	
$D2 \cdot agg$		0.1770*** (0.0523)		0.2600 (0.2528)		-0.1050 (0.2294)		0.0226 (0.0705)
$\ln K_p$	0.0519** (0.0179)	0.0558** (0.0191)	0.0480** (0.0179)	0.0498** (0.0180)	0.0503** (0.0179)	0.0501** (0.0180)	0.0488** (0.0180)	0.0506** (0.0184)

续表

	模型(1)	模型(2)	模型(3)	模型(4)	模型(5)	模型(6)	模型(7)	模型(8)
lnHum	0.0517*** (0.0148)	0.0533*** (0.0156)	0.0589*** (0.0151)	0.0643*** (0.0172)	0.0544*** (0.0147)	0.0544*** (0.0149)	0.0544*** (0.0149)	0.0557*** (0.0149)
Nas	0.0247*** (0.0024)	0.0252*** (0.0025)	0.0235*** (0.0024)	0.0234*** (0.0024)	0.0240*** (0.0023)	0.0243*** (0.0025)	0.0239*** (0.0023)	0.0238*** (0.0024)
lnGov	0.106*** (0.0221)	0.108*** (0.0234)	0.107*** (0.0221)	0.105*** (0.0223)	0.109*** (0.0220)	0.107*** (0.0221)	0.108*** (0.0220)	0.109*** (0.0226)
lnRD	0.00624 (0.0088)	0.00404 (0.0094)	0.0105 (0.0088)	0.0131 (0.0096)	0.00927 (0.0087)	0.00978 (0.0089)	0.00948 (0.0088)	0.00879 (0.0089)
ln$Road$	0.0235 (0.0158)	0.0162 (0.0173)	0.0369* (0.0158)	0.0399* (0.0168)	0.0321* (0.0157)	0.0329* (0.0157)	0.0345* (0.0158)	0.0333* (0.0157)
ln$Loan$	−0.0151 (0.0172)	−0.00975 (0.0183)	−0.0159 (0.0173)	−0.0185 (0.0180)	−0.012 (0.0173)	−0.0117 (0.0176)	−0.0133 (0.0172)	−0.0117 (0.0180)
lnFDI	0.0378*** (0.0063)	0.0369*** (0.0067)	0.0327*** (0.0062)	0.0344*** (0.0064)	0.0321*** (0.0062)	0.0320*** (0.0063)	0.0329*** (0.0062)	0.0319*** (0.0066)
N	1078	1078	1078	1078	1078	1078	1078	1078
adj. R^2	0.9625	0.9578	0.9627	0.9623	0.9628	0.9625	0.9628	0.9623
AIC	−1807.1	−1681.2	−1814.4	−1803.2	−1817.1	−1807.9	−1815.4	−1801.3
BIC	−1697.5	−1571.6	−1704.8	−1693.6	−1707.5	−1698.2	−1705.7	−1691.7
Hansen 检验值	261.057***	77.084***	311.951***	43.211***	227.616***	37.3834	6.625***	26.266***
Sargan P	0.4935	0.3541	0.02746	0.2565	0.3408	0.2856	0.8981	0.9843

注：$D1 \cdot agg$ 表示虚拟变量与门限变量的交乘项，其他与此含义相同。

5. 黔中城市群不同行业生产性服务业集聚影响经济增长的门限效应

表6-32展示了黔中城市群不同行业生产性服务业集聚影响经济增长的门限效应估计结果。该表中门限个数的确定以式（6-3）为估算依据，每重门限检验均采用自抽样法（Bootstrap）连续抽样1000次。由表6-32可知，交通运输、仓储和邮政业（$Twap$），房地产业（Rae）的单一门限检验均在5%的显著性水平上显著，双重门限和三重门限均未通过显著性检验；租赁和商务服务业（Lab）的双重门限检验在1%的显著性水平上显著，单一门限和三重门限均未通过显著性检验；其他

生产性服务业单一门限、双重门限和三重门限均未通过显著性检验。这表明，交通运输、仓储和邮政业，房地产业应该选择单一门限进行门限模型参数估计，租赁和商务服务业应该选择双重门限进行门限模型参数估计。

表6-32　黔中城市群不同行业生产性服务业集聚影响经济增长的门限效应估计

门限变量	门限数	F值	P值	临界值 10%	临界值 5%	临界值 1%
Raw	单一门限	6.25	0.212	8.1134	9.0634	10.4196
Raw	双重门限	1.92	0.948	13.3097	15.7552	28.8799
Raw	三重门限	2.40	0.848	9.4421	10.8417	14.1405
Twap	单一门限	15.21**	0.032	10.8339	12.7318	19.2304
Twap	双重门限	6.41	0.280	9.6285	11.456	19.1942
Twap	三重门限	6.44	0.376	10.7698	12.7576	17.8222
Icas	单一门限	14.66	0.101	14.5893	16.7767	19.3020
Icas	双重门限	8.37	0.262	16.9102	21.76490	59.3358
Icas	三重门限	5.47	0.490	12.0364	14.3583	21.3029
Finance	单一门限	6.32	0.346	9.7397	11.4454	13.9054
Finance	双重门限	3.42	0.710	10.1775	11.1465	15.5373
Finance	三重门限	2.40	0.826	8.9713	10.8277	17.3752
Rae	单一门限	13.88**	0.014	9.2329	10.4770	14.5545
Rae	双重门限	7.83	0.336	32.8544	39.5474	50.1852
Rae	三重门限	9.58	0.392	18.9833	23.0883	34.4860
Lab	单一门限	0.77	0.807	7.7572	8.8750	10.6207
Lab	双重门限	7.52***	0.000	2.6549	3.0342	4.5988
Lab	三重门限	1.20	0.506	8.0102	11.0916	18.1424
Stag	单一门限	3.46	0.754	10.3314	12.0501	19.4296
Stag	双重门限	6.56	0.217	8.3518	9.5692	16.6888
Stag	三重门限	3.66	0.624	13.8951	17.5623	24.7497

注：P值与临界值均为采用Bootstrap法反复抽样1000次得到的结果。

表6-33展示了黔中城市群不同行业生产性服务业的全样本门限估计值及其置信区间。根据式（6-6）估算门限变量估计值的置信区间，

在置信区间内,当 LR（γ）=0 时,其所对应的门限变量取值即为门限变量估计值。进一步,本章绘制了门限变量（横轴）与 LR（γ）统计量（纵轴）间的关系图,如图 6-13 所示。在该图中,门限变量置信区间是 LR（γ）曲线与水平虚线相交形成的线段,门限变量的估计值为 LR（γ）曲线与零值水平线相交对应的横轴值。

表 6-33　黔中城市群不同行业生产性服务业的全样本门限估计值及其置信区间

门限变量	模型	门限估计值	95%的置信区间 下限	95%的置信区间 上限
Twap	单一门限	0.4239	0.3747	0.4491
Rae	单一门限	2.1738	2.1435	2.2575
Lab	双重门限	0.5552	0.5492	0.5800
		0.5259	0.5101	0.5308

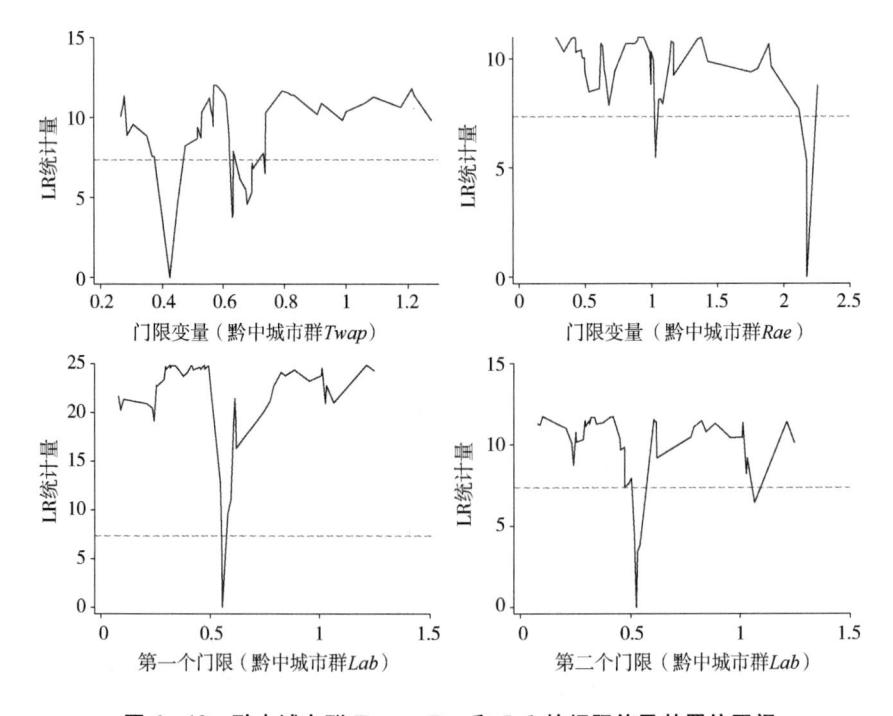

图 6-13　黔中城市群 Twap、Rae 和 Lab 的门限值及其置信区间

根据上述门限效应检验结果,将表 6-33 中估计的门限值分别代入式 (6-7), D11 表示 Twap、Rae 大于门限值取 1 的虚拟变量, D12 表示 Twap、Rae 小于门限值取 1 的虚拟变量, D21 表示 $Lab > 0.5552$ 时取 1 的虚拟变量, D22 表示 $0.5552 \geqslant Lab > 0.5259$ 时取 1 的虚拟变量, D23 表示 $Lab \leqslant 0.5259$ 时取 1 的虚拟变量。考虑到 Twap、Rae、Lab 为内生变量,沿用第五章思路将滞后两阶变量 $L(1/2).Twap$、$L(1/2).Rae$、$L(1/2).Lab$ 作为工具变量引入式 (6-7)。最后,采用 IV-GMM 方法回归估计,结果如表 6-33 所示。Hansen 检验值表明模型使用的工具变量均是有效的, Sargan P 显示工具变量均没有过度识别,调整 R^2 显示模型拟合度较高。

模型 (1)—模型 (7) 的估计结果显示,交通运输、仓储和邮政业,房地产业影响黔中城市群经济增长的单一门限效应没有通过显著性检验;租赁和商务服务业影响黔中城市群经济增长的双重门限效应也没有通过显著性检验。这表明,交通运输、仓储和邮政业,房地产业,租赁和商务服务业跨越门限值时,其对黔中城市群经济增长的影响没有发生改变。结合表 5-15 模型 (2)、模型 (5) 和模型 (6) 可知,交通运输、仓储和邮政业对黔中城市群经济增长存在显著负向影响,但没有门限效应,而房地产业,租赁和商务服务业对黔中城市群经济增长没有显著影响,也没有门限效应。

模型 (1)—模型 (6) 中控制变量系数符号保持一致,仅系数估计值或显著性有所差异。这表明,对滇中城市群 Twap、Rae、Lab 进行门限效应模型回归未显著影响控制变量影响经济增长的作用方向,但在不同门限值区间控制变量对经济增长的影响程度有所差异。对比表 5-15 中模型估计结果可以看出,大部分控制变量的显著性以及符号方向基本一致,仅系数估计值有所差异,仅个别控制变量的显著性甚至符号方向存在差异,这表明门限效应的估计对控制变量有所影响,甚至改变了个别控制变量对经济增长的作用方向。考虑到门限效应的存在性已经得到验证,控制变量系数估计结果应以表 6-34 估计结果为准。有关控制变量的含义，可参考表 5-15 的说明，这里不再赘述。

表 6-34　　黔中城市群不同行业生产性服务业集聚影响
经济增长的门限效应回归结果

	模型（1）	模型（2）	模型（3）	模型（4）	模型（5）	模型（6）
$D11 \cdot agg$	-0.0252 (0.0182)		-0.1070 (0.1069)			
$D12 \cdot agg$		0.3220 (0.2516)				
$D21 \cdot agg$				-0.0352 (0.0319)		
$D22 \cdot agg$					0.0160 (0.0217)	
$D23 \cdot agg$						-0.1940 (0.1939)
$\ln K_p$	0.0483** (0.0180)	0.0448* (0.0186)	0.0493** (0.0182)	0.0474** (0.0181)	0.0499** (0.0178)	0.0458* (0.0184)
$\ln Hum$	0.0518*** (0.0150)	0.0522*** (0.0152)	0.0545*** (0.0150)	0.0596*** (0.0153)	0.0551*** (0.0146)	0.0630*** (0.0168)
Nas	0.0232*** (0.0024)	0.0235*** (0.0024)	0.0239*** (0.0024)	0.0234*** (0.0024)	0.0240*** (0.0023)	0.0246*** (0.0025)
$\ln Gov$	0.1070*** (0.0222)	0.1050*** (0.0226)	0.1040*** (0.0228)	0.1080*** (0.0221)	0.1090*** (0.0220)	0.1030*** (0.0227)
$\ln RD$	0.00865 (0.0088)	0.0141 (0.0098)	0.0133 (0.0098)	0.0092 (0.0088)	0.009 (0.0087)	0.0069 (0.0091)
$\ln Road$	0.03 (0.0159)	0.0245 (0.0174)	0.0428* (0.0183)	0.0346* (0.0157)	0.0315* (0.0157)	0.0272 (0.0170)
$\ln Loan$	-0.0154 (0.0174)	-0.0146 (0.0176)	-0.0348 (0.0277)	-0.0093 (0.0177)	-0.0122 (0.0172)	-0.0133 (0.0174)
$\ln FDI$	0.0345*** (0.0063)	0.0368*** (0.0071)	0.0275*** (0.0081)	0.0341*** (0.0063)	0.0321*** (0.0062)	0.0315*** (0.0063)
N	1078	1078	1078	1078	1078	1078
adj. R^2	0.9621	0.9610	0.9613	0.9623	0.963	0.9619
AIC	-1795.9	-1765.7	-1775	-1802.4	-1821.3	-1789.5
BIC	-1686.2	-1656.1	-1665.4	-1692.8	-1711.7	-1679.9

续表

	模型（1）	模型（2）	模型（3）	模型（4）	模型（5）	模型（6）
Hansen 检验值	233.136***	25.081***	17.682***	161.266***	13.368**	9.746**
Sargan P	0.3805	0.3231	0.2587	0.2881	0.5685	0.4378

注：$D11 \cdot agg$ 表示虚拟变量与门限变量的交乘项，其他与此含义相同。

第四节 稳健性检验

一 门限效应存在性与真实性的稳健性检验

本章采用改变样本容量法对门限估计值及其置信区间进行稳健性检验。前文中在门限值的备选值域中，一般从大到小或从小到大删除首尾5%的候选值，为检验门限估计值和置信区间的稳健性，采取从大到小或从小到大删除首尾1%的候选值的方法进行重新估计。考虑到篇幅限制这里仅展示表6-1到表6-3的稳健性估计结果，如表6-35到表6-37所示。对比表6-35和表6-1可知，尽管F值有所变化，但仍只有APS和LPS通过单一门限效应显著性检验，说明前文估计结果具有稳健性。

表6-35　　长江经济带城市群不同层级生产性服务业集聚
影响经济增长的门限效应稳健性检验

门限变量	门限数	F值	P值	临界值 10%	临界值 5%	临界值 1%
APS	单一门限	33.54***	0.004	18.3278	21.6962	29.1323
APS	双重门限	14.26	0.178	16.4039	19.3511	26.2401
APS	三重门限	5.44	0.772	14.3013	17.2739	24.1802
HPS	单一门限	13.20	0.198	16.5454	19.3318	25.0195
HPS	双重门限	6.76	0.599	14.0279	16.0468	21.2221
HPS	三重门限	6.97	0.394	11.1735	13.0419	18.3794

续表

门限变量	门限数	F 值	P 值	临界值 10%	5%	1%
LPS	单一门限	18.73*	0.094	18.4774	21.2533	30.7007
	双重门限	14.99	0.124	15.7598	18.7203	24.6160
	三重门限	12.06	0.354	20.9501	25.2440	39.1513

注：P 值与临界值均为采用 Bootstrap 法反复抽样 1000 次得到的结果。

对比表 6-2 和表 6-36 可知，门限估计值发生改变，但仍在置信区间内，说明前文估计结果具有稳健性。

表 6-36　长江经济带城市群不同层级生产性服务业全样本
门限估计值及其置信区间稳健性检验

门限变量	模型	门限估计值	95% 的置信区间 下限	上限
APS	单一门限	0.5626	0.5572	0.5640
LPS	单一门限	0.4125	0.4045	0.4174

二　门限模型参数估计值的稳健性检验

使用重新估计的门限值进行参数回归，估计结果如表 6-37 所示。与表 6-3 比较可知，参数估计值大小、变量方向以及显著性方面均高度相似，说明前文估计具有稳健性。

表 6-37　不同层级生产性服务业集聚影响经济增长
门限效应的全样本回归稳健性检验

	模型（1）	模型（2）	模型（3）	模型（4）
$D1 \cdot agg$	-0.0685* (0.0339)		-0.0209 (0.0271)	

续表

	模型（1）	模型（2）	模型（3）	模型（4）
$D2 \cdot agg$		0.2610* (0.1300)		0.1700 (0.1984)
$\ln K_p$	0.0401* (0.0184)	0.0243 (0.0219)	0.0483** (0.0179)	0.0475** (0.0179)
$\ln Hum$	0.0562*** (0.0147)	0.0541*** (0.0148)	0.0552*** (0.0147)	0.0543*** (0.0146)
Nas	0.0244*** (0.0023)	0.0256*** (0.0025)	0.0239*** (0.0023)	0.0244*** (0.0024)
$\ln Gov$	0.1040*** (0.0220)	0.0966*** (0.0229)	0.1070*** (0.0221)	0.1020*** (0.0228)
$\ln RD$	0.0100 (0.0087)	0.0101 (0.0088)	0.0095 (0.0088)	0.0108 (0.0089)
$\ln Road$	0.0311* (0.0155)	0.0289 (0.0158)	0.0322* (0.0157)	0.0324* (0.0155)
$\ln Loan$	-0.0134 (0.0171)	0.000751 (0.0187)	-0.0142 (0.0172)	-0.00904 (0.0178)
$\ln FDI$	0.0346*** (0.0062)	0.0340*** (0.0062)	0.0332*** (0.0062)	0.0335*** (0.0062)
N	1078	1078	1078	1078
adj. R^2	0.9629	0.9622	0.9626	0.9631
AIC	-1820.9	-1799.1	-1811.1	-1826.7
BIC	-1711.3	-1689.4	-1701.5	-1717.1
Hansen 检验值	235.809***	39.190***	316.732***	36.708***
Sargan P	0.6122	0.6488	0.0932	0.0984

注：$D1 \cdot agg$ 表示虚拟变量与门限变量的交乘项，其他与此含义相同。

第五节　本章小结

本章以长江经济带城市群 2003—2018 年的面板数据为观测样本，通过构建面板数据门限回归模型，从不同层级、不同行业及不同城市群等视角对本章第一节的假设 6-1 和假设 6-2 进行实证检验,主要结论如下。

第一,从长江经济带城市群整体来看:生产性服务业总体、低端生产性服务业和行业层面的批发和零售业、金融业显著存在单一门限;生产性服务业总体和金融业通过门限效应检验,跨越门限值前显著正向影响经济增长,跨越门限值后显著负向影响经济增长;低端生产性服务业和批发和零售业没有通过门限效应检验,在门限值前后均对经济增长没有显著影响。

第二,从长江经济带城市群差异来看:(1)长三角城市群生产性服务业总体、高端生产性服务业和行业层面的金融业、房地产业显著存在单一门限,低端生产性服务业存在单一和双重门限;生产性服务业总体、高端生产性服务业以及金融业通过门限效应检验,跨越门限值前显著正向影响经济增长,跨越门限值后显著负向影响经济增长;低端生产性服务业和房地产业没有通过门限效应检验,在门限值前后均对经济增长没有显著影响。(2)长江中游城市群生产性服务业总体显著存在单一门限,高端生产性服务业和行业层面的房地产业显著存在双重门限;生产性服务业总体通过门限效应检验,跨越门限值前对经济增长没有显著影响,跨越门限值后显著负向影响经济增长;高端生产性服务业通过门限效应检验,跨越第一门限值前后对经济仍为正向影响但影响程度降低,跨越第二门限值后显著负向影响经济增长。(3)成渝城市群生产性服务业总体、低端生产性服务业,行业层面的交通运输、仓储和邮政业以及科学研究、技术服务和地质勘查业显著存在单一门限,批发和零售业显著存在双重门限;生产性服务业总体通过门限效应检验,跨越门限值前对经济增长没有显著影响,跨越门限值后显著负向影响经济增长;低端生产性服务业,行业层面的批发和零售业,交通运输、仓储和邮政业,科学研究、技术服务和地质勘查业没有通过门限效应检验,在门限值前后均对经济增长没有显著影响。(4)滇中城市群不同层级生产性服务业,行业层面的金融业、房地产业以及租赁和商务服务业显著存在单一门限，科学研究、技术服务和地质勘查业显著存在双重门限；生产性服务业通过门限效应检验，跨越门限值前对经济增长显著负向影响经济增长，跨越门限值后对经济增长没有显著影响；高端生产性服务业和金融业通过门限效应检验，跨越门限值前对经济增长显著正向影响经济增长，跨越门限值后显著负向影响经济增长。（5）黔中城市群金融业和房地产业显著存在单一门限，但没有通过门限效应检验，在门限值前后均对经济增长没有显著影响。除此之外，各个城市群其他层级或其他行业集聚对经济增长的影响都没有门限效应。

第三，从假说验证结果来看，上述结论与假设6-1存在一定出入，但验证了假设6-2。对假设6-1而言，上述结论表明不是所有层级或所有行业生产性服务业集聚都对经济增长的影响存在门限效应，故与假设6-1并非完全一致。对假设6-2而言，上述结论从长江经济带城市群整体和各个城市群分析的结论都表明，不同层级、不同行业生产性服务业集聚影响经济增长的门限效应存在显著不同，故假设6-2得到验证。

第七章　长江经济带城市群生产性服务业集聚影响经济增长的空间效应分析

第五章和第六章基于面板 IV-GMM 模型和面板门限回归模型实证分析了长江经济带城市群生产性服务业集聚对经济增长的影响，这属于传统计量经济分析的范畴。这种传统计量分析方法建立在城市经济增长仅受到自身城市变量影响而与其他城市无关的假设之上。近年来，空间计量经济学发展迅猛，对传统经济学的"空间无关"假设形成冲击，空间计量分析认为，"空间效应"广泛存在于地理位置相近的两个地区之间，而传统计量经济学可能因为忽略空间效应而导致模型参数估计结果出现偏差。本章认为生产性服务业集聚必将产生空间效应，借助地理近邻的优势，促进资源要素、知识人才以及技术信息的交流，从而对经济增长产生显著影响。因此，有必要对长江经济带城市群生产性服务业集聚的空间效应进行检验。本章分析逻辑思路如图 7-1 所示。

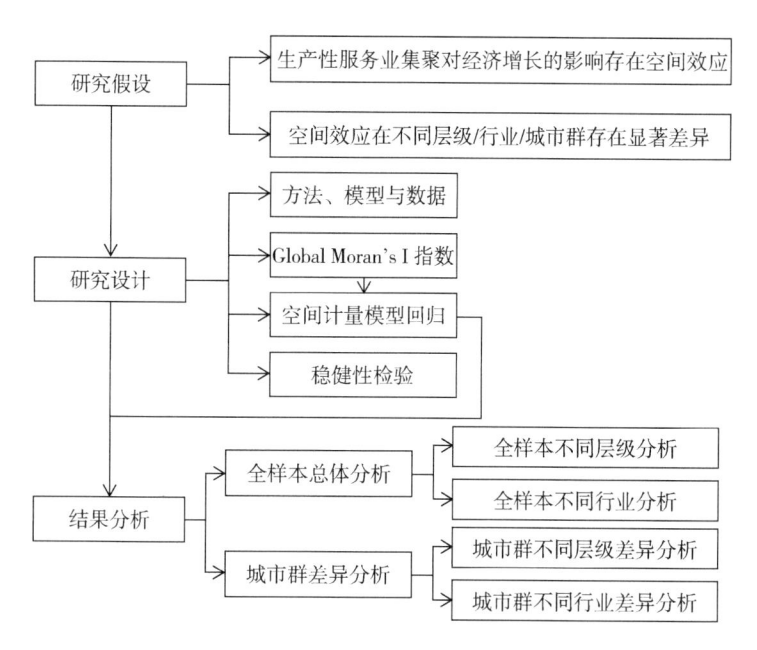

图 7-1　长江经济带城市群生产性服务业集聚影响经济增长的空间效应分析逻辑

第一节　研究假设

近年来，学者开始关注产业集聚与经济增长关系的空间效应的检验，从既有文献来看，经济增长溢出的确将影响产业集聚。Krugman（1991）提出，资本和劳动等生产要素倾向于向规模较大的市场集聚，当运输成本在合理范围内，会有越来越多的企业向大规模市场集聚。Hanson（2005）研究发现，地理集聚是经济活动空间分布的稳定特征，其影响随距离的增加而逐渐降低，当超过 800 公里后，集聚中心对其影响降为零。赵增耀和夏斌（2012）研究发现，工业集聚和经济增长存在非线性关系，当市场潜能跨越门限值后，经济增长溢出效应对工业集聚的推动才能显现出来。席强敏等（2016）的研究进一步证明，生产性服务业集聚与经济增长溢出效应之间同样存在显著的正向关系。

在产业集聚对经济增长溢出影响的研究方面,有学者认为产业集聚有利于知识技术创新,从而有利于提升区域创新能力,并最终促进经济增长(Pacione,2013)。与特定产业相关的企业在地理位置上的集聚,能够促进企业之间形成"非市场关联效应",增强企业间活动的密度,不仅有利于降低企业间交易成本,还能借助"知识溢出"效应推动知识技术在企业间的传递,一定程度上可以提升企业间信任感,形成知识技术生产、传递、转移以及共享的良性循环,并最终形成持续推动经济增长的动力(Sequeira & Marques,2011;周孝和冯中越,2016;张晓宁和金桢栋,2018)。在生产性服务业集聚相关研究方面,余泳泽等(2016)研究发现,高端和低端生产性服务业对经济增长的影响有所差异,高端生产性服务业集聚对制造业全要素生产率提升具有显著促进作用,而低端生产性服务业集聚对经济增长的空间效应更显著。

随着区域市场一体化程度的不断提升,产业集聚效应及扩散效应不断增强(孙博文和雷明,2018)。张志彬(2019)研究发现,城市群逐步形成了生产性服务业集聚在中心城市、制造业集聚在中心城市外围的"中心—外围"空间格局,城市群首位度的降低和中心城市功能的转变,有助于提高城市群经济增长速度。刘书瀚和于化龙(2020)研究表明,珠三角城市群生产性服务业集聚对本地区和相邻地区经济增长均具有显著的正影响,而长三角城市群和京津冀城市群生产性服务业集聚对本地区和相邻地区经济增长的影响均不显著。综合可知,影响一个城市经济增长的因素既可能来自本市,也可能同时来自其他相邻或不相邻的城市。为此,提出如下研究假设:

假设7-1:长江经济带城市群生产性服务业集聚影响经济增长具有空间效应。

假设7-2:不同层级、不同行业、不同城市群的生产性服务业集聚影响经济增长的空间效应存在差异。

第二节 研究设计

一 研究方法

(一) 空间计量分析

空间计量分析是计量经济学的重要分支，自20世纪创立以来发展迅猛，已经形成完备的检验思路和分析框架。空间计量分析的基本内容包括空间相关性检验以及空间计量参数估计等，其本质是剔除传统计量经济学"空间独立"或"空间不相关"假设，要求在空间计量模型中增加空间权重矩阵，对变量间的"空间依赖性"和"空间异质性"等空间效应进行实证检验。这就意味着，当考虑空间效应后，任意与地理位置相关的变量，将不仅仅影响本地相关变量，而且对其他地区的相关变量产生影响。因此，空间计量分析就是以空间相关性检验和空间计量模型参数估计展开的，一般的分析步骤包括：首先，在明确研究问题相关变量的基础上，采用合适方法对变量的空间相关性进行检验，判断变量是否存在空间相关性；其次，在通过空间相关性检验的基础上，依据相关理论或研究文献构建适合的空间权重并建立空间计量模型；最后，采用适当方法对模型参数进行估计，并结合参数估计值和显著性对参数进行经济解释。

(二) 空间自相关的度量与检验

空间自相关检验是判断变量是否存在空间效应的关键方法，也是空间计量分析的第一步。通常情况下，全局空间自相关和局部空间自相关是变量空间自相关的两种表现形式，其中全局空间自相关用来测度被研究变量在样本空间整体的自相关水平，而局部空间自相关则用来测度特定区域与周边区域的空间自相关程度。

(1) 全局空间自相关的度量与检验。"全局莫兰指数 I" (Global Moran's I) 是测度全局空间自相关的主要检验方法，本章采用该方法进行检验。

假设有空间经济变量序列，则其全局莫兰指数的计算公式可表达为：

$$I = \frac{n \sum_{i=1}^{n} \sum_{j=1}^{n} w_{ij}(x_i - \bar{x})(x_j - \bar{x})}{\sum_{i=1}^{n}(x_i - \bar{x})^2 \sum_{i=1}^{n} \sum_{j=1}^{n} w_{ij}} \qquad (7-1)$$

其中，n 为观测单元的多边形数目或质点数目；w_{ij} 为空间权重矩阵，$\sum_{i=1}^{n} \sum_{j=1}^{n} w_{ij}$ 为所有空间权重之和。通常情况下，为便于得到区域 i 所有相邻区域的空间效应平均值，应将空间权重矩阵进行标准化处理。将空间权重矩阵进行标准化处理以后，则 $\sum_{i=1}^{n} \sum_{j=1}^{n} w_{ij} = n$，于是可将全局 Moran's I 简化为：

$$I = \frac{n \sum_{i=1}^{n} \sum_{j=1}^{n} w_{ij}(x_i - \bar{x})(x_j - \bar{x})}{\sum_{i=1}^{n}(x_i - \bar{x})^2} \qquad (7-2)$$

一般来说，全局 Moran's I 的取值范是 $[-1, 1]$。如果 $I > 0$，表示存在正向空间相关性，反映研究区域整体的经济特征具有相似性，地区 i 和地区 j 表现为"高—高"相邻或"低—低"相邻；如果 $I < 0$，表示存在负向空间相关性，反映研究区域整体的经济特征存在异质性，地区 i 和地区 j 表现为"高—低"相邻或"低—高"相邻；如果 $I = 0$ 或 $I \approx 0$，表明没有空间相关性，反映研究区域整体的经济特征没有空间规律，地区 i 和地区 j 表现为高值低值区域的无规律分布，此时不应构建空间计量模型，采用传统计量模型分析即可。

（2）局部空间自相关的度量与检验。局部空间相关检验用于考察某区域 i 附近的个体空间集聚情况，本章采用"局部莫兰指数 I"（Local Moran's I）进行检验。

假设有空间经济变量序列 $\{x_i\}_{i=1}^{n}$，则其局部 Moran's I 的计算公式为：

$$I = \frac{n(x_i - \bar{x}) \sum_{j=1}^{n} w_{ij}(x_j - \bar{x})}{\sum_{i=1}^{n}(x_i - \bar{x})^2} \qquad (7-3)$$

根据式（7-3）计算得出的局部 Moran's I，可对某区域 i 附近的个体空间集聚情况进行判断。如果 $I>0$，反映地区 i 和周边地区 j 的经济特征具有相似性，即如果地区 i 为高值（低值），则其周边地区为高值（低值）；如果 $I<0$，反映地区 i 和周边地区 j 的经济特征具有异质性，即如果地区 i 为高值（低值），则其周边地区为低值（高值）。

（三）空间计量模型的选择

如果变量通过空间自相关检验，则需要选择合适的空间计量模型进行空间效应实证检验。当前，空间自回归（SAR）模型、空间误差（SEM）模型、空间杜宾（SDM）模型和空间交叉（SAC）模型是空间计量的主要模型。上述模型的本质区别在于空间传导机制假定的不同，从而使各模型代表了不同的经济含义（Anselin et al.，2006）。其中，SAR 模型假设不同地区的被解释变量是空间效应传导变量，可以通过空间效应作用相互产生影响，因此将被解释变量的空间滞后因素纳入模型；SEM 模型假定被解释变量和解释变量的空间效应是随机冲击的结果，空间效应仅包含在误差项中，因此仅将误差项的空间滞后因素纳入回归模型；而 SAC 模型和 SDM 模型则更一般地假设被解释变量和残差项均存在空间相互作用，因此，将因变量空间滞后和误差项空间滞后因素同时纳入回归方程进行分析。通常情况下，学者往往根据研究问题和数据特点选择适当的模型进行分析。目前，国内相关研究仍多以 SEM 模型和 SAR 模型为空间计量分析的选择模型，但越来越多的学者开始依赖数据特征检验结果选择空间计量分析模型，空间 SDM 模型开始成为空间计量分析的主流模型选择，但是在空间问题处理严密性以及参数估计稳健性检验方面仍有待进一步提高。

二 模型构建

(一) 空间计量模型的构建

鉴于不同类型的空间计量模型所揭示的经济含义有所差别,为了获取拟合效果最优的空间计量模型,本章参照 LeSage 和 Pace (2009) 的思路,从 SDM 模型开始,再结合相关检验判断是否能够转化为 SAR 模型或 SEM 模型。本章建立如式 (7-4) —式 (7-7) 所示的空间计量模型。其中式 (7-4) 和式 (7-5) 分别为 SDM 模型和 SAC 模型,而式 (7-6) —式 (7-7) 是对 SDM 模型和 SAC 模型分别附加一定限制条件后得到的 SAR 模型和 SEM 模型。

$$\ln PGDP_{it} = \beta_0 + \delta W \ln PGDP_{it} + \beta_1 agg_{it} + \beta_2 X_{control} + \theta_1 W agg_{it} + \theta_2 W X_{control} + \varepsilon_{it} \quad (7-4)$$

$$\ln PGDP_{it} = \beta_0 + \delta W \ln PGDP_{it} + \beta_1 agg_{it} + \beta_2 X_{control} + \mu_{it}$$
$$\mu_{it} = \lambda W \mu_{it} + \varepsilon_{it} \quad (7-5)$$

当 SDM 模型考察的空间交互作用不存在,区域间只存在单向空间相关,即 $\theta_i = 0$,$i = 1$,2 时,或者空间 SAC 模型中空间误差项的系数 $\lambda = 0$ 时,就是相应的空间 SAR 模型:

$$\ln PGDP_{it} = \beta_0 + \delta W \ln PGDP_{it} + \beta_1 agg_{it} + \beta_2 X_{control} + \varepsilon_{it} \quad (7-6)$$

当 SDM 模型中的空间交互项系数 θ_i、因变量空间滞后项系数 δ 以及回归系数 β_i 之间满足 $\theta_i = -\delta \beta_i$ 时,或者 SAC 模型中的空间滞后项的系数 $\delta = 0$ 时,就是相应的空间 SEM 模型:

$$\ln PGDP_{it} = \beta_0 + \beta_1 agg_{it} + \beta_2 X_{control} + \mu_{it}$$
$$\mu_{it} = \lambda W \mu_{it} + \varepsilon_{it} \quad (7-7)$$

在式 (7-4) —式 (7-7) 中,$\ln PGDP_{it}$ 为被解释变量,agg 为生产性服务业,$X_{control}$ 为系列控制变量,W 为空间权重矩阵,μ_{it} 和 ε_{it} 是服从独立同分布的扰动项,满足 $\mu_{it} \sim iid(0, \sigma^2)$、$\varepsilon_{it} \sim iid(0, \sigma^2)$。

(二) 空间权重矩阵的选取

常见的空间权重矩阵包括地理邻接权重矩阵、地理距离权重矩阵和经济空间权重矩阵三种,其中地理邻接权重矩阵为最常用权重矩阵。为与增强与已有研究的可比性,本章选择地理邻接矩阵作为权重矩阵。如式 (7-8) 所示,地理邻接权重矩阵通常根据空间单元的邻接性来确定,如果两地区相邻,则权重矩阵中所对应元素取 1,否则取 0。

$$W_{ij} = \begin{cases} 1, & i \text{ 和 } j \text{ 相邻} \\ 0, & i \text{ 和 } j \text{ 不相邻} \end{cases} \quad (7-8)$$

但是,也有学者认为地理邻接权重矩阵并不足以充分反映区域之间关联的客观事实(李婧等,2010)。一方面,经济活动的空间效应不只局限于与之相邻的地区,一个省份的经济策略能够被所有地区观测到,但相应的影响强度会随着距离的增加而衰减。另一方面,一个省份与所有与之不相邻省份的空间关联强度是不同的,如上海市和合肥市、贵阳市的权重都为 0,但是上海市对与之区位相近的合肥市的影响肯定要大于与之区位较远的贵阳市的影响。基于此,本章选择地理距离权重矩阵作为稳健性检验的空间矩阵,该矩阵主对角线元素均为 0,非主对角线上的元素为 $1/d^2$,其中 d 为两个省份地理中心位置之间的距离,如式 (7-9) 所示。

$$W_{ij} = \begin{cases} 1, & i \neq j \\ 0, & i = j \end{cases} \quad (7-9)$$

(三) 空间计量模型的直接效应、间接效应和总效应的测算

在包含空间滞后项的空间计量模型中,自变量对因变量的影响不能简单地用回归系数表征。为准确估计自变量对因变量的影响,有学者提出可以通过对自变量求偏微分的方法,分别估算自变量对因变量产生的直接效应、间接效应(空间溢出效应)和总效应(LeSage & Pace, 2008)。其中,直接效应表示自变量 x 对本区域 y 的平均影响,间接效应反映了自变量 x 对其他区域 y 的平均影响,而总效应反映的是自变量 x 对全部

区域产生的平均影响。具体计算过程如下:

将 SDM 模型的一般形式转化为:

$$(I_n - \delta W) Y = \tau_n \beta'_0 + \beta X + \theta W X + \varepsilon \qquad (7-10)$$

令 $P(W) = (I_n - \delta W)^{-1}$,$Q_m(W) = P(W)(I_n \beta_m + \theta_m W)$,则上式可以转换为:

$$Y = \sum_{m=1}^{k} Q_m(W) X_m + P(W) \tau_n \beta'_0 + P(W) \varepsilon \qquad (7-11)$$

把式 (7-11) 转换成矩阵形式可得:

$$\begin{bmatrix} Y_1 \\ Y_2 \\ Y_3 \\ \cdots \\ Y_n \end{bmatrix} = \sum_{m=1}^{k} \begin{bmatrix} Q_m(W)_{11} & Q_m(W)_{12} & \cdots & Q_m(W)_{1n} \\ Q_m(W)_{21} & Q_m(W)_{22} & \cdots & Q_m(W)_{2n} \\ \vdots & \vdots & \cdots & \vdots \\ Q_m(W)_{(n-1)1} & Q_m(W)_{(n-1)2} & \cdots & Q_m(W)_{(n-1)n} \\ Q_m(W)_{n1} & Q_m(W)_{n2} & \cdots & Q_m(W)_{nn} \end{bmatrix} \begin{bmatrix} X_{1m} \\ X_{2m} \\ X_{3m} \\ \cdots \\ X_{nm} \end{bmatrix} +$$

$P(W)(\tau_n \beta'_0 + \varepsilon)$

式中, $m = 1, 2, \cdots, k$, 表示第 m 个解释变量。等号右侧第一个矩阵即是 Lesage 和 Pace (2009) 提出的偏微分矩阵, 其对角线上的元素反映了特定空间单元里 X_{ik} 变量的变化对本单元因变量造成的平均影响 (直接效应); 非对角线上的元素表示特定空间单元 X_{ik} 变量的变化对其他空间单元因变量的平均影响 (间接效应)。直接效应为 $direct = \frac{\partial Y_i}{\partial X_{im}} = Q_m(W)_{ii}$, 间接效应为 $indirect = \frac{\partial Y_i}{\partial X_{jm}} = Q_m(W)_{ij}$, 总效应为 $direct = Q_m(W)_{ii} + Q_m(W)_{ij}$。

三 变量选取

本章关注长江经济带生产性服务业集聚对经济增长的空间效应, 因此选择生产性服务业作为空间效应检测核心变量 (agg), 在具体模型中包括生产性服务业 (APS), 高端生产性服务业 (HPS), 低端生产性服务业（LPS），以及行业层面的批发和零售业（Raw）、交通运输、仓储和邮政业（Twap）、信息传输、计算机服务和软件业（Icas）、金融业（Finance）、房地产业（Rae）、租赁和商务服务业（Lab）以及科学研究、技术服务和地质勘查业（Stag），共10个具体指标。

此外，本章被解释变量（$\ln PGDP_{it}$）仍然延续第五章的做法，采用实际人均地区生产总值的对数作为代理变量，控制变量同样延续第五章的做法，包括人均资本存量（$\ln K_p$）、人力资本（lnhum）、产业结构（Nas）、政府规模（lnGov）、科技投入（lnRD）、基础设施（lnRoad）、金融发展（lnLoan）和外资依赖度（lnFDI）。本章研究样本依然为2004—2018年长江经济带城市群的77个地级市，数据来源不再赘述。

第三节 空间自相关检验

一 全局相关性检验

表7-1展示了长江经济带城市群生产性服务业集聚及经济增长的全局莫兰指数I检验结果。从lnPGDP的检验结果来看，其全局莫兰指数I全部通过1%的显著性水平检验且全部为正向空间效应，说明在长江经济带城市群中，实际人均GDP水平较高的城市周围的城市往往实际人均GDP水平也较高。若考虑时间趋势，可以发现lnPGDP的全局莫兰指数I从2003年的0.570下降到2014年的0.362后，又回升至2018年的0.415，呈逐出先下降后上升的"U"形趋势。说明长江经济带城市群不同城市间实际人均GDP随时间的变化趋势的一致性经历了先减弱后增强的变化过程。

从不同层级生产性服务业集聚的检验结果来看，APS全局莫兰指数I在2003年和2018年通过至少10%的显著性检验且全部为正向空间效应，而在其他年度没有通过显著性检验，说明在2003年和2018年长江经济带城市群不同城市间的生产性服务业集聚水平相当，但在其他年度不存在空间相关性。*HPS* 全局莫兰指数 I 检验结果表明长江经济带城市群不同城市间的高端生产性服务业集聚关系不存在空间相关性。*LPS* 全局莫兰指数 I 在 2003—2004 年和 2012—2018 年通过至少 10% 的显著性水平检验且全部为正向空间效应，而在其他年度没有通过显著性检验，说明长江经济带城市群不同城市间的低端生产性服务业集聚的空间相关性呈现出先下降至不相关又恢复至正相关并不断增加的"U"形趋势。由此可知，具有低端生产性服务业集聚优势的城市周围仍然是具有低端生产性服务业优势的城市。

从不同行业生产性服务业集聚的检验结果来看，*Raw* 和 *Finance* 具有跟 *LPS* 相似的莫兰指数 I 检验结果和分布特征，这说明批发和零售业以及金融业集聚的空间相关性均表现为"U"形趋势，即在具备空间相关性的年度，具有批发和零售业集聚优势的城市周围仍然是具有批发和零售业优势的城市，具有金融业集聚优势的城市周围仍然是具有金融优势的城市。*Twap*、*Icas* 和 *Rae* 具有跟 *APS* 相似的莫兰指数 I 检验结果，即只在极少年份具有空间相关性，大部分年份表现为空间不相关。*Lab* 的全局莫兰指数 I 在全部年份都通过了至少 10% 的显著性检验，全局莫兰指数 I 大小相似且全部为正，说明具有租赁和商务服务业集聚优势的城市周围仍然是具有租赁和商务服务业集聚优势的城市。*Stag* 的全局莫兰指数 I 在 2003—2011 年都通过了至少 10% 的显著性水平检验且为负向空间效应，而在 2012—2018 年没有通过空间相关检验，这说明在 2003—2011 年具有科学研究、技术服务和地质勘查业集聚优势的城市周围往往是不具备科学研究、技术服务和地质勘查业集聚优势的城市，但自 2012 年以来，这种现象得到改变，即不同城市科学研究、技术服务和地质勘查业集聚的空间效应已经消失。

表7-1 长江经济带城市群生产性服务业集聚及经济增长的全局莫兰指数I检验结果

年度	lnPGDP	APS	HPS	LPS	Raw	Twap	Icas	Finance	Rae	Lab	Stag
2003	0.570***	0.219**	0.086	0.276***	0.155**	-0.006	0.131*	0.319***	0.055	0.279***	-0.177**
2004	0.554***	0.055	-0.050	0.171**	0.085	-0.043	0.002	0.193**	0.005	0.225**	-0.178**
2005	0.518***	-0.092	-0.111	0.001	-0.026	-0.053	0.044	0.085	0.101	0.232**	-0.177**
2006	0.515***	-0.103	-0.108	-0.031	-0.029	-0.146*	0.025	0.037	0.079	0.235**	-0.188**
2007	0.497***	-0.130	-0.120	-0.065	-0.031	-0.137	0.085	0.027	0.084	0.136*	-0.206**
2008	0.466***	-0.113	-0.113	-0.057	-0.043	-0.079	0.031	-0.006	0.032	0.123*	-0.184**
2009	0.441***	-0.085	-0.149*	0.001	-0.050	0.011	0.104	-0.011	-0.042	0.223**	-0.184**
2010	0.419***	-0.048	-0.118	0.050	-0.010	-0.160*	0.106	0.029	0.061	0.305***	-0.193**
2011	0.406***	-0.008	-0.012	0.029	0.011	-0.06	0.048	0.036	-0.015	0.171**	-0.168*
2012	0.386***	-0.004	-0.029	0.027*	-0.005	-0.024	0.006	0.062	0.064	0.223**	-0.151*
2013	0.415***	0.050	0.027	0.085*	0.113**	-0.023	-0.067	0.041	0.138*	0.186**	-0.096
2014	0.362***	0.100	0.056	0.146*	0.268**	-0.106	0.045	0.082	0.142*	0.200**	-0.098
2015	0.371***	0.088	0.049	0.118*	0.215**	-0.055	0.010	0.066*	0.098	0.116*	-0.075
2016	0.383***	0.073	0.019	0.150**	0.292**	-0.079	-0.023	0.071*	0.093	0.096*	-0.116
2017	0.401***	0.061	0.053	0.166**	0.217**	0.019	-0.068	0.225**	0.179**	0.188**	-0.079
2018	0.415***	0.137*	0.060	0.240**	0.220**	0.095	-0.071	0.228**	0.106	0.271**	-0.088

注：(1) 检验前对空间权重矩阵进行了标准化处理；(2) 所有检验结果均为双边检验。

图7-2展示了长江经济带城市群生产性服务业集聚及经济增长全局莫兰指数I变化趋势，图中仅列示了表7-1中全局莫兰指数I显著的变量。从图中可以看出，ln$PGDP$下降趋势非常显著，尽管2014年以来有所上升，但上升幅度远低于下降幅度。LPS、Raw和$Finance$的"U"形趋势明显，但自2012年以来，上升幅度增大，说明具备该行业集聚优势的城市群正在形成。Lab的波动平衡分布特征和$Stag$的负向集聚效应减弱趋势较明显。

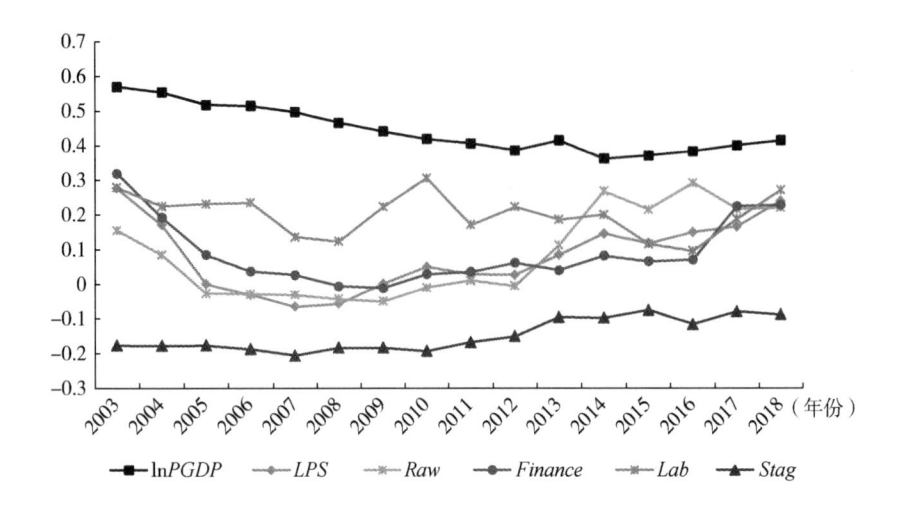

图 7-2　长江经济带城市群生产性服务业集聚及经济增长
全局莫兰指数 I 变化趋势

二　局部相关性检验

结合表 7-1 长江经济带城市群生产性服务业集聚及经济增长空间自相关检验的对比，使用 2003 年和 2018 年[①]全局莫兰指数 I 进行局部空间相关分析。为方便对照分析，我们分别绘制了长江经济带城市群 77 个城市的经济增长（ln$PGDP$）、生产性服务业总体（APS）、高端生产性服务业（HPS）和低端生产性服务业（LPS）四个变量[②]的 Moran 散点图（见图 7-3）。Moran 散点图将长江经济带城市群的上述变量分成四个象限的空间关联模式，第一象限表示"高—高"关联，第二象限表示"低—高"关联，第三象限表示"低—低"关联，第四象限表示

---

① 关于 Moran 散点图数据的选择，一般有采用第一期数据、最后一期数据或多期数据均值三种方法。本章考虑到对数据趋势分析的需要，所以选取了第一期（2003 年）和最后一期（2018 年）的数据制作 Moran 散点图。

② 限于篇幅限制，这里仅展示了不同层级的生产性服务业 Moran 散点图，而未列示不同行业的 Moran 散点图。

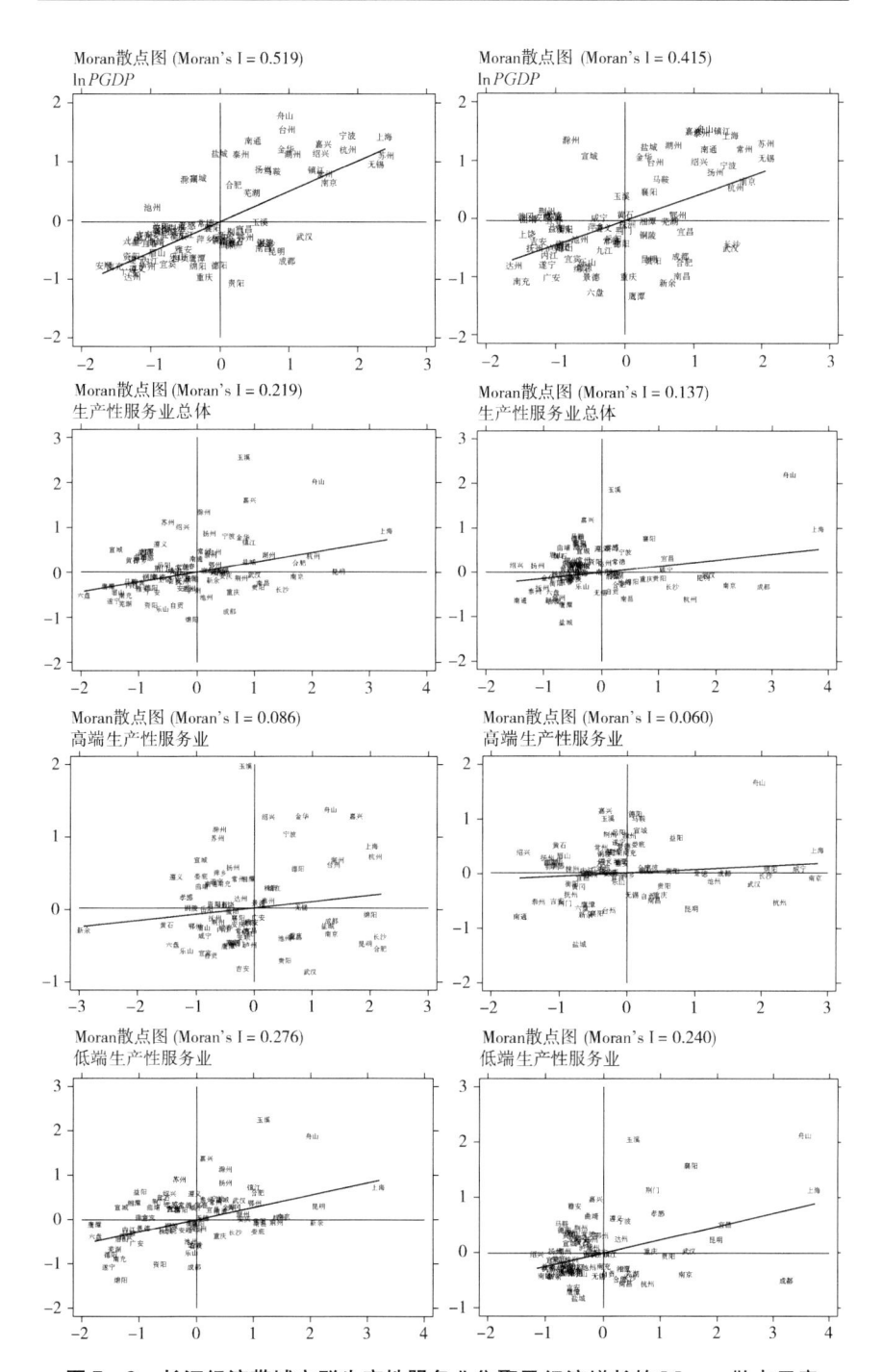

图 7-3 长江经济带城市群生产性服务业集聚及经济增长的 Moran 散点示意

"高—低"关联。每幅小图的左上角标注了变量名称,其中左图表示2003年,右图表示2018年。

从 $\ln PGDP$、APS、HPS 和 LPS 的 Moran 散点图分布特征来看,样本城市均主要分布在第一、第三象限,且第三象限内城市的 Moran 散点较为集中,而第一象限城市的 Moran 散点比较分散,这表明长江经济带城市群的空间关联以正向关联为主,且分布在第三象限的城市的 $\ln PGDP$、APS、HPS 和 LPS 发展水平较为相似,而分布在第一象限城市的 $\ln PGDP$、APS、HPS 和 LPS 发展水平差异较大。从2003年和2018年 $\ln PGDP$、APS、HPS 和 LPS 的 Moran 散点图对比来看,Moran 指数拟合曲线的斜率均呈现一定程度的下降,说明长江经济带城市群的空间正向关联关系有所减弱。从 $\ln PGDP$、APS、HPS 和 LPS 的 Moran 指数来看,$\ln PGDP$、LPS、APS、HPS 的 Moran 指数逐渐减小,说明长江经济带城市群经济增长的空间自相关效应最强,低端生产性服务业和生产性服务业总体的空间自相关效应次之,高端生产性服务业空间自相关效应最弱。

第四节 实证结果与分析

空间自相关检验结果表明,长江经济带城市群生产性服务业集聚及经济增长存在显著的空间效应。而传统计量经济分析没有考虑样本城市的空间效应,因此构建的计量模型及估计的参数结果可能存在一定偏误。在空间模型选择方面,如果根据 LM 检验结果选择 SAR 或 SEM 模型,可能由于这两个模型缺少空间滞后变量造成变量遗漏偏误。为避免这一问题,LeSage 和 Pace(2009)提出空间面板建模应从 SDM 模型开始,再结合相关检验判断是否能够转化为 SAR 模型或 SEM 模型。因此,本章首先考虑 SDM 模型,并根据似然比(LR)检验结果进行判断。

一 生产性服务业集聚影响经济增长空间效应的全样本分析

(一) 不同层级生产性服务业集聚影响经济增长空间效应的全样本分析

表7-2展示了长江经济带城市群不同层级生产性服务业集聚空间效应SDM模型的估计结果,模型(1)—模型(3)分别将生产性服务业(APS)、高端生产性服务业(HPS)和低端生产性服务业(LPS)纳入空间效应分析模型,该表的上半部分是没有包含空间滞后项的回归结果,该表的下半部分是包含空间滞后项的回归结果。由该表可知,SDM模型与SAR模型、SEM模型的LR检验结果均支持SDM模型,Hausman检验均支持固定效应模型。从调整R^2和Log-Likelihood估计可知模型拟合较好。

从核心解释变量(APS、HPS、LPS)的回归系数来看,生产性服务业总体(APS)和高端生产性服务业(HPS)的直接影响系数均显著为负,说明从长江经济带城市群发展的整体水平来看,生产性服务业和高端生产性服务业集聚已经对城市经济增长产生阻碍作用。而对核心解释变量(APS、HPS、LPS)的空间滞后系数进行分析,仅有低端生产性服务业(LPS)通过10%的显著性水平检验,且其作用系数为正,说明从长江经济带城市群整体来看,低端生产性服务业集聚将对其他城市产生促进作用,即从空间分布来看,低端生产性服务业集聚具有显著的"空间溢出"。

从各控制变量空间滞后性来看,lnGov的空间滞后系数为负,lnFDI的空间滞后系数为正,且均通过了10%的显著性水平检验,其他控制变量的空间滞后系数则没有通过显著性检验,这说明,lnGov表现为"空间极化"效应,即周边地区政府一般财政预算支出的增加将对本地经济增长产生负向影响,而lnFDI表现为"空间溢出"效应,即周边地区当年实际使用外资的增加有利于本地经济增长。

表7-2　　长江经济带城市群不同层级生产性服务业集聚
空间效应 SDM 模型的估计结果

	模型（1）	模型（2）	模型（3）
APS	-0.0124 (0.0482)		
HPS		-0.0272 (0.0426)	
LPS			0.00352 (0.0304)
$\ln K_p$	0.0554 (0.0328)	0.0571 (0.0327)	0.0560 (0.0327)
$\ln Hum$	0.0456 (0.0234)	0.0459 (0.0239)	0.0453 (0.0235)
Nas	0.0248*** (0.0049)	0.0248*** (0.0048)	0.0248*** (0.0049)
$\ln Gov$	0.1550* (0.0615)	0.1540* (0.0612)	0.1550* (0.0612)
$\ln RD$	-0.0002 (0.0074)	-0.0002 (0.0074)	-0.0004 (0.0075)
$\ln Road$	0.0252 (0.0294)	0.0259 (0.0295)	0.0262 (0.0299)
$\ln Loan$	-0.0115 (0.0302)	-0.0118 (0.0300)	-0.0097 (0.0307)
$\ln FDI$	0.0296* (0.0145)	0.0304* (0.0144)	0.0293* (0.0145)
$W \cdot APS$	-0.0184 (0.0895)		
$W \cdot HPS$		-0.0481 (0.0829)	
$W \cdot LPS$			0.0075* (0.0589)
$W \cdot \ln K_p$	0.0266 (0.0357)	0.0311 (0.0364)	0.0284 (0.0350)

续表

	模型（1）	模型（2）	模型（3）
$W \cdot \ln Hum$	-0.0308 (0.0434)	-0.0313 (0.0437)	-0.0333 (0.0429)
$W \cdot Nas$	0.00515 (0.0067)	0.00496 (0.0067)	0.0052 (0.0067)
$W \cdot \ln Gov$	-0.1310* (0.0565)	-0.1340* (0.0565)	-0.1310* (0.0572)
$W \cdot \ln RD$	0.00000145 (0.0216)	0.000037 (0.0218)	-0.000146 (0.0218)
$W \cdot \ln Road$	-0.0408 (0.0484)	-0.0400 (0.0494)	-0.0383 (0.0477)
$W \cdot \ln Loan$	-0.0506 (0.0505)	-0.0511 (0.0498)	-0.0483 (0.0513)
$W \cdot \ln FDI$	0.0352* (0.0164)	0.0371* (0.0175)	0.0346* (0.0168)
Hausman	108.50***	107.42***	105.72***
adj. R^2	0.7702	0.7708	0.773
Log-Likelihood	1014.9760	1015.8075	1014.7853
N	1232	1232	1232

LPS 的空间滞后系数不能反映城市间 $\ln PGDP$ 的空间交互效应关系，因而需要从 $\ln PGDP$ 对 LPS 的偏微分视角进行直接效应和间接效应分析。表 7-3 展示了长江经济带城市群不同行业生产性服务业集聚 SDM 模型中的直接效应和间接效应。① 可以看出直接效应、间接效应和总效应均在 10% 的水平上显著为正，这说明长江经济带城市群低端生产性服务业集聚对经济增长具有正向促进作用，一方面对本地经济增长具有促进作用；另一方面因具有"空间溢出"效应而对其他城市经济增长也具有促进作用。此外，APS、HPS 对 $\ln PGDP$ 的直接效应、间接效应和总效应均不显著，这与表 7-2 包含空间滞后项的研究结果相似。

---

① 考虑到篇幅限制，这里仅展示了核心解释变量的空间效应估计结果。

表 7-3　长江经济带城市群不同行业生产性服务业集聚
SDM 模型中的直接效应和间接效应

类型	APS	HPS	LPS
直接效应	-0.0103 (0.0499)	-0.025 (0.0441)	0.0046* (0.0313)
间接效应	-0.0153 (0.0873)	-0.045 (0.0807)	0.00971* (0.0572)
总效应	-0.0257 (0.0911)	-0.0699 (0.0824)	0.0143* (0.0622)

(二) 不同行业生产性服务业集聚影响经济增长门限效应的全样本分析

表 7-4 展示了长江经济带城市群不同行业生产性服务业集聚空间效应 SDM 模型的估计结果,考虑到篇幅限制,模型(1)—模型(7)仅展示了核心解释变量的估计结果,而未包含控制变量的估计结果。表 7-4 可以分成四个部分,第一部分是没有包含空间滞后项的回归结果,第二部分是包含空间滞后项的回归结果,第三部分是模型检验结果,第四部分是核心解释变量的直接效应、间接效应和总效应估计结果。从表 7-4 可以看出,SDM 模型与 SAR 模型、SEM 模型的 LR 检验结果均支持 SDM 模型,Hausman 检验均支持固定效应模型。从调整 R^2 和 Log-Likelihood 估计可知模型拟合较好。

从核心解释变量 (*Raw*、*Twap*、*Icas*、*Finance*、*Rae*、*Lab*、*Stag*) 的回归系数来看,仅部分模型的核心解释变量系数通过显著性检验。模型(4) 中 *Finance* 的直接影响系数在 10% 的水平上显著为负,但考虑空间滞后影响后系数没有通过显著性检验,这说明长江经济带城市群金融业集聚对本地经济增长具有阻碍作用,但对其他城市的经济增长没有显著影响,即不具备"空间溢出"或"空间极化"效应。模型(5) 中 *Rae* 和模型(7) 中 *Stag* 在仅考虑直接影响时没有通过显著性检验,但考虑空间滞后影响后系数在 10% 的水平上通过显著性检验,其中 *Rae* 的空间效应系数为负,表示房地产业集聚具有显著的"空间极化"效应,对长江经济带城市群其他城市的经济增长产生阻碍作用;Stag 的空间效应系数为正,表示科学研究、技术服务和地质勘查业集聚具有"空间溢出"效应,对长江经济带城市群其他城市的经济增长具有促进作用。

从通过空间效应显著性检验变量(Rae、Stag)的直接效应和间接效应来看,不同模型间差异较大。对模型(5)而言,直接效应和间接效应均在10%的水平上通过显著性检验,但直接效应系数为正而间接效应系数为负,这说明长江经济带城市群房地产业集聚有利于促进所在城市的经济增长,但会对其他城市的经济增长产生阻碍作用,这再次验证房地产业集聚的"空间极化"效应特征。对模型(7)而言,直接效应不显著而间接效应在10%的水平上通过显著性检验且系数为正,这说明长江经济带城市群科学研究、技术服务和地质勘查业集聚没有显著影响所在城市的经济增长,但会对其他城市的经济增长产生促进作用,使得其"空间溢出"效应再次被验证。

表7-4　　长江经济带城市群不同行业生产性服务业集聚空间效应 SDM 模型的估计结果

	模型(1)	模型(2)	模型(3)	模型(4)	模型(5)	模型(6)	模型(7)
Raw	-0.0134 (0.0199)						
$Twap$		0.0166 (0.0116)					
$Icas$			-0.0134 (0.0087)				
$Finance$				-0.0310* (0.0298)			
Rae					0.0030 (0.0203)		
Lab						0.0075 (0.0161)	
$Stag$							0.0152 (0.0266)

续表

	模型（1）	模型（2）	模型（3）	模型（4）	模型（5）	模型（6）	模型（7）
$W \cdot Raw$	-0.0178 (0.0441)						
$W \cdot Twap$		0.0220 (0.0183)					
$W \cdot Icas$			-0.0226 (0.0208)				
$W \cdot Finance$				0.0376 (0.0475)			
$W \cdot Rae$					-0.0860* (0.0414)		
$W \cdot Lab$						-0.0145 (0.0332)	
$W \cdot Stag$							0.1890* (0.0734)
Hausman	106.32***	99.52	112.77***	108.230***	112.54***	104.35***	129.64***
adj. R^2	0.7690	0.7764	0.7687	0.7717	0.7685	0.7719	0.7915
Log-Likelihood	1015.7734	1017.3866	1018.0307	1017.8733	1020.6652	1015.3366	1029.9628
N	1232	1232	1232	1232	1232	1232	1232
直接效应	-0.0124 (0.0206)	0.0167 (0.0118)	-0.0128 (0.0088)	-0.0303 (0.0305)	0.00493* (0.0208)	0.00833 (0.0165)	0.0138 (0.0267)
间接效应	0.0542 (0.0319)	0.021 (0.0171)	-0.0205 (0.0194)	0.0388 (0.0465)	-0.0824* (0.0389)	-0.0133 (0.0312)	0.184* (0.0725)
总效应	-0.0268 (0.0445)	0.0377 (0.022)	-0.0333 (0.0220)	0.00854 (0.0516)	-0.0775 (0.0468)	-0.00495 (0.0378)	0.197** (0.0715)

二 生产性服务业集聚影响经济增长空间效应的城市群差异分析

（一）不同层级生产性服务业集聚影响经济增长空间效应的城市群差异

表7-5到表7-7展示了长三角城市群、长江中游城市群与成渝黔滇城市群的不同层级生产性服务业集聚空间效应SDM模型的估计结果。

考虑到篇幅限制，各表中模型仅展示了核心解释变量的估计结果，而未包含控制变量的估计结果。各表均由四个部分组成，第一部分是没有包含空间滞后项的回归结果，第二部分是包含空间滞后项的回归结果，第三部分是模型检验结果，第四部分是核心解释变量的直接效应、间接效应和总效应估计结果。从表7-5到表7-7检验结果可以看出，SDM模型与SAR模型、SEM模型的LR检验结果均支持SDM模型，Hausman检验均支持固定效应模型，调整R^2和Log-Likelihood估计显示模型拟合较好。各模型详细结果分析如下。

1. 长三角城市群不同层级生产性服务业集聚影响经济增长的空间效应

从核心解释变量（APS、HPS、LPS）的回归系数来看，部分模型的系数通过显著性检验。模型（1）中APS的直接影响系数在10%的水平上显著为负，表明长三角城市群生产性服务业集聚对本地经济增长具有阻碍作用，同时具有"空间极化"效用，对其他城市的经济增长产生负向影响。模型（2）中HPS的直接影响系数在10%的显著性水平上为负，考虑空间滞后影响的系数仍显著为负，表明长三角城市群高端生产性服务业集聚对本地经济增长存在阻碍作用，同时具有"空间极化"效用，对其他城市的经济增长具有阻碍作用。对模型（3）而言，LPS的直接影响系数没有通过显著性检验，考虑空间滞后影响后系数仍没有通过显著性检验，表明低端生产性服务业对本地经济增长没有显著影响，同时没有"空间溢出"或"空间极化"效应，未对周边城市经济增长产生显著影响。

从通过空间效应显著性检验变量（APS、HPS）的直接效应和间接效应来看，不同模型间差异较大。对模型（1）而言，直接效应在10%的水平上通过显著性检验且系数为负，但间接效应没有通过显著性检验，这说明长三角城市群生产性服务业集聚对所在城市的经济增长具有阻碍作用，但对其他城市的经济增长没有显著影响，即不具备"空间溢出"或"空间极化"效应。对模型（2）而言，直接效应、间接效应和总效应均在5%的水平上显著为负,这说明长三角城市群高端生产性服务业集聚对本地经济增长具有阻碍作用,同时因具有"空间极化"效应而对其他城市经济增长也具有阻碍作用。同时,高端生产性服务业的总效应为负,表明从长三角城市群整体来看,高端生产性服务业已经产生拥挤效应而对经济增长产生负面影响。

表7-5　　　　长三角城市群不同层级生产性服务业集聚
空间效应 SDM 模型的估计结果

	模型（1）	模型（2）	模型（3）
APS	-0.0973* (0.0528)		
HPS		-0.0933* (0.0503)	
LPS			-0.0458 (0.0424)
$W \cdot APS$	0.0321* (0.0900)		
$W \cdot HPS$		-0.0757** (0.0707)	
$W \cdot LPS$			0.124 (0.0839)
Hausman	138.25***	111.73***	165.18***
adj. R^2	0.7654	0.7594	0.763
Log-Likelihood	440.1254	441.6342	439.4768
N	416	416	416
直接效应	-0.0964* (0.0544)	-0.0912** (0.0522)	-0.0454 (0.0435)
间接效应	0.0373 (0.0922)	-0.0687** (0.0733)	0.127 (0.0835)
总效应	-0.0591 (0.1035)	-0.16** (0.0841)	0.0819 (0.0873)

2. 长江中游城市群不同层级生产性服务业集聚影响经济增长的空间效应

从核心解释变量（APS、HPS、LPS）的回归系数来看，无论是否考虑空间滞后的影响，模型（1）—模型（3）核心解释变量均未通过显著性检验。这说明，长江中游城市群不同层级生产性服务业集聚对本地经济增长没有显著影响，同时也不具备"空间溢出"或"空间极化"效应。从核心解释变量的直接效应和间接效应来看，同样均没有通过显著性检验，这再次验证了上述结论的正确性，即长江中游城市群不同层级生产性服务业集聚对本地和其他城市经济增长均没有显著影响。

表7-6 长江中游城市群不同层级生产性服务业集聚空间效应 SDM 模型的估计结果

	模型（1）	模型（2）	模型（3）
APS	0.0432 (0.0481)		
HPS		0.0331 (0.0525)	
LPS			0.013 (0.0325)
$W \cdot APS$	0.00249 (0.0811)		
$W \cdot HPS$		-0.0275 (0.0731)	
$W \cdot LPS$			-0.0112 (0.0374)
Hausman	315.8***	419.46***	333.42***
adj. R^2	0.9855	0.9855	0.9856
Log-Likelihood	571.9727	571.4746	571.1587
N	448	448	448
直接效应	0.0451 (0.0494)	0.0345 (0.0538)	0.0144 (0.0335)

续表

	模型（1）	模型（2）	模型（3）
间接效应	0.0082 (0.0781)	-0.0264 (0.0747)	-0.00838 (0.0372)
总效应	0.0533 (0.0965)	0.00816 (0.0832)	0.00603 (0.0451)

3. 成渝滇黔城市群不同层级生产性服务业集聚影响经济增长的空间效应

从核心解释变量（APS、HPS、LPS）的回归系数来看，部分模型的核心解释变量系数通过显著性检验。模型（1）中 APS 在仅考虑直接影响时估计系数为负且在10%的水平上通过显著性检验，考虑空间滞后影响后的系数为正但没有通过显著性检验，这说明成渝滇黔城市群生产性服务业集聚对本地经济增长存在显著负向影响，对其他城市的经济增长没有显著影响，即不存在"空间溢出"效应或"空间极化"效应。模型（3）中 LPS 的直接影响系数为正但没有通过显著性检验，而考虑空间滞后影响后的系数在10%的水平上显著为正；这说明成渝滇黔城市群低端生产性服务业集聚对本地经济增长没有显著影响，但具有"空间溢出"效用，对其他城市的经济增长具有促进作用。对模型（2）而言，HPS 的直接影响系数和考虑空间滞后影响的系数均没有通过显著性检验，说明高端生产性服务业对本地经济增长没有显著影响，同时也没有"空间溢出"或"空间极化"效应，对其他城市经济增长没有显著影响。

从通过空间效应显著性检验变量（APS、LPS）的直接效应和间接效应来看，不同模型间差异较大。对模型（1）而言，直接效应在10%的水平上显著为负，但间接效应没有通过显著性检验，这说明成渝滇黔城市群生产性服务业集聚将阻碍所在城市的经济增长，但对其他城市经济增长没有显著影响，表明生产性服务业集聚表现为"拥挤效应"特征。对模型（3）而言，直接效应不显著而间接效应在10%的水平上通过显著性检验且系数为正,这说明成渝滇黔城市群低端生产性服务业集聚没有显著影响所在城市的经济增长,但会对其他城市的经济增长产生促进作用,使得其"空间溢出"效应再次被验证。同时,模型(3)的总效应为负且通过显著性检验,表明从成渝滇黔城市群整体来看,低端生产性服务业对经济增长存在阻碍作用。

表 7-7 　　成渝滇黔城市群不同层级生产性服务业集聚空间效应 SDM 模型的估计结果

	模型(1)	模型(2)	模型(3)
APS	-0.0826* (0.0814)		
HPS		0.0452 (0.0653)	
LPS			-0.0798 (0.0479)
$W \cdot APS$	0.0973 (0.2206)		
$W \cdot HPS$		0.142 (0.1614)	
$W \cdot LPS$			0.00944* (0.1070)
Hausman	759.17***	1109.87***	622.4***
adj. R^2	0.9248	0.9165	0.9217
Log – Likelihood	375.1483	374.8659	376.005
N	368	368	368
直接效应	-0.0863* (0.0861)	0.0393 (0.0714)	-0.08 (0.0507)
间接效应	0.119 (0.1963)	0.134 (0.1503)	0.0277* (0.0961)
总效应	0.0324 (0.1951)	0.173 (0.1313)	-0.0523*

（二）不同行业生产性服务业集聚影响经济增长空间效应的城市群差异

表7-8到表7-10展示了长三角城市群、长江中游城市群与成渝黔滇城市群不同行业生产性服务业集聚空间效应SDM模型的估计结果。考虑到篇幅限制，各表中模型仅展示了核心解释变量的估计结果，而未包含控制变量的估计结果。各表均由四个部分组成，第一部分是没有包含空间滞后项的回归结果，第二部分是包含空间滞后项的回归结果，第三部分是模型检验结果，第四部分是核心解释变量的直接效应、间接效应和总效应估计结果。从表7-8到表7-10检验结果可以看出，SDM模型与SAR模型、SEM模型的LR检验结果均支持SDM模型，Hausman检验均支持固定效应模型，调整R^2和Log-Likelihood估计显示模型拟合较好。各模型详细结果分析如下：

1. 长三角城市群不同行业生产性服务业集聚影响经济增长的空间效应

从核心解释变量（Raw、Twap、Icas、Finance、Rae、Lab、Stag）的回归系数来看，部分模型的核心解释变量系数通过显著性检验。模型（4）中Finance的直接影响系数在5%的水平上显著为负，同时考虑空间滞后影响后的系数在10%的水平上显著为正；这说明长三角城市群金融业集聚对本地经济增长具有阻碍作用，但具有"空间溢出"效用，对其他城市的经济增长具有促进作用。模型（6）中Lab在仅考虑直接影响时没有通过显著性检验，但考虑空间滞后影响后系数在5%的水平上通过显著性检验且系数为正，这说明长三角城市群租赁和商务服务业集聚对本地经济增长没有显著影响，但具备"空间溢出"效用，对其他城市的经济增长具有促进作用。对模型（1）—模型（3）和模型（5）而言，Raw、Twap、Icas、Rae、Stag的直接影响系数在10%的水平上显著，与第五章表5-4估计结果相似，但考虑空间滞后影响后系数没有通过显著性检验，说明上述变量仅对所在城市经济增长存在显著影响，而没有"空间溢出"或"空间极化"效应。

从通过空间效应显著性检验变量（Finance、Lab）的直接效应和间接效应来看，不同模型间差异较大。对模型（4）而言，直接效应为负且通过5%的显著性水平检验，间接效应为正且通过10%的显著性水平检验，这说明长三角城市群金融业集聚对本地经济增长具有负向影响，因具有"空间溢出"而对周边城市经济增长具有促进作用。对模型（6）而言，直接效应为负但未通过显著性水平检验，间接效应为正且通过5%的显著性水平检验，这说明长三角城市群租赁和商务服务业集聚没有显著影响所在城市的经济增长，但会对其他城市的经济增长产生促进作用，使得其"空间溢出"效应再次被验证。

表7-8　　　　长三角城市群不同行业生产性服务业集聚空间效应 SDM 模型的估计结果

	模型（1）	模型（2）	模型（3）	模型（4）	模型（5）	模型（6）	模型（7）
Raw	-0.0334* (0.0331)						
Twap		0.0127* (0.0295)					
Icas			-0.00377* (0.0109)				
Finance				-0.0755** (0.0252)			
Rae					-0.0047* (0.0267)		
Lab						-0.0046 (0.0152)	
Stag							-0.0564* (0.0326)
W·Raw	-0.0125 (0.0465)						

续表

	模型（1）	模型（2）	模型（3）	模型（4）	模型（5）	模型（6）	模型（7）
$W \cdot Twap$		0.0638 (0.0347)					
$W \cdot Icas$			-0.0197 (0.0185)				
$W \cdot Finance$				0.0259* (0.0456)			
$W \cdot Rae$					-0.042 (0.0520)		
$W \cdot Lab$						0.0702** (0.0255)	
$W \cdot Stag$							-0.0435 (0.0741)
Hausman	253.43***	133.44***	105.47***	140.20***	116.27***	178.20***	231.59***
adj. R^2	0.7557	0.7499	0.7505	0.7637	0.7501	0.7572	0.755
Log-Likelihood	437.7614	439.6884	437.1833	443.5531	436.9428	440.7688	438.403
N	416	416	416	416	416	416	416
直接效应	-0.0323 (0.0342)	0.0133 (0.0301)	-0.0034 (0.0113)	-0.0746** (0.0259)	-0.0035 (0.0278)	-0.0050 (0.0152)	-0.0552 (0.0335)
间接效应	-0.0112 (0.0480)	0.0645 (0.0347)	-0.0187 (0.0189)	0.0285* (0.0432)	-0.0398 (0.0520)	0.0680** (0.0243)	-0.0353 (0.0715)
总效应	-0.0436 (0.0548)	0.0778 (0.0489)	-0.022 (0.0225)	-0.0461 (0.0567)	-0.0433 (0.0542)	0.0630* (0.0284)	-0.0905 (0.0850)

2. 长江中游城市群不同行业生产性服务业集聚影响经济增长的空间效应

从核心解释变量（*Raw*、*Twap*、*Icas*、*Finance*、*Rae*、*Lab*、*Stag*）的回归系数来看，无论是否考虑空间滞后的影响，模型（1）—模型（7）核心解释变量均未通过显著性检验。这说明，长江中游城市群不同行业生产性服务业集聚对本地经济增长没有显著影响，同时也不具备"空间溢出"或"空间极化"效应。从核心解释变量的直接效应和间接效应来看，同样均没有通过显著性检验，这再次验证了上述结论的正确性，即长江中游城市群不同行业生产性服务业集聚对本地和其他城市经济增长均没有显著影响。

表 7-9　长江中游城市群不同行业生产性服务业集聚空间效应 SDM 模型的估计结果

	模型（1）	模型（2）	模型（3）	模型（4）	模型（5）	模型（6）	模型（7）
Raw	-0.00106 (0.0256)						
$Twap$		0.0219 (0.0115)					
$Icas$			-0.0266 (0.0174)				
$Finance$				0.00697 (0.0352)			
Rae					0.00692 (0.0208)		
Lab						-0.0106 (0.0166)	
$Stag$							0.0326 (0.0306)
$W \cdot Raw$	-0.0132 (0.0268)						
$W \cdot Twap$		-0.0116 (0.0165)					
$W \cdot Icas$			0.0255 (0.0399)				
$W \cdot Finance$				0.00637 (0.0599)			

续表

	模型（1）	模型（2）	模型（3）	模型（4）	模型（5）	模型（6）	模型（7）
$W \cdot Rae$					-0.022 (0.0375)		
$W \cdot Lab$						0.0474 (0.0352)	
$W \cdot Stag$							-0.0112 (0.0394)
Hausman	346.19***	377.56***	254.23***	246.43***	267.94***	268.71***	251.02***
adj. R^2	0.9857	0.9856	0.9858	0.9856	0.9856	0.9857	0.9858
Log-Likelihood	570.9105	574.4007	574.331	570.8509	571.246	572.9702	572.9616
N	448	448	448	448	448	448	448
直接效应	0.0000969 (0.0265)	0.0223 (0.0119)	-0.0263 (0.0180)	0.0083 (0.0362)	0.00768 (0.0215)	-0.01 (0.0166)	0.0337 (0.0315)
间接效应	-0.0115 (0.0262)	-0.0111 (0.0160)	0.0231 (0.0419)	0.00868 (0.0604)	-0.0214 (0.0378)	0.0496 (0.0356)	-0.00891 (0.0385)
总效应	-0.0114 (0.0333)	0.0111 (0.0218)	-0.00317 (0.0412)	0.017 (0.0650)	-0.0138 (0.0369)	0.0396 (0.0352)	0.0248 (0.0560)

3. 成渝滇黔城市群不同行业生产性服务业集聚影响经济增长的空间效应

从核心解释变量（*Raw*、*Twap*、*Icas*、*Finance*、*Rae*、*Lab*、*Stag*）的回归系数来看，部分模型的核心解释变量系数通过显著性检验。模型（1）中 *Raw* 在仅考虑直接影响时估计系数为负且在10%的水平上通过显著性检验，而考虑空间滞后影响后的系数仍为负，但没有通过显著性检验，这说明成渝滇黔城市群批发和零售业集聚对本地经济增长存在显著负向影响，对其他城市的经济增长没有显著影响，即不存在"空间溢出"效应或"空间极化"效应。模型（4）中 *Finance* 的直接影响系数为正但没有通过显著性检验，而考虑空间滞后影响后的系数在10%的水平上显著为正，这说明成渝滇黔城市群金融业集聚对本地经济增长没有显著影响，但具有"空间溢出"效用，对其他城市的经济增长具有促进作用。对模型（2）—模型（3）和模型（5）—模型（7）而言，$Twap$、$Icas$、Rae、Lab、$Stag$的直接影响系数和考虑空间滞后影响的系数均没有通过显著性检验，说明上述变量对本地经济增长没有显著影响，同时也没有"空间溢出"或"空间极化"效应，对其他城市经济增长没有显著影响。

从通过空间效应显著性检验变量（Raw、$Finance$）的直接效应和间接效应来看，不同模型间差异较大。对模型（1）而言，直接效应在10%的显著性水平上显著为负，但间接效应没有通过显著性检验，这说明成渝滇黔城市群批发和零售业集聚将阻碍所在城市的经济增长，但对其他城市经济增长没有显著影响。对模型（4）而言，直接效应不显著而间接效应在10%的水平上通过显著性检验且系数为正，这说明成渝滇黔城市群金融业集聚没有显著影响所在城市的经济增长，但会对其他城市的经济增长产生促进作用，使得其"空间溢出"效应得到验证。

表7–10　　　　成渝滇黔城市群不同行业生产性服务业集聚
空间效应 SDM 模型的估计结果

	模型（1）	模型（2）	模型（3）	模型（4）	模型（5）	模型（6）	模型（7）
Raw	-0.0570* (0.0233)						
$Twap$		-0.0010 (0.0225)					
$Icas$			-0.0157 (0.0217)				
$Finance$				0.0368 (0.0376)			
Rae					-0.0178 (0.0317)		
Lab						0.0148 (0.0437)	

续表

	模型（1）	模型（2）	模型（3）	模型（4）	模型（5）	模型（6）	模型（7）
$Stag$							0.0113 (0.0458)
$W \cdot Raw$	-0.0275 (0.0511)						
$W \cdot Twap$		-0.0271 (0.0365)					
$W \cdot Icas$			0.0418 (0.0528)				
$W \cdot Finance$				0.1340* (0.0609)			
$W \cdot Rae$					-0.1310 (0.0754)		
$W \cdot Lab$						0.0803 (0.1004)	
$W \cdot Stag$							0.0111 (0.0762)
Hausman	1049.14***	745.91***	625.04***	551.71***	1036.70***	1108.49***	1011.66***
adj. R^2	0.9187	0.9251	0.9245	0.9072	0.9230	0.9260	0.9226
Log-Likelihood	377.4315	373.555	375.2351	377.8294	377.9629	374.7814	373.2046
N	368	368	368	368	368	368	368
直接效应	-0.0557* (0.0235)	0.0014 (0.0232)	-0.0174 (0.0218)	0.0302 (0.0405)	-0.0085 (0.0336)	0.0113 (0.0467)	0.0130 (0.0483)
间接效应	-0.0123 (0.0447)	-0.0250 (0.0340)	0.0457 (0.0444)	0.1180* (0.0553)	-0.1120 (0.0658)	0.0719 (0.0887)	0.0057 (0.0727)
总效应	-0.0680 (0.0526)	-0.0236 (0.0389)	0.0282 (0.0556)	0.1480** (0.0518)	-0.1210 (0.0691)	0.0832 (0.0889)	0.0187 (0.0727)

第五节 稳健性检验

在本章第四节的实证分析中，均采用地理邻接权重矩阵进行空间计量分析，为检验上述结果的稳健性，这里采用地理距离权重矩阵作为稳健性检验的空间矩阵，该矩阵的构建参见式（7-9）。考虑到篇幅限制，这里仅展示表7-2的稳健性检验结果，如表7-11所示。与表7-2比较可知，系数符号完全相同。考虑到空间滞后项系数值大小并无实际含义，尽管模型（3）的 $W \cdot LPS$ 系数较表7-2变小，但并不影响估计结果的一致性。

表7-11　长江经济带城市群不同行业生产性服务业集聚
空间效应 SDM 模型的稳健性检验

	模型（1）	模型（2）	模型（3）
APS	-0.0129 (0.0486)		
HPS		-0.0283 (0.0436)	
LPS			0.0035 (0.0296)
$\ln K_p$	0.0565 (0.0327)	0.0571 (0.0324)	0.0570 (0.0329)
$\ln Hum$	0.0461* (0.0229)	0.0466* (0.0235)	0.0458* (0.0231)
Nas	0.0242*** (0.0049)	0.0242*** (0.0049)	0.0242*** (0.0049)
$\ln Gov$	0.1680** (0.0628)	0.1680** (0.0630)	0.1690** (0.0626)
$\ln RD$	0.0018 (0.0076)	0.0016 (0.0075)	0.0016 (0.0076)
$\ln Road$	0.0246 (0.0278)	0.0253 (0.0280)	0.0256 (0.0281)
$\ln Loan$	-0.0139 (0.0307)	-0.0141 (0.0304)	-0.0122 (0.0311)
$\ln FDI$	0.0258 (0.0146)	0.0265 (0.0146)	0.0257 (0.0146)
$W \cdot APS$	-0.0245 (0.0826)		

续表

	模型（1）	模型（2）	模型（3）
$W \cdot HPS$		-0.0409 (0.0730)	
$W \cdot LPS$			0.00435* (0.0527)
$W \cdot \ln K_p$	0.0187 (0.0440)	0.0220 (0.0454)	0.0201 (0.0434)
$W \cdot \ln Hum$	0.0428 (0.0514)	0.0439 (0.0519)	0.041 (0.0513)
$W \cdot Nas$	0.0029 (0.0060)	0.0027 (0.0060)	0.0028 (0.0059)
$W \cdot \ln Gov$	0.0157 (0.0505)	0.0168 (0.0510)	0.0181 (0.0509)
$W \cdot \ln RD$	-0.0128 (0.0213)	-0.0139 (0.0215)	-0.0132 (0.0212)
$W \cdot \ln Road$	-0.0882 (0.0520)	-0.0858 (0.0521)	-0.0862 (0.0514)
$W \cdot \ln Loan$	-0.0141 (0.0515)	-0.0138 (0.0525)	-0.0108 (0.0515)
$W \cdot \ln FDI$	0.0216 (0.0151)	0.0231 (0.0153)	0.0213 (0.0154)
Hausman	128.53***	140.78***	125.06
adj. R^2	0.7911	0.7919	0.7896
Log-Likelihood	1012.5685	1013.3810	1012.3325
N	1232	1232	1232

第六节 本章小结

　　本章以长江经济带城市群2003—2018年的面板数据为观测样本，通过构建面板数据空间计量回归模型，从不同层级、不同行业及不同城市群等视角对本章第一节的假设7-1和假设7-2进行实证检验，主要结论如下。

　　第一，从长江经济带城市群整体来看：（1）低端生产性服务业存在显著空间效应,直接效应和间接效应系数都显著为正,表明低端生产性服务业集聚有利于促进本地经济增长,同时因具有"空间溢出"效应而对其他城市经济增长也具有促进作用。(2)房地产业以及科学研究、技术服务和地质勘查业存在显著空间效应,其中房地产业直接效应系数为正而间接效应系数为负,表明房地产业集聚有利于促进所在城市的经济增长,但会对其他城市的经济增长产生阻碍作用;科学研究、技术服务和地质勘查业直接效应不显著而间接效应显著为正,科学研究、技术服务和地质勘查业集聚对所在城市经济增长影响不显著但因"空间溢出"效应会促进其他城市的经济增长。(3)其他层级和行业变量系数没有通过显著性检验,表明其对经济增长的影响没有空间效应。

第二,从长江经济带城市群差异来看:(1)长三角城市群生产性服务业总体、高端生产性服务业、金融业以及租赁和商务服务业显著存在空间效应。其中,生产性服务业总体直接效应显著为负,但间接效应不显著,表明生产性服务业总体对所在城市的经济增长具有阻碍作用,但对其他城市的经济增长没有显著影响;高端生产性服务业直接效应和间接效应都在5%的水平上显著为负,表明高端生产性服务业集聚对本地和其他城市的经济增长都具有阻碍作用;金融业的直接效应为负,间接效应为正且至少通过10%的显著性水平检验,表明金融业对所在城市的经济增长具有阻碍作用而对其他城市经济增长具有促进作用;租赁和商务服务业仅间接效应为正且通过5%的显著性水平检验,表明长三角城市群租赁和商务服务业集聚会对其他城市的经济增长产生促进作用。(2)长江中游城市群不同层级生产性服务业和不同行业生产性服务业集聚的空间效应没有通过显著性检验,表明长江中游城市群不同层级或不同行业生产性服务业集聚对本地经济增长没有显著影响,同时也不具备"空间溢出"或"空间极化"效应,对其他城市经济增长也没有显著影响。(3)成渝滇黔城市群生产性服务业总体、低端生产性服务业、批发和零售业以及金融业集聚存在显著空间效应。其中,生产性服务业总体直接效应显著为负,但间接效应没有通过显著性检验,表明成渝滇黔城市群生产性服务业集聚将阻碍所在城市的经济增长但对其他城市增长没有显著影响；低端生产性服务业集聚直接效应不显著，间接效应显著为正，表明成渝滇黔城市群低端生产性服务业集聚没有显著影响所在城市的经济增长，但因"空间溢出"效应会促进其他城市经济增长；批发和零售业直接效应显著为负，间接效应没有通过显著性检验，表明批发和零售业集聚将阻碍所在城市的经济增长，对其他城市经济增长没有显著影响；金融业集聚直接效应不显著，间接效应显著为正，表明金融业集聚对所在城市经济增长没有影响，但因"空间溢出"效应会促进其他城市经济增长。

第三，从假说验证结果来看，上述结论与假设 7-1 存在一定出入，但验证了假设 7-2。对假设 7-1 而言，上述结论表明不是所有层级或所有行业生产性服务业集聚对经济增长的影响存在空间效应，故与假设 7-1 并非完全一致。对假设 7-2 而言，上述结论从长江经济带城市群整体和各个城市群分析的结论都表明，不同层级、不同行业生产性服务业集聚影响经济增长的空间效应存在显著不同，故假设 7-2 得到验证。

第八章 主要结论及政策建议

第一节 主要结论

本书系统梳理了经济增长理论及国内外学者对生产性服务业集聚经济效应的相关研究，基于本地溢出模型梳理了生产性服务业集聚影响经济增长的机理。在此基础上，采用区位熵和产业集聚指数对长江经济带生产性服务业集聚和经济增长情况进行测度和现状分析；随后利用长江经济带五大城市群77个地级市2003—2018年面板数据，对长江经济带不同层级和不同行业的生产性服务业集聚对经济增长的影响及其门限效应和空间效应进行检验，并对五大城市群的差异进行分析。通过理论和实证分析，本书得出如下主要结论。

（1）从长江经济带城市群整体来看，低端生产性服务业，行业层面的交通运输、仓储和邮政业，信息传输、计算机服务和软件业，租赁和商务服务业以及科学研究、技术服务和地质勘查业已经在长江经济带城市群集聚优势，且随着时间推移，该集聚优势得到大幅强化，呈现出"强者恒强"的发展态势；生产性服务业总体，行业层面的批发和零售业以及房地产业也在部分城市形成集聚优势，随时间推移，该优势没有得到增强；高端生产性服务业和行业层面的金融业并未在少数城市呈现出集聚优势，且随时间推移，也没有出现向少数城市强化的发展趋势，而是表现为更为均衡的发展。具体如下所示。

①生产性服务业集聚显著负向影响经济增长，APS 每提高 1%，人均 GDP 平均下降 0.0928%；生产性服务业集聚显著存在单一门限，当 APS ≤ 0.5641 时，APS 每提高 1%，人均 GDP 增加 0.2530%；当 APS > 0.5641 时，APS 每提高 1%，人均 GDP 下降 0.0679%；生产性服务业集聚的空间效应没有通过显著性检验。

②高端生产性服务业集聚对长江经济带城市群经济增长存在显著负向影响，HPS 每提高 1%，人均 GDP 平均下降 0.1180%；门限效应和空间效应没有通过显著性检验。

③低端生产性服务业集聚显著存在单一门限，但没有通过门限效应检验，在门限值前后均对经济增长没有显著影响；低端生产性服务业显著存在空间效应，直接效应和间接效应系数都显著为正，表明低端生产性服务业集聚有利于促进本地经济增长，同时因具有"空间溢出"效应而对其他城市经济增长也具有促进作用。

④批发和零售业集聚显著存在单一门限，但没有通过门限效应检验，在门限值前后均对经济增长没有显著影响；批发和零售业集聚的空间效应没有通过显著性检验。

⑤交通运输、仓储和邮政业集聚对经济增长的影响及其门限效应和空间效应都没有通过显著性检验，表明其对长江经济带城市群人均 GDP 没有显著影响。

⑥信息传输、计算机服务和软件业集聚对经济增长的影响及其门限效应和空间效应都没有通过显著性检验，表明其对长江经济带城市群人均 GDP 没有显著影响。

⑦金融业集聚对长江经济带城市群经济增长存在显著负向影响，$Finance$ 每提高 1%，人均 GDP 平均下降 0.0920%；金融业集聚存在显著单一门限效应，当 $Finance ≤ 0.5050$ 时，$Finance$ 每提高 1%，人均 GDP 增加 0.7250%；当 $Finance > 0.5050$ 时，$Finance$ 每提高 1%，人均 GDP 下降 0.0820%；金融业集聚的空间效应没有通过显著性检验。

⑧房地产业集聚空间效应通过显著性检验，直接效应显著为正，但

间接效应显著为负，房地产业集聚有利于促进所在城市的经济增长，但会对其他城市的经济增长产生阻碍作用。

⑨租赁和商务服务业集聚对经济增长的影响及其门限效应和空间效应都没有通过显著性检验，表明其对长江经济带城市群人均 GDP 没有显著影响。

⑩科学研究、技术服务和地质勘查业集聚的门限效应没有通过显著性检验，但空间效应通过显著性检验，直接效应不显著，但间接效应显著为正，表明科学研究、技术服务和地质勘查业集聚对所在城市经济增长影响不显著，但因"空间溢出"效应会促进其他城市的经济增长。

（2）从长三角城市群来看①，不同层级和不同行业的生产性服务业集聚水平较高，上海市、杭州市、南京市、宁波市和舟山市在多数行业的集聚水平排名靠前；随时间推移，不同层级和不同行业的生产性服务业集聚表现出向少数城市集中的趋势，其中上海市各层级和行业的生产性服务业集聚呈现不同程度的强化，杭州市和南京市的高端生产性服务业和信息传输、计算机服务和软件业得到不同程度加强，其他城市多表现为集聚水平下降。具体结果如下所示。

①生产性服务业集聚显著负向影响经济增长，APS 每提高 1%，人均 GDP 平均下降 0.3190%；生产性服务业集聚显著存在单一门限，当 $APS \leqslant 0.4476$ 时，APS 每提高 1%，人均 GDP 增加 0.5740%；当 $APS > 0.4476$ 时，APS 每提高 1%，人均 GDP 下降 0.0807%；生产性服务业显著存在空间效应，直接效应显著为负，但间接效应没有通过显著性检验，表明生产性服务业集聚显著负向影响本地经济增长，但对其他城市经济增长没有显著影响。

②高端生产性服务业集聚显著负向影响经济增长，HPS 每提高 1%，人均 GDP 平均下降 0.1510%；生产性服务业集聚显著存在单一门限，当

---

① 结论（2）—（6）中仅展示通过显著性检验的生产性服务业层级和行业，也就是说，结论（2）—（6）中各层级和各行业的编号与结论（1）相同，但因为未列示没有通过显著性检验的层级或行业，所以在结论（2）—（6）中可能出现编号不连续的情况。

$HPS \leqslant 0.5090$ 时，HPS 每提高 1%，人均 GDP 增加 0.3580%；当 $HPS >$ 0.5090 时，HPS 每提高 1%，人均 GDP 下降 0.0911%；高端生产性服务业显著存在空间效应，直接效应和间接效应均显著为负，表明高端生产性服务业集聚对本地经济增长具有阻碍作用，同时因具有"空间极化"效应而对其他城市经济增长也具有阻碍作用。

③低端生产性服务业集聚显著负向影响经济增长，LPS 每提高 1%，人均 GDP 平均下降 0.2270%；低端生产性服务业集聚显著存在单一门限和双重门限，但没有通过门限效应检验，在门限值前后对经济增长均没有显著影响；低端生产性服务业集聚的空间效应没有通过显著性检验。

④批发和零售业集聚显著负向影响经济增长，Raw 每提高 1%，人均 GDP 平均下降 0.1190%；门限效应和空间效应没有通过显著性检验。

⑤交通运输、仓储和邮政业集聚显著负向影响经济增长，$Twap$ 每提高 1%，人均 GDP 平均下降 0.0901%；门限效应和空间效应没有通过显著性检验。

⑦[①]金融业集聚显著负向影响经济增长，$Finance$ 每提高 1%，人均 GDP 平均下降 0.1750%；金融业集聚显著存在单一门限，当 $Finance \leqslant$ 0.6649 时，$Finance$ 每提高 1%，人均 GDP 增加 0.2720%；当 $Finance >$ 0.6649 时，$Finance$ 每提高 1%，人均 GDP 下降 0.0692%；金融业集聚显著存在空间效应，直接效应为负而间接效应为正且至少通过 10% 显著性水平检验，表明金融业对所在城市的经济增长具有阻碍作用，而对其他城市经济增长具有促进作用。

⑧房地产业集聚显著负向影响经济增长，Rae 每提高 1%，人均 GDP 平均下降 0.1330%；其门限效应和空间效应没有通过显著性检验。

⑨租赁和商务服务业集聚显著存在空间效应，直接效应不显著，间

---

① 此处编号与结论（1）中编号相同，编号⑥因为未通过显著性检验而没有列示，所以编号⑤后直接是编号⑦，下文同。

接效应显著为正，表明金融业集聚对所在城市经济增长影响不显著，但因"空间溢出"效应会促进其他城市的经济增长。

（3）从长江中游城市群来看，不同层级和不同行业的生产性服务业集聚水平显著低于长三角城市群，武汉市、咸宁市、孝感市、襄阳市和宜昌市成为长江中游城市群多个层级和行业集聚水平的第一梯队，长沙市、益阳市、宜春市和九江市形成第二梯队，其他城市表现为第三梯队；随时间推移，长江中游城市群不同层级和不同行业的集聚优势表现为向第一梯队转移的趋势。具体结果如下。

①生产性服务业集聚显著存在单一门限，当 $APS \leqslant 1.0234$ 时，APS 对人均 GDP 没有显著影响；当 $APS > 1.0234$ 时，APS 每提高 1%，人均 GDP 下降 0.0801%；其空间效应没有通过显著性检验。

②高端生产性服务业集聚显著存在双重门限，当 $HPS \leqslant 0.5258$ 时，HPS 提高 1%，人均 GDP 增加 0.3490%；当 $0.7199 \geqslant HPS > 0.5258$ 时，HPS 每提高 1%，人均 GDP 增加 0.1230%；当 $HPS > 0.7199$ 时，HPS 每提高 1%，人均 GDP 下降 0.0609%。其空间效应没有通过显著性检验。

⑦金融业集聚显著负向影响经济增长，$Finance$ 每提高 1%，人均 GDP 平均下降 0.0705%。门限效应和空间效应没有通过显著性检验。

（4）从成渝城市群来看[①]，不同层级和不同行业的生产性服务业集聚水平与长江中游城市群相当，但多个层级和行业都表现为成都市和重庆市双集聚中心的分布特征，且成都市集聚水平往往高于重庆市；随时间推移，成都市各层级行业的集聚水平不断增强且其周围城市集聚水平明显下降，但重庆市各层级行业的集聚水平上升不明显且集聚水平仅略高于周围城市。具体结果如下。

①生产性服务业集聚显著存在单一门限，当 $APS \leqslant 0.7338$ 时，APS 每提高 1%，人均 GDP 上升 0.0935%；当 $APS > 0.7338$ 时，APS 每提高 1%，人均 GDP 下降 0.0468%。生产性服务业集聚显著存在空间效应，

---

① 结论（4）—（6）的空间效应使用的是第七章中成渝黔城市群空间效应估计结果。

直接效应显著为负，间接效应不显著，表明生产性服务业集聚显著负向影响所在城市经济增长，但对其他城市经济增长没有显著影响。

③低端生产性服务业集聚显著存在单一门限，但没有通过门限效应检验，在门限值前后均对经济增长没有显著影响；低端生产性服务业集聚显著存在空间效应，直接效应不显著，间接效应显著为正，表明低端生产性服务业集聚对所在城市经济增长影响不显著，但因"空间溢出"效应会促进其他城市的经济增长。

④批发和零售业集聚显著存在双重门限，但其门限效应没有通过显著性检验，这表明批发零售业在门限值前后均对经济增长没有显著影响。批发和零售业集聚显著存在空间效应，直接效应显著为负，间接效应不显著，表明批发和零售业集聚显著负向影响所在城市经济增长，但对其他城市经济增长没有显著影响。

⑦金融业集聚显著存在空间效应，直接效应不显著，间接效应显著为正，表明金融业集聚对所在城市经济增长影响不显著，但因"空间溢出"效应会促进其他城市的经济增长。

(5) 从滇中城市群来看，不同层级、不同行业生产性服务业集聚水平为长江经济带城市群最低，且随时间变化趋势不大。具体结果如下。

①生产性服务业集聚显著负向影响经济增长，APS 每提高1%，人均 GDP 平均下降 0.3530%；生产性服务业集聚显著存在单一门限，当 $APS > 1.4730$ 时，APS 对人均 GDP 没有显著影响；当 $APS \leqslant 1.4730$ 时，APS 每提高1%，人均 GDP 下降 0.1840%。生产性服务业集聚显著存在空间效应，直接效应显著为负，间接效应不显著，表明生产性服务业集聚显著负向影响所在城市经济增长，但对其他城市经济增长没有显著影响。

②高端生产性服务业集聚显著存在单一门限，当 $HPS \leqslant 0.5239$ 时，HPS 每提高1%，人均 GDP 增加 0.3500%；当 $HPS > 0.5239$ 时，HPS 每提高1%，人均 GDP 下降 0.0895%。

③低端生产性服务业集聚显著负向影响经济增长，LPS 每提高1%，

人均 GDP 平均下降 0.1390%。低端生产性服务业集聚显著存在单一门限,但没有通过门限效应检验,在门限值前后均对经济增长没有显著影响;低端生产性服务业集聚显著存在空间效应,直接效应不显著,间接效应显著为正,表明低端生产性服务业集聚对所在城市经济增长影响不显著,但因"空间溢出"效应会促进其他城市的经济增长。

④批发和零售业集聚显著存在空间效应,直接效应显著为负,间接效应不显著,表明批发和零售业集聚显著负向影响所在城市经济增长,但对其他城市经济增长没有显著影响。

⑦金融业集聚显著存在单一门限,当 $Finance \leqslant 0.8279$ 时,$Finance$ 每提高 1%,人均 GDP 增加 0.1770%;当 $Finance > 0.8279$ 时,$Finance$ 每提高 1%,人均 GDP 下降 0.0607%。金融业集聚显著存在空间效应,直接效应不显著,间接效应显著为正,表明金融业集聚对所在城市经济增长影响不显著,但因"空间溢出"效应会促进其他城市的经济增长。

⑧房地产业集聚显著负向影响经济增长,Rae 每提高 1%,人均 GDP 平均下降 0.0170%。房地产业集聚显著存在单一门限,但没有通过门限效应检验,在门限值前后均对经济增长没有显著影响。

(6) 从黔中城市群来看,不同层级、不同行业生产性服务业集聚水平为长江经济带城市群最低,且随时间变化趋势不大。具体结果如下。

①生产性服务业集聚显著存在空间效应,直接效应显著为负,间接效应不显著,表明生产性服务业集聚显著负向影响所在城市经济增长,但对其他城市群经济增长没有显著影响。

③低端生产性服务业集聚显著负向影响经济增长,LPS 每提高 1%,人均 GDP 平均下降 0.1390%。低端生产性服务业集聚显著存在空间效应,直接效应不显著,间接效应显著为正,表明低端服务业集聚对所在城市经济增长影响不显著,但因"空间溢出"效应会促进其他城市的经济增长。

④批发和零售业集聚显著存在空间效应,直接效应显著为负,间接效应不显著,表明批发和零售业集聚显著负向影响所在城市经济增长,

但对其他城市经济增长没有显著影响。

⑦金融业集聚显著存在单一门限，但没有通过门限效应检验，在门限值前后均对经济增长没有显著影响；金融业集聚显著存在空间效应，直接效应不显著，间接效应显著为正，表明金融业集聚对所在城市经济增长影响不显著，但因"空间溢出"效应会促进其他城市的经济增长。

第二节 政策建议

本书的研究结论对优化生产性服务业布局、促进产业结构调整、发挥生产性服务业集聚的积极影响具有重要的政策意义。在新常态下，我国社会发展应遵循强化学习积极因素影响、弱化消极影响的原则，采取切实有效的政策管理措施，摆脱"高集聚、低专业、强政府、弱市场"的传统文化道路，充分发挥并利用生产性服务业集聚对经济不断增长的积极影响。基于以上结论，本书从生产性服务业集聚促进经济增长的角度提出以下政策建议和措施。

一 当前条件下不宜贸然加快发展生产性服务业

考虑到长江经济带城市群生产性服务业对经济增长影响面临阶段性差异，特别是部分行业跨越门限值后显著负向影响经济增长，因此在推动生产性服务业集聚发展时，应谨慎制定政策，具体如下。

第一，生产性服务业集聚水平并非越高越好。本书的理论分析和实证检验均说明，当不考虑门限效应时，长江经济带城市群生产性服务业集聚与经济增长总体存在负向关系；如果考虑门限效应，则跨越门限值后，生产性服务业集聚水平与经济增长仍然呈反向关系。这就意味着，加快发展生产性服务业可能会导致阻碍经济增长的后果，同时也可能由于资源错配而影响整个城市的良性发展。

第二，生产性服务业集聚对经济增长的影响存在城市群异质性。由上述结论可知不同层级或不同行业生产性服务业集聚对经济增长的影响存在非常显著的地区差异。以长三角城市群、长江中游城市群和滇中城市群的金融服务业集聚为例，均被检测出存在显著的门限效应，长三角城市群金融业集聚的门限值远高于滇中城市群，长江中游城市群金融业集聚则存在两个门限值。如果没有搞清楚所在城市的生产性服务业集聚特征而全面推进，则势必出现生产性服务业发展思路不明确、发展目标与本地不适宜的后果，最终导致发展效果不达预期而草草收场。

第三，生产性服务业集聚影响经济增长存在显著的空间效应差异。从以上结论可以看出，生产性服务业集聚对经济增长的空间效应在不同层级和不同行业之间存在显著差异。从长江经济带城市群总体情况来看，生产性服务业集聚影响经济增长的空间效应不显著，说明长江经济带城市群之间的生产性服务业集聚发展不存在空间影响关系，但从长三角城市群来看，生产性服务业集聚的直接效应为负，而间接效应为正，说明生产性服务业发展在长三角城市群内具有一定"空间溢出"效应，城市本身的生产性服务业集聚对周围城市经济增长具有积极作用。因此，如果对此考虑不充分，则容易出现"张冠李戴"的不合理定位，从而导致资源错配，进而丧失城市发展机会。

二 优化长江经济带城市群生产性服务业产业布局

长江经济带生产性服务业布局应坚持"城市群差异化发展，区域内协调发展"的基本原则。从长江经济带城市群整体来看，应坚持城市群为核心的发展理念，破除地方保护，在开放理念下优化生产性服务业产业布局，在竞争与合作中促进长江经济带城市群的协调发展。从城市层面来看，各城市在制定生产性服务业发展战略时，应同时考虑本市和周边城市的生产性服务业构成，充分发挥本地生产性服务业竞争优势。

第一，促进长江经济带城市群联动发展，避免低水平重复建设。通常情况下,地方产业经济"跟风式"和"攀比式"发展是影响长江经济带城市群生产性服务业集聚发展空间布局的关键因素。"跟风式"产业发展使得各地都颁布了本地的加快生产性服务业发展实施意见,在此背景下,极易导致生产性服务业非理性发展,再加上各地"攀比式"建设,导致生产性服务业集聚重复性建设,也诱发各地之间更加严重的"保护主义"出现,反而不利于长江经济带城市群生产性服务业集聚的空间进行布局结构优化。在长江经济带协调发展的背景下,以城市群为重点的生产性服务业布局变得十分紧迫,各地应采用《全国城镇体系规划纲要(2005—2020年)》提出的开发区和产业布局,特别注重各城市群的发展,在协调发展的基础上优化长江经济带生产性服务业的空间布局,尽快消除行政区划分造成的碎片化,避免生产性服务业布局中的恶性竞争。在具体工作实施过程中,应充分发挥各城市群中心城市的作用,比如长三角城市群的上海市、南京市和杭州市,长江中游城市群的武汉市、长沙市和南昌市,成渝城市群的成都市和重庆市等,明确中心城市优势生产性服务业,中心城市应加快生产性服务业产业集聚,逐渐成为生产性服务业集聚的"技术中心",鼓励中心城市通过"空间溢出"效应带动周边城市的共同发展。同时,中小城市要牢牢把握中心城市产业扩散的机遇,深化分工合作,错位发展,实现城市集群协调发展。

第二,推动长江经济带城市群生产性服务业集群式发展。产业聚集是提高区域产出效率和综合竞争力的有效模式。产业聚集的演变表明,生产性服务业具有比制造业更为明显的集聚特征。近年来,部分中国制造业发展高度重视集聚的城市已表现出拥挤效应。在"退二进三"的政策背景下,借鉴制造业的发展模式,促进生产性服务业的梯度集聚和集群发展,激发生产性服务业集群的综合优势,应全力支持长江三角洲地区发展成为具有国际影响力的生产性服务业改革示范区,成为世界级高水平生产性服务业集聚中心;中心城市要特别重视发展高端生产性服务业,促进城市群内部的生产性服务业协调发展。同时,在长江中游城市群和成渝城市群布局发展潜力巨大、基础设施良好的生产性服务业集聚产业园，推动当地城市完成产业结构调整，实现产业升级，从而促进城市群的协调发展。此外，在滇中城市群和黔中城市群发展服务工业经济为导向的生产性服务业，充分发挥"专业化"和"小而精"的思路，重点发展少数几种生产性服务业。

三 全面把握所在城市生产性服务业集聚的空间形态

为确保生产性服务业集聚作用于经济增长的积极效应得到有效发挥，并尽可能避免生产性服务业集聚带来的各种消极效应，应对所在城市生产性服务业发展现有空间形态及发展趋势进行充分了解。对此，可以采用以下措施。

第一，对所在城市生产性服务业集聚情况进行翔实的调查。翔实的调查是准确把握生产性服务业空间形态的基础，调查应包括微观和宏观两个层面的数据，微观数据包含不同行业的生产性服务业企业数量以及从业人员等信息；宏观数据包含全市生产性服务业总体及各个行业从业人员数量等信息。调查的方式可以将抽样调查和企业自主上报相结合，力求建立全面准确的生产性服务业数据库。只有准确把握生产性服务业微观和宏观数据，才能准确核算不同行业生产性服务业集聚水平，进而对所在城市的生产性服务业集聚状况进行客观判断。

第二，全面评估所在城市生产性服务业集聚的优势和不足。在掌握所在城市生产性服务业微观与宏观数据的基础上，应聘请专业人员适时对所在城市的不同层级、不同行业的生产性服务业集聚水平进行测算，在此基础上，对所在城市相对于其他城市而言的生产性服务业集聚的优劣势进行客观评估。在评估过程中，不仅要对所在城市不同层级的生产性服务业集聚进行估算，也要对不同行业生产性服务业集聚进行单独估算。同时，结合本书研究成果，对不同城市群评估的侧重点应该有所区别，比如长三角城市群生产性服务业集聚水平已经很高，此时的评估应侧重关注生产性服务业的拥挤成本；而黔中城市群和滇中城市群的生产性服务业集聚水平还比较低，此时应重点评估生产性服务业集聚的外溢效应。

第三，科学预测所在城市的生产性服务业集聚的发展趋势。结合所在城市不同行业生产性服务业集聚情况，对所在城市生产性服务业集聚空间形态进行客观分析。在分析过程中，应重点关注所在城市生产性服务业集聚所处的阶段，估算所在城市生产性服务业当前阶段可能持续的时间，预测所在城市生产性服务业发展的趋势，并推断所在城市生产性服务业在不同阶段之间转换的动力。只有对所在城市生产性服务业发展历史、现状和趋势清晰掌握的条件下，才能准确判断所在城市生产性服务业当前阶段持续的时间，并预测所在城市生产性服务业集聚发展的趋势，从而进行合理的引导。

四 结合生产性服务业集聚的作用规律制定适宜的发展战略

不同空间形态下的生产性服务业集聚对经济增长的作用规律存在差异，因此在制定加快发展生产性服务业实施意见的具体目标时，既应站在生产性服务业促进经济增长的整体视角，也要着眼于不同行业生产性服务业促进经济增长的具体途径，争取最大限度地发挥所在城市不同层级或不同行业生产性服务业集聚的积极效应，尽量避免所在城市生产性服务业集聚作用于经济增长的消极效应，并努力通过"补短板"的方式将消极效应转化为积极效应。在制定具体战略目标时，不同城市应结合自身实际而采取差异化的生产性服务业集聚发展策略，具体措施有以下几个方面。

第一，针对所在城市不同行业生产性服务业集聚水平确定差异化发展目标。不同层级或不同行业生产性服务业集聚的作用存在差异，因此应该分别从行业和层级的视角来考虑差异化发展的目标。从不同层级生产性服务业集聚视角来看，当集聚水平较低时，应采取措施通过"补短板"的形式推动个别行业生产性服务业发展,以达到提高不同层级生产性服务业集聚水平从而促进经济增长的目标,但不宜推动生产性服务业集聚水平过高,使其转变为负向影响经济增长;从不同行业生产性服务业集聚视角来看,应特别关注所在城市不同行业生产性服务业集聚对经济增长的作用,在制定行业发展策略时,始终关注其对经济增长的影响,适度提高对经济增长具有促进作用的行业集聚,控制对经济增长已经存在负向作用的行业。

第二,针对所在城市生产性服务业集聚特征来确定生产性服务业的发展目标。长江经济带五大城市群在经济发展上存在差异,不同层级、不同行业的作用与所在城市经济增长的各项特征也大为不同,因而其发展目标应有所区别。对于长三角城市群而言,应控制不同行业生产性服务业集聚对本地经济发展的阻碍作用,发挥对周边城市的促进作用,将"空间溢出"效应最大化。而对成渝城市群而言,应促进不同行业生产性服务业发展对本地经济的促进作用,控制对周边城市的消极作用,将"空间极化"效应最小化。

第三,针对不同行业生产性服务业集聚特征来确定差异化发展目标。不同行业生产性服务业集聚影响经济增长的具体方向和程度有所不同,因而其相应的产业发展目标也应该有所差异。针对低端生产性服务业,应该努力发挥其规模效应以及"空间极化"效应,在促进其对所在城市经济增长的基础上,努力控制其"空间极化"效应,减少对周边城市经济增长的负向影响,努力发挥其对周边城市的带动作用。针对高端生产性服务业,应努力控制其对所在城市经济增长的负向影响,发挥其"空间溢出"效应,大力发挥其对周边城市的带动作用。

五 建立健全生产性服务业集聚发展的政策体系

在长江经济带城市群协调发展的过程中,各级政府要善于运用"有形的手"引导生产性服务业的发展。

首先,要构建完善的生产性服务业支持政策体系,对生产性服务业集聚发展优势城市或城市群给予政策倾斜,综合运用财政、税收、土地等相关政策,促进该城市生产性服务业集聚的形成和发展。要完善生产性服务业税费体系,简化纳税手续和环节,废止不合理的收费项目,在税收方面通过减税等措施支持生产性服务业发展,同时我们还要充分利用考虑生产性服务业的用地市场需求,优先安排用地项目。

其次,要建立公开、透明、高效、规范的市场监管机制,充分发挥政府和行业协会的作用。一方面,在避免政府垄断企业经营的前提下,加强金融市场经济监管,严厉打击违法、违规和失信行为,营造一个诚实守信的市场发展环境。另一方面,积极引导生产性服务业行业协会发展,发挥行业协会对市场主体的监督管理和服务职能,保障行业市场主体合法权益。加强知识产权保护,鼓励企业自主创新(杨芳,2017)。完善法律法规,完善知识产权保护的法律基础,加快制度创新,促进知识产权所有人与地方政府的利益联盟,提高地方政府实施知识产权保护的积极性和执行力,细化高新技术产业知识产权保护方案,释放企业自主创新力量。

最后,要及时解决长江经济带生产性服务业集聚的均衡发展问题。为促进生产性服务业发展,长江经济带各城市群应有的放矢重点研究解决突出问题,同时可以加快技术产业组织结构合理升级调整,不断促进生产性服务业向高端化、多样化发展,在长江经济带各城市群建成各具特色的生产性服务业格局。

参考文献

［英］阿弗里德·马歇尔：《经济学原理》（上），廉运杰译，华夏出版社2013年版。

［美］艾伯特·赫希曼：《经济发展战略》，曹征海、潘照东译，经济科学出版社1991年版。

［美］迈克尔·波特：《国家竞争优势》，李明轩、邱如美译，华夏出版社2002年版。

蔡翼飞、魏后凯、吴利学：《我国城市高端制造业综合成本测算及敏感度分析》，《中国工业经济》2010年第1期。

陈得文、苗建军：《空间集聚与区域经济增长内生性研究——基于1995—2008年中国省域面板数据分析》，《数量经济技术经济研究》2010年第9期。

陈国亮：《新经济地理学视角下的生产性服务业集聚研究》，博士学位论文，浙江大学，2010年。

陈立泰、张祖妞：《我国服务业空间集聚水平测度及影响因素研究》，《中国科技论坛》2010年第9期。

陈路、孙博文、谢贤君：《产业集聚的经济增长溢出效应——基于新经济地理学视角》，《首都经济贸易大学学报》2019年第4期。

陈曦、朱建华、李国平：《中国制造业产业间协同集聚的区域差异及其影响因素》，《经济地理》2018年第12期。

陈晓峰：《长三角生产性服务业空间集聚与城市经济增长》，《南通大学学报》（社会科学版）2015年第6期。

陈晓峰、陈昭锋：《生产性服务业与制造业协同集聚的水平及效应——来自中国东部沿海地区的经验证据》，《财贸研究》2014年第2期。

陈中飞、王曦：《资本账户子项目开放的经济增长效应及中国应用》，《管理世界》2019年第1期。

程大中、陈福炯：《中国服务业相对密集度及对其劳动生产率的影响》，《管理世界》2005年第2期。

程中华、张立柱：《产业集聚与城市全要素生产率》，《中国科技论坛》2015年第3期。

邓桂枝：《生产性服务业区域集聚测度及其适宜性研究——基于我国22个省市面板数据的分析》，《经济问题》2012年第7期。

丁宏：《增加政府转移支付是否会有助于改善生育率——基于OECD国家的门槛回归模型检验》，《南开经济研究》2017年第4期。

段杰、阎小培：《粤港生产性服务业合作发展研究》，《地域研究与开发》2003年第3期。

樊文静：《中国生产性服务业发展悖论及其形成机理——基于需求视角的研究》，博士学位论文，浙江大学，2013年。

范剑勇：《产业集聚与地区间劳动生产率差异》，《经济研究》2006年第11期。

方远平、唐瑶、陈宏洋等：《中国城市群知识密集型服务业集聚与经济增长关系研究——基于动态面板数据的GMM方法》，《经济问题探索》2018年第2期。

冯路：《论建设现代物流中心对发展区域经济的作用》，《经济与管理评论》2004年第3期。

韩德超、张建华：《中国生产性服务业发展的影响因素研究》，《管理科学》2008年第6期。

韩峰、王琢卓、阳立高：《生产性服务业集聚、空间技术溢出效应与经济增长》,《产业经济研究》2014年第2期。

韩峰、阳立高:《生产性服务业集聚如何影响制造业结构升级?——一个集聚经济与熊彼特内生增长理论的综合框架》,《管理世界》2020年第2期。

韩纪江、郭熙保:《扩散—回波效应的研究脉络及其新进展》,《经济学动态》2014年第2期。

郝永敬、程思宁:《长江中游城市群产业集聚、技术创新与经济增长——基于异质产业集聚与协同集聚视角》,《工业技术经济》2019年第1期。

侯淑霞、王雪瑞:《生产性服务业集聚与内生经济增长——基于空间联立模型的经验研究》,《财经论丛》2014年第5期。

侯学钢、彭再德:《上海城市功能转变与地域空间结构优化》,《城市规划》1997年第4期。

黄庆华、时培豪、胡江峰:《产业集聚与经济高质量发展:长江经济带107个地级市例证》,《改革》2020年第1期。

惠宁、周晓唯:《分项生产性服务业集聚与产业结构升级——来自省级经济数据的实证分析》,《西北大学学报》(哲学社会科学版)2016年第4期。

惠炜、韩先锋:《生产性服务业集聚促进了地区劳动生产率吗?》,《数量经济技术经济研究》2016年第10期。

[美]霍利斯·钱纳里等:《工业化和经济增长的比较研究》,吴奇等译,上海三联书店1989年版。

吉亚辉、杨应德:《中国生产性服务业集聚的空间统计分析》,《地域研究与开发》2012年第1期。

江曼琦、席强敏:《生产性服务业与制造业的产业关联与协同集聚》,《南开学报》(哲学社会科学版)2014年第1期。

雷振丹、陈子真:《区域创新:生产性服务业层级分工专业化抑或多样化集聚?》,《现代经济探讨》2019年第10期。

李芳芳、张晓涛、李晓璐：《生产性服务业空间集聚适度性评价——基于北京市主要城区对比研究》，《城市发展研究》2013年第11期。

李婧、谭清美、白俊红：《中国区域创新生产的空间计量分析——基于静态与动态空间面板模型的实证研究》，《管理世界》2010年第7期。

李蕾：《长三角地区制造业的转型升级以及地区专业化与协同发展研究——基于长三角与京津冀比较的实证分析》，《上海经济研究》2016年第4期。

李梅、柳士昌：《对外直接投资逆向技术溢出的地区差异和门槛效应——基于中国省际面板数据的门槛回归分析》，《管理世界》2012年第1期。

蔺栋花、侯效敏：《黄河三角洲高效生态经济区发展高端生产性服务业问题研究》，《生态经济》2016年第12期。

蔺雪芹、方创琳：《城市群地区产业集聚的生态环境效应研究进展》，《地理科学进展》2008年第3期。

刘立云：《中西部文化产业集群的区域竞争优势研究》，《中国软科学》2011年第S2期。

刘丽萍、刘家树：《生产性服务业集聚、区域经济一体化与城市创新经济增长》，《经济经纬》2019年第5期。

刘瑞明、赵仁杰：《国家高新区推动了地区经济发展吗？——基于双重差分方法的验证》，《管理世界》2015年第8期。

刘书瀚、于化龙：《城市群生产性服务业集聚对经济增长的空间溢出效应——基于长三角、珠三角和京津冀城市群的比较分析》，《预测》2020年第4期。

刘修岩、邵军、薛玉立：《集聚与地区经济增长：基于中国地级城市数据的再检验》，《南开经济研究》2012年第3期。

柳剑平、程时雄：《中国R&D投入对生产率增长的技术溢出效应——基于工业行业（1993—2006年）的实证研究》，《数量经济技术经济研究》2011年第11期。

吕朝凤、陈汉鹏、López-Leyva Santos：《社会信任、不完全契约与长期经济增长》，《经济研究》2019 年第 3 期。

罗文章：《产业集群竞争优势形成机理的经济学分析》，《求索》2004 年第 8 期。

罗勇、曹丽莉：《中国制造业集聚程度变动趋势实证研究》，《经济研究》2005 年第 8 期。

马昱、邱菀华、王昕宇：《高技术产业集聚、技术创新对经济高质量发展效应研究——基于面板平滑转换回归模型》，《工业技术经济》2020 年第 2 期。

潘文卿：《中国的区域关联与经济增长的空间溢出效应》，《经济研究》2012 年第 1 期。

裴长洪、彭磊：《中国流通领域改革开放回顾》，《中国社会科学》2008 年第 6 期。

舒辉、周熙登、林晓伟：《物流产业集聚与全要素生产率增长——基于省域数据的空间计量分析》，《中央财经大学学报》2014 年第 3 期。

孙博文、雷明：《市场分割、降成本与高质量发展：一个拓展新经济地理模型分析》，《改革》2018 年第 7 期。

孙祥栋、张亮亮、赵峥：《城市集聚经济的来源：专业化还是多样化——基于中国城市面板数据的实证分析》，《财经科学》2016 年第 2 期。

孙晓华、郭玉娇：《产业集聚提高了城市生产率吗？——城市规模视角下的门限回归分析》，《财经研究》2013 年第 2 期。

谭凌君：《金融集聚群与区域经济增长关系的研究》，硕士学位论文，首都经济贸易大学，2014 年。

田超、王磊：《长江中游城市群产业集聚与经济增长的实证研究——基于动态面板 GMM 估计的分析》，《区域经济评论》2015 年第 3 期。

万丽娟、杨艳琳、尹希果：《知识密集型服务业集聚对经济增长的影响研究》，《重庆大学学报》（社会科学版）2016 年第 2 期。

汪伟：《经济增长、人口结构变化与中国高储蓄》，《经济学（季刊）》

2010 年第 1 期。

王艺明、陈晨、高思航：《中国城市全要素生产率估算与分析：2000—2013》，《经济问题》2016 年第 8 期。

韦森：《入世的政治—经济学家阿尔伯特·赫希曼的思想之旅》，《复旦学报》（社会科学版）2015 年第 6 期。

文东伟、冼国明：《中国制造业的空间集聚与出口：基于企业层面的研究》，《管理世界》2014 年第 10 期。

文雁兵、郭瑞、史晋川：《用贤则理：治理能力与经济增长——来自中国百强县和贫困县的经验证据》，《经济研究》2020 年第 3 期。

伍先福：《生产性服务业与制造业协同集聚对全要素生产率的影响》，博士学位论文，广西大学，2017 年。

席强敏、陈曦、李国平：《中国生产性服务业市场潜能与空间分布——基于面板工具模型的实证研究》，《地理科学》2016 年第 1 期。

向国成、邝劲松、文泽宙：《研发投入提升经济发展质量的分工门槛效应研究——来自中国的经验证据》，《世界经济文汇》2018 年第 4 期。

项文彪、陈雁云：《产业集群、城市群与经济增长——以中部地区城市群为例》，《当代财经》2017 年第 4 期。

谢品、李良智、赵立昌：《江西省制造业产业集聚、地区专业化与经济增长实证研究》，《经济地理》2013 年第 6 期。

徐雪琪、程开明：《创新扩散与城市体系的空间关联机理及实证》，《科研管理》2008 年第 5 期。

徐盈之、彭欢欢、刘修岩：《威廉姆森假说：空间集聚与区域经济增长——基于中国省域数据门槛回归的实证研究》，《经济理论与经济管理》2011 年第 4 期。

宣烨、余泳泽：《生产性服务业层级分工对制造业效率提升的影响——基于长三角地区 38 城市的经验分析》，《产业经济研究》2014 年第 3 期。

杨芳：《生产性服务业集聚的经济增长效应研究》，博士学位论文，兰州大学，2017年。

杨仁发：《产业集聚与地区工资差距——基于我国269个城市的实证研究》，《管理世界》2013年第8期。

杨扬、余壮雄、舒元：《经济集聚与城市经济增长——来自中国城市的经验证据》，《当代经济科学》2010年第5期。

姚先国、张海峰：《教育、人力资本与地区经济差异》，《经济研究》2008年第5期。

叶长华：《新经济地理学视角下长江经济带城市群金融集聚对区域经济增长的影响研究》，博士学位论文，重庆大学，2018年。

于斌斌：《中国城市群产业集聚与经济效率差异的门槛效应研究》，《经济理论与经济管理》2015年第3期。

于斌斌：《中国城市生产性服务业集聚模式选择的经济增长效应——基于行业、地区与城市规模异质性的空间杜宾模型分析》，《经济理论与经济管理》2016年第1期。

余泳泽、刘大勇、宣烨：《生产性服务业集聚对制造业生产效率的外溢效应及其衰减边界——基于空间计量模型的实证分析》，《金融研究》2016年第2期。

俞立平：《金融支持、政府与企业投入对科技创新的贡献研究》，《科研管理》2015年第3期。

袁丹、雷宏振：《西部地区财政支出、城镇化与经济增长关系的实证研究》，《经济经纬》2015年第4期。

袁冬梅、信超辉、袁㛃：《产业集聚模式选择与城市人口规模变化——来自285个地级及以上城市的经验证据》，《中国人口科学》2019年第6期。

曾艺、韩峰、刘俊峰：《生产性服务业集聚提升城市经济增长质量了吗?》，《数量经济技术经济研究》2019年第5期。

张成思、刘贯春：《最优金融结构的存在性、动态特征及经济增长效应》，《管理世界》2016年第1期。

张公嵬：《我国产业集聚的变迁与产业转移的可行性研究》，《经济地理》2010年第10期。

张国峰、王永进、李坤望：《产业集聚与企业出口：基于社交与沟通外溢效应的考察》，《世界经济》2016年第2期。

张海峰、姚先国：《经济集聚、外部性与企业劳动生产率——来自浙江省的证据》，《管理世界》2010年第12期。

张浩然：《生产性服务业集聚与城市经济绩效——基于行业和地区异质性视角的分析》，《财经研究》2015年第5期。

张军、吴桂英、张吉鹏：《中国省际物质资本存量估算：1952—2000》，《经济研究》2004年第10期。

张庆滨：《区域创新系统技术创新扩散效应分析》，《学术交流》2008年第10期。

张旺、申玉铭：《京津冀都市圈生产性服务业空间集聚特征》，《地理科学进展》2012年第6期。

张晓宁、金桢栋：《产业优化、效率变革与国家级新区发展的新动能培育》，《改革》2018年第2期。

张艳、刘亮：《经济集聚与经济增长——基于中国城市数据的实证分析》，《世界经济文汇》2007年第1期。

张云飞：《城市群内产业集聚与经济增长关系的实证研究——基于面板数据的分析》，《经济地理》2014年第1期。

张志彬：《生产性服务业集聚、城市体系演变与区域经济增长——基于京津冀、长三角和珠三角城市群的经验分析》，《湖南科技大学学报》（社会科学版）2019年第1期。

张祖妞：《服务业集聚与我国区域经济协调发展的实证研究——基于空间计量视角》，硕士学位论文，重庆大学，2011年。

赵进文、邢天才、熊磊：《我国保险消费的经济增长效应》，《经济研究》2010年第S1期。

赵增耀、夏斌：《市场潜能、地理溢出与工业集聚——基于非线性空间门槛效应的经验分析》，《中国工业经济》2012 年第 11 期。

郑宗：《美国为什么只有一个硅谷——128 公路高科技园区衰败的原因及启示》，《中国国情国力》2002 年第 3 期。

钟韵、阎小培：《我国生产性服务业与经济发展关系研究》，《人文地理》2003 年第 5 期。

周慧：《城镇化、空间溢出与经济增长——基于我国中部地区地级市面板数据的经验证据》，《上海经济研究》2016 年第 2 期。

周明生、陈文翔：《生产性服务业与制造业协同集聚的增长效应研究——以长株潭城市群为例》，《现代经济探讨》2018 年第 6 期。

周师迅：《专业化分工对生产性服务业发展的驱动效应》，《上海经济研究》2013 年第 6 期。

周孝、冯中越：《北京生产性服务业集聚与京津冀区域协同发展》，《经济与管理研究》2016 年第 2 期。

周扬明：《"扩大区域差异"与"倒 U 假说"的比较研究》，《当代经济研究》2006 年第 4 期。

朱俏俏、孙慧：《资源型产业集聚的动态溢出效应研究》，《工业技术经济》2016 年第 3 期。

Amiti, M., "Location of Vertically Linked Industries: Agglomeration Versus Comparative Advantage", *European Economic Review*, Vol. 49, No. 4, May 2005.

Anselin, L., Syabri, Ibrv, Kho, Youngihn, "GeoDa: An Introduction to Spatial Data Analysis", *Geographical Analysis*, Vol. 38, No. 1, Nov. 2006.

Au, C. C., Henderson, J. V., "How Migration Restrictions Limit Agglomeration and Productivity in China", *Journal of Development Economics*, Vol. 80, No. 2, Aug. 2006.

Bautista, J., Pereira, J., "Modeling the Problem of Locating Collection Areas for Urban Waste Management. An Application to the Metropolitan

Area of Barcelona", *Omega*, Vol. 34, No. 6, Dec. 2006.

Braunerhjelm, P., Borgman, B., "Agglomeration, Diversity and Regional Growth: The Effects of Poly-Industrial Versus Mono-Industrial Agglomerations", *Acc. Chem. Res*, Vol. 40, No. 12, Apr. 2006.

Browning, H. L., Singelmann, J., "The Transformation of the U. S. Labor Force: The Interaction of Industry and Occupation", *Politics & Society*, Vol. 8, No. 3, Aug. 1978.

Bruelhart, M., Mathys, N. A., "Sectoral Agglomeration Economies in a Panel of European Regions", *Regional Science & Urban Economics*, Vol. 38, No. 4, July 2008.

Bruelhart, M., Sbergami, F., "Agglomeration and Growth: Cross-Country Evidence", *Journal of Urban Economics*, Vol. 65, No. 1, Aug. 2008.

Bryson, J. R., "Business Service Firms, Service Space and the Management of Change", *Entrepreneurship & Regional Development*, Vol. 9, No. 2, Sept. 1997.

Ciccone, A., Peri, G., "Identifying Human Capital Externalities: Theory with an Application to US Cities", CEPR Discussion Papers, No. 3550, Apr. 2002.

Ellison, G., Glaeser, E. L., "Geographic Concentration in U. S. Manufacturing Industries: A Dartboard Approach", *Journal of Political Economy*, Vol. 105, No. 5, Oct. 1997.

Forslid, R., Ulltveit-Moe, K. H., "Globalization, Industrial Policy and Clusters", *Social Science Electronic Publishing*, Vol. 30, No. 1, Jan. 2002.

Futagami, K., Ohkusa, Y., "The Quality Ladder and Product Variety: Larger Economies May Not Grow Faster", *The Japanese Economic Review*, Vol. 54, No. 3, Sept. 2003.

Giovanni, P., Elena, B., Ottaviano, G., Dino, P., "Cultural Diversity and Economic Performance: Evidence from European Regions", FEEM Working Paper, No. 63, Aug. 2009.

Greenfield, H. I., *Manpower and the Growth of Producer Services*, New York & London: Columbia University Press, 1996.

Grubel, H., Walker, M., "Service Industry Growth: Causes and Effects", *Canadian Public Policy*, Vol. 16, No. 1, Jan. 1990.

Hall, E., "Productivity and the Density of Economic Activity", *American Economic Review*, Vol. 86, No. 1, Mar. 1996.

Hanson, G. H., "Market Potential, Increasing Returns, and Geographic Concentration", *Journal of International Economics*, Vol. 67, No. 1, Feb. 2005.

Krugman, P., Venables, A. J., "Globalization and the Inequality of Nations", *The Quarterly Journal of Economics*, Vol. 110, No. 4, Nov. 1995.

Krugman, P. R., *Geography and Trade*, Leuven: Leuven University Press, 1991.

Krugman, P. R., "Balance Sheets, the Transfer Problem, and Financial Crises", *International Tax and Public Finance*, Vol. 6, No. 4, Nov. 1999.

Krugman, P. R., "Increasing Returns and Economic Geography", *Journal of Political Economy*, Vol. 99, No. 3, Jun. 1991.

Lee, Y., Wang, M. Y., "Liporegulation in Diet-Induced Obesity", *Journal of Biological Chemistry*, Vol. 276, No. 8, Feb. 2000.

Lesage, J. P., *An Introduction to Spatial Econometrics*, New York: Chapman and Hall/CRC, 2009.

Lesage, J. P., Pace, R. K., "Spatial Econometric Modeling of Origin-Destination Flows", *Journal of Regional Science*, Vol. 48, No. 5, Dec.

2008.

Lewis, A., "Economic Development with Unlimited Supplies of Labour", *The Manchester School*, Vol. 22, No. 2, June 1954.

Lucas, J. R., Robert, E., "On the Mechanics of Economic Development", *Journal of Monetary Economics*, Vol. 22, No. 1, July 1988.

Mckee, D., Dean, R., Leahy, W., *Regional Economics: Theory and Practice*, New York: The Free Press, 1970.

Pacione, R., *The Economy of Green Cities*, New York: Springer, 2013.

Pandit, N. P., Cook, G., "The Benefits of Industrial Clustering: Insights from the British Financial Services Industry at Three Locations", *Journal of Financial Services Marketing*, Vol. 7, No. 3, Mar. 2003.

Pedersen, O. D., Bagger, H., Keller, N., "Efficacy of Dofetilide in the Treatment of Atrial Fibrillation-Flutter in Patients with Reduced Left Ventricular Function: A Danish Investigation of Arrhythmia and Mortality on Dofetilide (Diamond) Substudy", *ACC Current Journal Review*, Vol. 11, No. 1, Jan. 2002.

Perroux, F., *A Note on the Concept of Growth Poles*, New York: The Free Press, 1970.

Porter, M. E., "Clusters and the New Economics of Competition", *Harvard Business Review*, Vol. 76, No. 6, Nov. 1998.

Robert, J. B., "Economic Growth in a Cross Section of Countries", *Quarterly Journal of Economics*, Vol. 106, No. 2, May 1991.

Romer, M. P., "Endogenous Technological Change", *Journal of Political Economy*, Vol. 98, No. 5, Oct. 1990.

Romer, M. P., "Increasing Returns and Long-Run Growth", *Journal of Political Economy*, Vol. 94, No. 5, Oct. 1986.

Sequeira, B., Marques, F. J., "Knowledge Management in Tourism Organizations: Proposal for an Analytical Model", Spatial & Organizational

Dynamics Discussion Papers, No. 7, Jan. 2011.

Shilong, P., Fang, J. Y., "Interannual Variations of Monthly and Seasonal Normalized Difference Vegetation Index (NDVI) in China from 1982 to 1999", *Journal of Geophysical Research Atmospheres*, Vol. 108, No. D14, Jan. 2003.

Solow, R. M., "A Contribution to the Theory of Economic Growth", *Quarterly Journal of Economics*, Vol. 70, No. 1, Feb. 1956.

Train, K., Mcfadden, D., "The Goods/Leisure Trade off and Disaggregate Work Trip Mode Choice Models", *Transportation Research*, Vol. 12, No. 5, Oct. 1978.

Veen, J. V., Hendriks, P., Andrea, R. R., "Chemistry of Phosphomolybdate Adsorption on Alumina Surfaces", *Journal of Physical Chemistry*, Vol. 94, No. 13, June 1990.

Venables, A., "Equilibrium Locations of Vertically Linked Industries", *International Economic Review*, Vol. 37, No. 2, Nov. 1996.

Zachariadis, G. A., Anthemidis, A. N., "On-Line Speciation of Mercury and Methylmercury by Cold Vapour Atomic Absorption Spectrometry Using Selective Solid Phase Extraction", *Journal of Analytical Atomic Spectrometry*, Vol. 20, No. 1, Apr. 2004.

Zardo, C., "Indagini Tensimetriche su Elettroliti Ultraconcentrati", Sistema LiNO3-NH4NO3-DMSO, TESI. 1588, Aug. 1979.

Zudaire, E., Martínez, A., Cuttittam, F., *The Production and Distribution of Knowledge in the United States*, New Jersey: Princeton University Press, 1962.